大学通识教育与素养系列

大学体育与健康

（第2版）

王　锋　周　伟◎主编

◇独家版权

◇题材时尚

◇专业示范

◇视频课堂

電子工業出版社
Publishing House of Electronics Industry
北京·BEIJING

内容简介

本书是优秀教材的再版图书，全书分为四篇共十七章，内容涵盖大学体育的核心内容，是一部融合了体育理论与生活健康方式的图书。本书在总结以往同类教材编写经验的基础上，汲取了当前体育科学的一些最新研究成果，使体育教育与健康教育内容有机结合。本书语言精练、图文并茂、直观易懂，并由编写教师亲自示范并配图。本书适用于普通高校必修或选修公共体育课程的本科生和研究生，也可以做为同类院校体育教师的工具书。

图书在版编目(CIP)数据

大学体育与健康 / 王锋, 周伟主编. — 2版. —北京：电子工业出版社，2019.6
（大学通识教育与素养系列）
ISBN 978-7-121-34802-0
Ⅰ. ①大… Ⅱ. ①王… ②周… Ⅲ. ①体育－高等学校－教材 ②健康教育－高等学校－教材
Ⅳ. ①G807.4 ②G647.9
中国版本图书馆CIP数据核字(2018)第171131号

策划编辑：王赫男
责任编辑：王赫男
印　　刷：天津画中画印刷有限公司
装　　订：天津画中画印刷有限公司
出版发行：电子工业出版社
　　　　　北京市海淀区万寿路173信箱　邮编：100036
开　　本：787×1092　1/16　印张：19.25　字数：432千字
版　　次：2014年8月第1版
　　　　　2019年6月第2版
印　　次：2022年8月第5次印刷
定　　价：39.80元

凡所购买电子工业出版社图书有缺损问题，请向购买书店调换。若书店售缺，请与本社发行部联系，联系及邮购电话：(010)88254888, 88258888。
质量投诉请发邮件至 zlts@phei.com.cn，盗版侵权举报请发邮件至 dbqq@phei.com.cn。
本书咨询联系方式：wanghn@phei@com.cn。

《大学体育与健康》编委会

主　编　王　锋　周　伟

副主编　张晓明　王海滨　牛　静　王燕珍

编　委　王　强　王　峰　孔　勇　胡　洋　谢小英
焦喜便　赵瑞花　吕　娜　王海燕　赵延敏
宋　清　于晓红　邢连军　夏娇阳　化　夏

INTRODUCTION

前 言

体育教材建设历来是高等学校体育工作的重点之一，是进行体育教学的重要理论依据，是提高高校公共体育课教学质量、顺利实施高校体育与健康教育工作的重要保障。2014 年 6 月，教育部出台了《高等学校体育工作基本标准》，2016 年 4 月，国务院办公厅印发了《关于强化学校体育促进学生身心健康全面发展的意见》，同年 10 月，国务院印发了《“健康中国 2030”规划纲要》，这给我国新时代高等学校体育工作提出了更高的要求，也为高校体育工作的改革与发展提供了良好的契机。

在此背景下，我们组织了我校公共体育学科各专项领域的专家、学者，结合我国高校体育课程教学改革实践，融入几十年来体育教学的经验，编写了《大学体育与健康》一书。

本教材参照以往同类教材进行了重新设计和架构，本着“直观实用、专业时尚”的原则，将所有内容整合为体育基础理论、球类运动、体育艺术、民传体育与搏击运动等四篇，共十七章。第一章、第二章、第三章由周伟编写；第四章由王强编写并示范、第五章由王燕珍编写并示范、第六章由王锋编写并示范、第七章由孔勇编写并示范、第八章由胡洋编写并示范、第九章由谢小英编写并示范；第十章由王锋、焦喜便编写并示范，第十一章健美操运动由赵瑞花编写并示范，第十二章由吕娜编写并示范，第十三章由王海燕编写并由赵瑞花示范；第十四章、第十五章由王海滨、赵延敏编写并由王海滨示范，第十六章由于晓红、宋清编写并由宋清示范，第十七章由牛静编写并示范。王锋主编并负责本教材的领导、设计及统编工作，张晓明、夏娇阳负责示范图片的拍摄工作。

本教材的突出特点：

（1）在总结以往大学体育教材编写经验的基础上，汲取了当前体育科学最新的一些研究成果，并充分利用体育多功能的特征与健康多元化内涵的互为一致性，使体育教育与健康教育内容有机结合。

（2）本教材语言精练、图文并茂、直观易懂。书中各项目图示均为编写教师亲自示范，使学生倍感亲切，提高了学习兴趣。

（3）书中所有内容均录制了配套的视频教学片，可以随时在线上进行直观学习。

本书在编写过程中参考了许多前人的研究成果和专业书籍，同时也得到了许多同仁、专家和朋友的关心和支持，在此一并向有关人员致以诚挚的感谢！由于编写人员水平所限，不妥之处在所难免，恳请同行批评指正。

编　者

2018 年 11 月

CONTENTS

目 录

第一篇

体育基础理论

第一章　体育与大学体育

☑ 主要知识点

◇ 体育的概念

◇ 体育的功能

◇ 大学体育的任务

第一节　体　育

一、体育概念

（一）近现代“体育”一词的产生与演变

“体育”一词首次出现在18世纪60年代的法国。1762年，法国著名教育家卢梭（1712～1778年）的名著《爱弥尔》出版，在书中，他用“体育”一词对爱弥尔的身体教育过程展开了论述，这之后，德国、英国等国家先后对卢梭的“体育”一词进行了引用。在亚洲，将“体育”作为首创的新词的是日本人近藤镇三，他在《独逸教育论抄》中将“身体教育”译成“体育”。

在19世纪60～90年代的洋务运动中，德国、瑞典的“体操”传入我国。据史料记载，清政府批准的《奏定学堂章程》中明文规定了各级各类学校都要开设“体操科”（即体育课）。而“体育”一词是19世纪末从日本引进的，其本意是“身体的教育”。因此，19世纪末20世纪初，“体育”和“体操”两者在我国几乎通用，直到1923年，北洋政府颁布了《中小学课程纲要草案》，正式将“体操科”改称为“体育课”。之后，“体育”一词逐渐取代“体操”一词而被广泛采用。

“体育”一词在传入我国时是作为学校教育而出现的，仅指身体的教育。进入20世纪50年代，随着社会发展和人们生活水平的提高，体育的内涵和外延都相应发生了一定变化。首先是竞技运动在内容、组织及制度等方面形成了独立的体系，其社会职能和功能都超出了原有的“体育”范畴；其次，与身体活动相关的健身、休闲、娱乐活动也越来越多地开展起来。因此，原有的“体育”一词有了新的解释和定义。

（二）体育的定义

1. 广义的体育概念

体育是以身体练习为基本手段，以增强体质、促进人的全面发展、丰富社会文化生活和促进精神文明建设为目的的一种有意识、有组织的社会活动。它是社会总文化的一部分，其发展受一定的社会政治和经济条件的制约，也为一定的社会政治和经济活动服务。它包括狭义体育、竞技运动、身体锻炼与娱乐三大部分，通俗理解即“学校体育、竞技体育、社会体育（群众体育）”。

2. 狭义的体育概念

体育是通过身体活动来增强体质，传授锻炼身体的知识、技能和技术，以培养道德和意志品质为宗旨，有目的、有计划的教育过程。它是教育的组成部分，对人的全面发展起着重要作用。

二、体育构成

根据体育进行的场所、目的和对象，通常将体育的内容划分为学校体育、竞技体育和社会体育（群众体育）三个部分。

（一）学校体育

学校体育是在学校中开展的各项体育活动的总称。其目的是通过身体活动来增强体质，传授锻炼身体的知识、技能和技术，以培养学生的道德和意志品质，养成体育锻炼的习惯。实施过程是有组织、有计划地进行，实施对象是在校学生，实施者是体育教师。学校体育是学校教育的组成部分，是培养学生德、智、体、美、技全面发展的一个重要方面，同时，它也是全民体育的基础。

（二）竞技体育

竞技体育是为了最大限度地发挥个人和集体在体格、体能、心理和运动能力等方面的潜力，取得优异运动成绩而进行的科学、系统的训练和竞赛。在我国，竞技体育主要是在国家体育总局系统内开展和进行的，目的是通过训练和竞赛充分挖掘人的潜能，创造和取得优异运动成绩。竞技体育的主体是专业（半专业）的运动员、教练员、裁判员和管理人员。它具有鲜明的“竞争性”，运动员具有角色的“代表性”和强烈的“功利性”，竞赛过程具有“公开公正性”，竞赛具有一定的“观赏性”和“商业性”，其结果具有“社会性”。

（三）社会体育

社会体育（群众体育、大众体育）的对象主要是社会大众和团体，是以达到健身、治疗、娱乐、休闲、人际交流、兴趣爱好、陶冶情操为目的而进行的身体活动。社会体育的内容丰富多彩，形式多种多样，组织形式有集体和个人，无论集体还是个人，一般都是自愿参加。有时也采用竞赛的形式开展社会体育活动，其目的与竞技体育有着本质的区别，它追求的是自我教育和锻炼的效果。其特点是活动的“自主性”，形式的“多样性”，时间场所的“随意性”以及参与的“自愿性”。

三、体育功能

体育的功能取决于体育自身的特点和社会的需要，主要体现在促进社会物质文明建设和精神文明建设两个方面。其功能基本可归纳为8个方面：健身功能、娱乐功能、促进个体社会化功能、社会情感功能、教育功能、政治功能、军事功能和经济功能。

（一）健身功能

科学实验和实践表明：合理、科学地进行体育锻炼可以达到增进健康、增强体质的目的。体育的健身功能主要表现在以下几方面：

- 促进人体生长发育；
- 改善和提高人体内脏器官的构造与机能；
- 提高人体运动系统的机能和运动能力；
- 改善和提高中枢神经系统的工作能力，提高大脑的工作效率；
- 通过身心互动，改善心理状态，调节情感；
- 增强人体的免疫力，提高对环境的适应能力；
- 防病治病，推迟衰老，延年益寿。

（二）娱乐功能

参与体育活动和欣赏体育比赛，不仅能愉悦身心、陶冶情操、增进交往，而且能够缓解压力、降低焦虑，使身心得到放松和调节。现代奥运会创始人——皮埃尔·德·顾拜旦在他的名著《体育颂》中这样写到：“啊！体育，你就是乐趣！想起你，让人内心充满欢喜，血液循环加剧，思路更加开阔，条理更加清晰。你可使忧伤的人散心解闷，你可使快乐的人生活更加甜蜜。”

（三）促进个体社会化功能

人不仅具有生物属性，更具有社会属性。在人的社会化进程中，人的生物属性逐渐被社会属性所取代，这个过程就是人的社会化过程。在此过程中，教育起了决定性作用，只有通过教育完成社会化的人，才能更好地适应社会，更好地在社会中生存。体育是学校教育的组成部分，也是社会文化的一部分，体育通过体育教育、体育竞赛和体育活动来传授生活技能和社会行为规范，从而发展人际交往，使人们获取体育方面的知识技能，进而传播和宣传社会的价值观。

（四）社会情感功能

随着社会的发展和进步，体育的社会情感功能更加显著，尤其是现代通信技术的普及与提高，使得信息的传播速度和覆盖面获得了极大发展。重大的国际体育赛事同时在100多个国家和地区同步转播，观众数量多达20–30亿。由于体育竞赛具有竞争性、结果的不确定性、功利性、角色的代表性、观赏性和社会性等因素，人们在从事竞赛和观赏竞赛时，能够引发各种情感体验，其深度和广度是其他任何文学、艺术活动都无法相比的。良好的情感体验能够触动人的心灵，增强生活信心，甚至改变人生观念。在中国女排第一次走向世界冠军领奖台的时刻，一位大学生写下了这样一段感人肺腑的话语：“我惊奇地发现，在这激动的夜晚，突然用欢乐和泪水与过去告别。……10年来我第一次感到自己的心脏在跳动——和着祖国脉搏的强烈节奏；10年来我第一次感到做人的尊严——中国人的骄傲……”当然，不良的情感体验也可引发情绪失控，做出一些不理智的行为，如球迷闹事事件时有发生。

（五）教育功能

体育的教育功能主要表现在两个方面：一是在社会中的教育作用；二是在学校中的教育作用。

1. 体育在社会中的教育作用

体育竞赛具有群众性、国际性、竞争性、技艺性和礼仪性等特点，这使得它在振奋民族精神、激发爱国热情、培养社会公德等方面具有特殊的社会教育意义。由于体育竞赛具有角色代表性，这使得本属于技艺、技能、体能、心理较量的竞赛，往往变成国与国之间、地区与地区之间、城市与城市之间的竞争，使得竞赛本身早已超越了体育自身的价值，产生了不可估量的作用。当五星红旗在奥运会赛场上升起，“义勇军进行曲”在赛场奏响时，人们无论是置身于其中，还是在电视机前，都会感到作为一名中国人的自豪与骄傲。20世纪80年代，中国女排成为中国体育的一面旗帜，祖国至上、团结协作、顽强拼搏、永不言败、敢于牺牲、夺取胜利的“女排精神”给中国人民带来了巨大鼓舞。“团结起来，振兴中华”成为时代的最强音，它鼓舞和影响了一代甚至几代人，它带给国人的精神激励和示范效应已远远超越了体育的范畴。

2. 体育在学校中的教育作用

早在2000多年前，中国古代教育家孔子就提出在教育中要学习“六艺”。所谓“六艺”，是指“礼、乐、射、御、书、数”，其中“射”“御”和“乐”中的“舞”都具有体育的要素。古希腊的大哲学家亚里士多德曾率先提出：体育、德育、智育是相互联系的整体。体育应先于智育。毛泽东同志在1917年发表的《体育之研究》中论述到："体育一道，配德育与智育，而德智皆寄于体。无体是无德智也。……体者，载知识之车而寓道德之舍也。……小学之时，宜专注重于身体之发育，……中学及中学以上，宜三育并重，……求所以善其身者，他事亦随之，善其身无过于体育，体育于吾实占第一之位置。体强壮而后学问道德之进修勇而收效远。"

体育作为学校教育的重要组成部分已经得到了广泛认同，其作用在学校教育中是不可替代的，对于教育而言，德、智、体三者犹如金字塔之三面，而非鼎之三足。学校体育在使学生获得科学锻炼的体育理论知识，掌握一些普遍而必要的运动技能，学会科学锻炼身体的方法，提高运动实践能力，养成系统从事体育锻炼的习惯和树立终身体育思想等方面发挥着重要的作用，同时，还肩负着对受教育者进行思想政治、道德观念、意志品质和自身发展等方面的教育与培养的责任。

（六）政治功能

体育，特别是竞技体育与政治关系密切，它受一定的政治经济因素的制约，并以特殊的方式为政治服务。具体表现在以下三个方面：

1. 提高国际声誉，振奋民族精神

国际体育竞赛从一个侧面反映出一个国家的国力、地位、政治面貌和精神状态，是一个展现国家政治、经济、文化水平的窗口。比赛的胜负直接关系到国家的荣辱，竞赛牵动着各国民众的情绪。因此，世界各国无不重视体育的政治意义，以体育表现实力，扩大影响，提高国际声誉，振奋民族精神。例如，前苏联代表队在1952年第一次参加奥运会就与当时称霸体坛的美国代表队平分秋色，显示了社会主义国家的运动力量；1972年，美国在奥运会男篮决赛中输给了前苏联，引起了美国公众的哗然。我国体育健儿多年在奥运会赛场上频频传出捷报，从"零"的突破到2004年雅典奥运会金牌总数34枚（包括中国台湾代表队2枚），从中国女排的"五连冠"到中国乒乓球队囊括"世界乒乓球锦标赛"所有比赛项目的金牌，这都极大地提高了中国的国际声誉，振奋了民族精神。

2. 为外交服务

在国际事务和国际交往中，体育服务于本国的政治外交，主要体现在以下两个方面：

（1）促进各国人民之间的了解和友谊，通过体育加强国与国之间的文化交流与合作。体育使者常被称为"外交的先行官"，如被国际舆论誉为以小球推动大球的"乒乓外交"，就是一个体育为外交服务的典型实例，它翻开了冷战以来中美关系新的一页。

（2）体育在维护国家主权和民族尊严方面，显示出鲜明的政治立场。1956年，我国为抗议"两个中国"的政治阴谋，断然宣布不参加第16届奥运会；为抗议种族歧视，非洲国家体育组织曾集体抵制了1976年蒙特利尔奥运会；1980年莫斯科奥运会，因为前苏联军队入侵阿富汗，在国际奥委会承认的140余个国家和地区的奥委会中，公开抵制和拒绝参加莫斯科奥运会的约占43%；1984年，在美国洛杉矶举行的第23届奥运会也同样受到了以前苏联为首的东欧国家的抵制。

3. 安定团结，构建和谐社会

体育，尤其是群众体育活动的开展，有助于促进人际交往，提高集体凝聚力，对保持社会安定、民族团结和民众和睦有着积极的作用。

（七）军事功能

体育的军事功能源于战争的需要。战争需要身体强健、性格彪悍、勇猛顽强、技艺不凡而又能吃苦耐劳的战士。千百年来，由于身体训练能够增强体质、磨炼意志、提高技能，因此，体育活动成了满足军事需要的重要手段。体育的军事功能主要体现在以下几个方面：

· 增强体能，提高战斗力。体育是增强士兵体能最积极有效的手段。体能在冷兵器时代是直接的战斗力，是军队实力的组成部分。体能的强弱，往往直接决定战斗的胜负，进而影响战争的结局。在现代战争中，复杂的野战条件、严格的时间要求、精密的武器装备，都要求作战人员具有充沛的体力和掌握各种军事技能的良好身体素质。

· 培养意志品质。体育对培养士兵的集体意识、勇敢顽强和坚韧不拔的意志品质具有良好作用，是其他训练手段难以取代的。现代军体训练不只是为了体能的提高，更主要的是培养士兵的忍受艰难困苦的意志力。

· 丰富军营文化生活，体育活动是军营文化娱乐活动的重要组成部分，对丰富军营文化生活、活跃军营气氛都有着积极的作用。

（八）经济功能

体育的经济功能从1984年洛杉矶奥运会开始逐渐被人们所认识，尤其是进入20世纪90年代以来，随着竞技体育商业化，健身、休闲、娱乐体育的不断发展，体育需求与消费日益增多，体育的经济功能在世界范围内也日益显现。

1. 举办大型运动会

一场精彩的体育比赛可以吸引成千上万的观众，可以给一个国家带来巨大商机。大型运动会，除了可以从门票，电视转播权，发行邮票、纪念币、彩票，收纳广告费，印刷宣传品等方面直接获得收入，还可带动旅游业、商业、交通、电信和新闻出版等行业的发展，并从中得到相当可观的经济效益。如1964年东京奥运会的成功举办，使日本经济开始腾飞；1988年汉城奥运会的成功举办，加速了韩国经济的发展。

2. 体育消费

伴随体育的社会化、娱乐化和终身化，体育人口不断扩大，体育消费支出大幅度增加，带动了运动器材、体育场地设施以及体育用品的生产、建设和供应，乃至体育健身、体育娱乐和体育旅游业的迅速发展，在国民经济中逐渐形成一个庞大的体育产业。

综上所述，体育已融入社会，融入人们的生活，成为社会文化和人们生活的一部分，在推进社会主义现代化建设、增强国民体质健康、创建文明及和谐社会方面发挥着越来越重要的作用。

第二节　大学体育

一、概　述

由于大学体育课程从属于体育和教育两大范畴，故它充分体现了体育和教育的共同属性。从教育范畴而言，大学体育是大学教育的重要组成部分，是培养德、智、体、美、技全面发展的社会主义人才的一个重要方面，肩负着提高大学生身心健康水平、增强中华民族体质的重任。从体育范畴而言，大学体育也是我国竞技体育和全民体育的一部分，承担着对高水平竞技运动员、体育科学研究人员及体育专业高级人才的培养任务，承担着推广普及全民健身运动等方面的工作。

二、大学体育的目的和任务

大学体育的目的和任务包括：

· 全面增进学生的身心健康，改善学生的心理素质，提高身体机能和身体素质，增强适应社会和自然环境的能力；

· 提高学生体育文化素质，使学生正确认识体育教育的意义，树立正确的健康观，了解体育锻炼的科学知识，掌握自我监督、评价身体健康的方法；

· 传授体育锻炼技术、技能和体育欣赏知识，使学生掌握科学锻炼身体的方法，提高学生审美和创造美的能力；

· 根据学生的兴趣、爱好和个体差异，因材施教，帮助学生形成体育专长；

· 培养学生自主锻炼的兴趣和爱好，形成体育锻炼的意识和习惯，树立终身体育思想；

· 发挥体育教育的多功能性，进行集体主义、爱国主义、共产主义教育，培养学生敢于拼搏、开拓创新、勇敢顽强、团结进取的优良品质；

· 培养高水平竞技运动员，代表我国参加世界性比赛；

· 进行体育科学研究，促进我国体育科技水平的整体提升；

· 培养体育专业高级人才；

· 为社会服务，为我国全民健身运动的开展服务。

三、大学体育的工作

（一）体育教育

体育教育是大学体育的核心工作。它是通过体育课及课外活动，以身体练习为基本手段，以增强大学生的体质，传授锻炼身体的知识、技能和技术，养成锻炼习惯，获得终生体育锻炼技能，培养大学生道德和意志品质为目的的教育过程。

1. 体育课程

我国大学体育课程的依据是教育部颁发的《全国普通高等学校体育课程教学指导纲要》。在组织实施过程中，各大学根据本学校的具体情况不同，在体育课程设置、学分管理等方面存在一定差别，但其培养目标和体育课类型都是相同的。

（1）理论课。理论课是教师以讲授理论的形式向学生传授体育知识的教学过程，其组织形式是在教室内进行的。

（2）实践课。实践课是在特定体育场所进行的，通过身体活动向学生传授提高身体素质、发展基本活动能力、增进健康、增强体质的方法，帮助学生掌握体育运动项目的基本技术和技能，提高基本活动能力和运动能力，形成个人体育专长，最终达到增强学生体质、增进身心健康、养成自主锻炼的习惯、树立终身体育思想目的的教学过程。实践课为必修课和选修课两类。《全国普通高等学校体育课程教学指导纲要》要求普通高等学校的一、二年级必须开设体育课程（4 个学期共计 144 学时），对三年级以上学生（包括研究生）开设体育选修课。在执行中，学校可根据情况开设保健课、体育俱乐部课及特色体育课等。

2. 课外锻炼

体育课外锻炼不仅是体育课的延伸和补充，而且也在培养大学生对体育的兴趣和爱好、帮助学生养成体育锻炼意识和良好的生活习惯、树立终身体育思想等方面具有良好的作用。课外锻炼主要有体育俱乐部，体育协会（体育社团），早操，院、系、年级、班的课外锻炼等形式。

3. 运动竞赛

运动竞赛是大学体育教育的重要组成部分。通过运动竞赛的组织与实施，可以调动学生参加体育活动的积极性，丰富校园文化生活，促进学生人际交往，增强学生的集体荣誉感，培养学生的组织能力。

（二）运动训练

组建校级代表队进行课余训练，是大学体育工作的组成部分，同时也是我国体育事业发展的需要。一般而言，大学体育在培养高水平运动员的工作中包括两个层面：一个是从普通大学生中选拔出在某一方面有运动特长的学生，对其进行有针对性的运动训练，其主要功能是为在某一方面有运动特长的学生提供进一步提高的平台，同时也对丰富校园文化生活，营造体育氛围，以提高运动成绩带动普及体育运动，通过校际交流提升学校知名度都起着积极的作用；另一个层面是招收专业运动员及具有专业培养潜质的高中生组建校级高水平运动队，其主要功能是培养高水平竞技运动员，并代表我国参加世界性比赛，这一层面的运动训练是我国奥运计划的组成部分。在我国体育制度中，它与省市专业队、俱乐部队共同列为竞技体育的最高层次。随着我国竞技体育体制改革的深入，大学将逐步成为我国培养高水平竞技运动员的重要基地。

（三）体育科学研究

体育科学研究是大学体育的工作之一。大学具有不同学科的高水平科研队伍和实验室设备，为体育科学研究提供了跨学科研究的条件和基础。随着大学体育教师体育科研水平的不断提高，大学体育科学研究将成为我国体育科学研究的重要组成部分。

（四）社会服务

1995 年，为了适应我国社会发展的需要，国务院颁发了《全民健身计划纲要》。它是一项在国家宏观领导下，依托社会的、全民参与的、旨在提高国民素质的、跨世纪的群众体育发展战略。大学具备相对完善的体育设施和体育专门人才，因此，大学体育工作在肩负大学校园全民健身运动开展任务的同时，还对社会全民健身运动的普及承担着责任和义务，包括提供健身场地、器材和技术指导。

四、大学体育的发展方向

（一）大学体育教育思想理念的转变

1. 教育指导思想——健康第一

大学体育已将全国第三次教育工作会议提出的“健康第一”作为其指导思想。它正在从单纯地追求人民体质的发展和技术的传习，转变为在新的健康观指导下的体育教育，并逐渐将其教育的最终目标确定为培养适应现代化生产和生活的人，使“每天锻炼一小时，健康工作五十年，幸福生活一辈子”的口号得以落实。

2. 教育目标——培养适应现代化建设和生活的人

培养适应现代化建设和生活的人是大学体育教育的目标。为此，大学体育教育理念在两个方面发生转变：其一，在目标的空间上，从单纯追求学生的外在技能水平，转移到全面追求学生的身心协调发展上来，即打破以往以传授运动技术为主线的体育教学体系，建立起通过合理的运动实践手段，全面发展身体活动能力、增强体质、养成锻炼习惯的新的体育教学体系；其二，在目标的时间上，体育教育不但要完成在校期间增进学生生长发育、培养体育技能和传授体育知识的任务，还要培养学生爱好体育的能力和意识，为学生终身参加体育活动打下基础，即完成对现在和未来两个方面的培养任务。

3. 大学体育教育的发展观

（1）从大学生在校体育教育延伸到社会。大学体育不仅要考虑学生在校期间的体育教育，还要将大学生走向社会后的体育意识和习惯与身体锻炼的知识和技能等方面紧密联系起来。

（2）从身体健康延伸到心理健康。在注重提高学生体质健康和身体素质、体能、技能培养的同时，还要重视学生的心理健康、心理素质以及社会适应能力的培养。

（3）从体育课延伸到全校园。不仅要重视以课程形式对学生进行体育教育，还要充分发挥学校团委、学生会、社团、体育俱乐部等组织的效能，将体育教育从课内扩大到全校园，建立多层次的体育教育模式。

（二）大学体育教育内容方法的丰富性及多样性

随着“健康第一”和“终身体育”思想的提出，新的健康观念正在使大学体育的各个方面发生变化。

1. 教学内容——丰富多彩

在教学内容方面，继续强调打破以竞技运动项目（特别是以运动技术结构）为主线的教学体系，改变把“素材”当作教材的错误观念。从育人角度出发，全面结合体育文化的显性教材意义（健身和技能培养的功能）和隐性教材意义（对人的社会化、人格培养和情感的作用），使得许多新兴体育项目（如旱冰、体育舞蹈、登山、攀岩、击剑等）成为大学体育的教学内容。教学内容的丰富提高了学生对体育项目的选择性，进而增强了学生的学习兴趣。同时，一些新的教学内容正在进入课堂并日益受到重视，如非场地型的、野外型的、自由表现类的、与社区体育活动接轨的体育教学内容。

2. 教学方法——灵活多样

大学体育的教学方法正朝着多样化发展。教学方法的改进主要体现在三个方面：

（1）改变过去只强调教师在教学过程中的主导作用、忽视学生在教育过程中的主体地位的现象，采用有利于学生理解原理、掌握技术和体验乐趣的新的教学方法；

（2）改变过去过分强调组织纪律性的呆板教学方法，实现课堂上不拘泥于形式的整齐划一，使“快乐体育”的教学思想进入课堂。强调体育教育的参与性、娱乐性，降低学习难度，采用多种形式的教学方法，让学生在运动中体验快乐；

（3）改变过去“千人一法”的教学模式，注意学生的个性发展，因材施教，培养学生的创造性思维。

3. 教学组织形式——全园化

过去，大学体育教育只重视体育课堂的教学，而忽视了学生课外活动的重要性。目前，大学体育教育正朝着全校园体育教育的方向发展，在重视课堂教学的同时，还要重视学生的课外体育活动，并将其列入整体体育教育的范畴。鼓励学生自主进行体育锻炼，养成锻炼习惯，树立终身体育锻炼思想。同时，改变“体育教育总是体育教师的任务”这一现象，调动其他各方面的积极性，使体育教育全园化。

4. 体育俱乐部——学生体育锻炼的新载体

各种体育俱乐部和体育协会在各大学中方兴未艾。体育俱乐部以其灵活的组织形式吸引着[illegible]兴趣的学生长期参与体育锻炼，是大学生今后课外锻炼的主要形式。体育俱乐部具有以下功能：

（1）为学生提供体育活动的场所；

（2）为学生提供社交的地方；

（3）为学生提供学习、提高体育技能的课堂；

（4）组织学生参加训练，提高其运动技术水平，参加校内、外各级比赛；

（5）组织校内外各级、各类的体育比赛。

5. 考核方式——科学化

大学体育的考核方式正在从过去的以运动技能的好坏、运动素质的高低来评价学生的方式，改变为从能力大小、参与程度、健康等方面对学生进行全面考核。从单一的考核转向全面的综合评价，强化普及教育，淡化对技术和技能的评定。

（三）大学体育职能的多元化

随着我国社会的发展，大学体育的职能正在从单一的体育教育向职能多元化转变，这种转变具体体现在体育科学研究、体育研究生培养、高水平竞技运动员培养以及为全民健身运动的普及提供社会服务等方面。

思考题

1. 大学生如何正确认识体育，树立正确的体育观。
2. 结合现代社会对人才的要求及体育的功能，阐述体育的重要性。

第二章　体育锻炼与健康

☑ 主要知识点

◇ 科学的健康观

◇ 影响健康的因素

◇ 体育锻炼与身体健康

◇ 体育锻炼与心理健康

◇ 体育锻炼与道德健康

健康是人生最大的财富，也是人生最大的幸福。健康就像圆的半径，半径够长才能画出又大又圆的人生。每个人都希望自己拥有健康，拥有健康才具有了生存和竞争的资本，才能品味这个五彩斑斓的世界，才能体现人生的价值，实现人生的追求与梦想。健康不仅是事业成功、家庭幸福的基石，也是国家富强、民族昌盛的根本保证。

第一节　健　康

一、健康概念的发展

健康是一个具有强烈时代感的概念，是随着社会和医学科学的发展而逐步演化的。古往今来，人们对健康这一概念有着不同的解释，健康的内涵和外延也在不断地发展和深化。

在相当长的一段时期内，人类对健康的认识一直是无病即健康，把健康的含义仅局限在身体是否健全方面。

随着社会发展和科学进步，人类对健康的认识也在不断发展，许多学者根据自身对健康的认识提出不同的解释。如日本学者认为——吃得快、便得快、睡得快、说得快，即为健康。美国学者贝克尔认为健康是“一个有机体或者有机体的一部分处于安宁状态，其特征是机体有正常的功能，没有疾病”。

我国传统的中医理论以阴阳、五行学说，提出了“阴平阳秘，精神乃至”“天人合一”的整体观，进而把人的健康与人自身的阴阳协调和自然环境的阴阳协调联系起来，对健康做出了另一种诠释。

20 世纪开始，人们逐渐认识到健康除了没有疾病，还与自然环境、社会环境、遗传、生活方式等因素有着密切关系。1948 年，联合国世界卫生组织（简称 WHO）成立时，就在其宪章中明确指出：“健康不仅仅指没有疾病，而且指身体上、心理上和社会上的完好状态或完全安宁”。美国学者奥林斯提出“健康三维观”概念，他强调从生物、心理和社会三个方面来评价人的生命状态。美利坚大学的国家健康中心提出了一个被称为“健康五要素”的健康定义，即个体只有身体、情绪、智力、精神和社交五个方面都健康，才称得上真正的健康。1979 年，世界卫生组织在《阿拉木图宣言》中对健康有了新的定义：“健康不仅是疾病和体弱的匿迹，而是身心健康、社会幸福的完美状态。”

二、健康的概念

目前世界上普遍采用的健康概念是世界卫生组织于 1989 年提出的，即“健康不仅仅是躯体没有疾病，而且还应具备心理健康、社会适应良好和道德健康，只有具备了上述 4 个方面的良好状态，才是一个完全健康的人”。这个定义从身体、心理、社会和道德四个方面全方位判断人类的健康，更具有科学性、完整性和系统性。

三、健康的内涵

现代健康的观念突破了人们长期以来对健康的认识和理解。它将人的自然属性和社会属性进行了统一，认为人的健康不但受生物因素的影响，同样也受到社会、心理和社会适应性等因素的制约。

（一）身体健康

身体健康指人体生理方面的机能正常，没有疾病。主要体现在发育正常，身材匀称，体重适宜，体内代谢过程稳定，能够适应外界环境的变化，对一般性疾病具有一定的抵抗力，精力充沛、体格健壮和反应敏捷等方面。

（二）心理健康

心理健康指人的心理状态良好，没有精神及心理疾病。具体表现在有良好的情感，正常的智力，稳定的情绪，坚定的意志，以及统一协调的行为；能够正确评价自己和他人，正确对待客观影响；具有表达能力和控制情绪的能力，以及独立能力等方面。保持心理健康的简易方法如下文所述：

1. 豁达法

应有宽阔的心胸，不要因为一些小事与他人斤斤计较，能够做到豁达大度。平时做到性格开朗、合群、坦诚、少私心、知足常乐、笑口常开，这样就会减少不必要的烦恼。

2. 松弛法

生活或工作中，被人激怒后或十分烦恼时，可以迅速离开现场，做深呼吸运动，并配合肌肉的松弛训练，甚至可做气功放松训练，以意导气，逐渐入境，使全身放松，摒除脑海中的一切杂念。

3. 节怒法

主要靠高度的理智来克制怒气爆发，可在心中默默背诵名言“忍得一肚之气，能解百愁之忧”“将相和，万事休”“君子动口不动手”，等等。万一克制不住怒气，则应迅速离开现场，在亲人面前宣泄一番，倾诉不平后尽快将心静下来。

4. 平心法

尽量做到“恬淡虚无”“清心寡欲”，不为名利、金钱、权势、色情所困扰，看轻身外之物，同时又培养自己广泛的兴趣爱好，陶冶情操，充实和丰富自己的精神生活。

5. 自脱法

经常参加一些有益于身心健康的社交活动和文体活动，广交朋友，促膝谈心，交流情感。也可根据个人的兴趣爱好来培养生活的乐趣。要做到劳逸结合，在工作学习之余，应常到公园游玩或到郊外散步，欣赏乡野风光，体验大自然美景。

（三）社会适应良好

社会适应良好指通过对心理活动和行为的自我调节，能够很好地适应各种社会环境的复杂变化，具备实现社会角色、为社会做贡献的能力，能够建立良好的人际关系，以及具有良好的生活行为方式等。

（四）道德健康

道德健康包括思想品德和人格两部分，指具有正确的价值观以及辨别善恶、美丑、荣辱、是非的能力，能用社会公认的道德标准和社会准则约束自己的言行，能够为他人和社会做奉献。

四、健康标准

健康的标准有很多，为了更好地认识健康、了解健康，现将世界卫生组织近年来制定的一些健康标准提供如下，以便自我对照评价。

（一）身体健康标准

身体健康标准包括以下几点：

· 有充沛的精力，能从容不迫地应对日常生活和工作压力而不感到过分疲劳与紧张；
· 处事乐观，态度积极，乐于承担责任，事无巨细，不挑剔；
· 善于休息，睡眠良好；
· 应变能力强，能适应外界环境的各种变化；
· 能抵抗一般性感冒和传染病；
· 体重适中，体形匀称，站立时头、臂、臀位置协调；
· 眼睛明亮，反应敏锐，眼睑不发炎；
· 牙齿清洁，无空洞、痛感和出血现象，齿龈色泽正常；
· 头发有光泽，无头屑；
· 肌肉和皮肤富有弹性，走路感觉轻松。

（二）心理健康标准

心理健康标准包括：

· 智力正常；
· 善于调节和控制情绪；
· 具有较强的意志；
· 人际关系和谐；
· 能主动适应和改善现实环境；
· 保持人格的完整和健康；
· 心理行为符合年龄特征。

（三）道德健康标准

由于自然地理条件、历史传统、文化形态、民族特征等因素的不同，不同地域和国家对道德健康有不同的解释，因此，道德标准也不尽相同；但在道德健康的本质上却有一个基本共识，可归结到以下几个层面：

· 具有正确的是非观和价值观，能对是非、善恶、美丑、荣辱等做出自己的判断；
· 具有社会公德，能遵守法律，能用社会公认的道德标准和准则约束自己的言行；
· 具有责任感，能够从思想和行为上为他人、集体社会和国家做奉献；
· 具有仁爱之心，珍爱生命，亲和万物，关爱老幼病残，宣扬人道主义精神。

五、影响健康的因素

人类的健康受多种因素影响。根据近年来的研究成果表明，个人自身因素、自然环境、社会环境被确定为影响健康的主要因素。

（一）自身因素

1. 行为和生活方式

行为和生活方式是人在社会化过程中逐步形成的习惯，包括饮食规律、风俗习惯、起居习惯、个人嗜好、体育锻炼等。良好的习惯对健康起到促进作用，不良的行为和生活方式给个人、群体乃至社会的健康带来直接和间接的危害。

经济的发展，使人们的生活方式发生了急剧改变，不良的生活方式如吸烟、超量饮酒、高糖高脂饮食、食物过细过精、身体活动少、睡眠不足等问题在急剧增加，这些不良的生活方式所带来的健康问题日趋严重，高血压、冠心病、糖尿病、肥胖、恶性肿瘤、性病的发病率逐年上升，人们在享受舒适生活的过程中，疾病也在不知不觉地向人们靠近，越来越多的人患上了所谓的“文明病”“富贵病”。据调查，前 10 种导致人类死亡的疾病中，由不良行为和生活方式因素引发的，美国占 70%，中国占 44.7%。可见，生活方式对人类健康的影响非常大，必须引起高度重视。

我们虽然改变不了外界环境，但可以改变自己的生活方式。人类的行为和生活方式具有较大的可塑性，可以通过戒除不良嗜好、调整起居时间、纠正不良生活习惯、积极参加体育锻炼来养成健康的生活方式，从而远离社会“文明病”，做到健康生活、幸福工作、快乐学习。

2. 情绪和精神状态

人不单是生物意义上的人，而且是社会意义上的人，生活于社会之中的人必须承担起一定的社会责任，“扮演”好自己的社会角色。在“扮演”社会角色的过程中，每个人都会产生七情六欲。具有良好情绪和健康状态的人，一般都有乐观向上的生活态度、对美好生活的憧憬和充实的精神世界；而情绪低落、喜怒无常、多疑、猜忌、怨天尤人等行为，则容易形成焦虑、神经衰弱、抑郁等精神疾病，从而影响我们的身体健康。

在日常生活中，我们应努力保持良好、稳定的情绪，控制好自己的喜怒哀乐，不断提高自己的社会适应能力，适当参加社交活动，与他人友好相处，形成和谐的人际关系，这样有助于舒畅心情，形成积极乐观的生活态度，从而增进我们的身心健康。

3. 遗传

遗传是影响健康的生物因素之一，身高、体重、皮下脂肪、血压等多项形态和生理指标都有不同程度的家族倾向性。人类目前已经发现有 5000 多种疾病与遗传有关，如血友病、镰刀细胞贫血症、蚕豆病、精神性痴呆等均主要由遗传因素造成。常见的糖尿病、心血管疾病、部分肿瘤及某些精神障碍性疾病也与遗传有关。遗传病是当前医学领域中严重危害人类健康的重要因素。

（二）自然环境

自然环境是人类赖以生存的物质基础，人类的各种生命活动都与自然环境的变化息息相关。无论是原生态的环境，还是改造后的次生态环境，对健康而言都存在着有利因素和有害因素。在现代化建设飞速发展的今天，人类在改造世界的同时，人类赖以生存的环境也受到严重污染和破坏，出现了诸多新的危害健康的因素。人类生存所必需的空气、水、食物正在受到病原微生物、化学物质的污染，氟利昂对大气层的破坏使人类患皮肤癌的概率上升了4%，温室效应、噪声、辐射、雾霾等因素对人类的健康都构成了严重威胁。

1. 空气污染

空气污染包括工业废气、汽车尾气和各种装饰材料的污染，等等。

2. 水源污染

水源污染包括工业废水、微生物在水中的积存以及化肥、农药、白色垃圾对水源造成的污染，等等。

3. 辐射污染

辐射污染包括电台、电视、高压线、微波炉、计算机、手机、医疗射线、强光反射、低频辐射、环境破坏造成的宇宙射线以及放射性材料在生活中的使用所造成的污染，等等。

4. 噪声污染

噪声污染包括汽车、机器、马达、人声等产生的噪声污染，等等。

我们已认识到自然环境污染对人类造成的危害，因而发展经济的同时要重视对自然环境的保护。全世界149个国家和地区缔结了旨在限制温室气体排放量以抑制全球气候变暖的《京都议定书》。我国也制定了可持续发展的战略，加强对环境的保护和治理，如对长江、黄河、淮河等进行了大规模综合治理，实施封山育林、退耕还林（草）政策，加强沙漠化治理工作等都取得了良好效果。我们相信，在不久的将来，蓝天碧水将重现在人们眼前。

（三）社会环境

构成社会环境的主要因素有社会生活条件、教育发展水平、医疗卫生条件和服务水平等。每个人都是社会的一分子，都与社会密不可分，这些因素都可能直接或间接地影响人类的健康状况。

1. 社会生活条件

美国弗莱齐尔（S. D. Frasier）曾说，一些遭受虐待、歧视的儿童或青少年，其生长发育缓慢，身材矮小，骨龄落后，性发育迟缓，他们并无明显的家庭遗传倾向，可能是由于不良环境对中枢神经系统形成长期的恶性刺激，导致生长激素释放因子分泌不足而引起的。如果一旦改变他们的社会处境，那么他们的生长速度会大大加快，最终甚至可达正常的发育水平。

社会安定情况、经济发展水平和社会进步程度等是构成社会生活的主要条件。社会安定，经济繁荣，人们就会安居乐业；少有所学，老有所养，长寿才会成为可能。例如，中国人平均寿命从20世纪初期的50多岁延长到了现在的70岁以上，这是社会安定和经济状况改善所带来的结果。而那些政局动荡、战乱不休的国家，经济发展势必受到很大影响，致使人们的生存条件得不到基本保障，一些地方甚至出现种族屠杀、虐待儿童的现象，那里的人们在死亡线上挣扎，健康长寿也无从谈起。

2. 教育发展水平

教育发展水平的提高，可以提高人们的文化素质，使人们树立正确的健康理念。有了宏观和正确的健康理念，才能克服和避免产生诸如“没有疾病就是健康”“亚健康状态不危害人体健康”“疲劳不危害人体健康”等不正确的观念，有利于指导和规范日常行为、进行自我锻炼，养成良好生活习惯，消除和减轻影响健康的因素，加强自我保健，从而预防疾病的发生，促进全社会健康水平的提高。

教育发展水平的提高，还可以促进医疗理论水平、临床实践水平和疾病防控研究水平的提高，并间接地对社会健康水平产生影响。

3. 医疗卫生条件和服务水平

医疗卫生条件水平是指社会卫生医疗设施和制度的完善状况。健全的医疗卫生机构、完善的服务体系、一定的经费投入及合理的资源配置，都能对健康起到积极的保障作用。

20 世纪以来，医疗水平不断提高，使许多长期困扰人类的疾病成功治愈。例如，到了 20 世纪 60 年代后期，世界上大部分地区基本消灭了脊髓灰质炎和天花等传染性疾病。

卫生服务水平是指卫生组织机构、专业人员为了防病治病，运用卫生资源和手段，有计划、有目的的向个人、群体和社会提供服务活动的能力大小。这些服务能够很好地防控疾病，避免疫情大规模爆发，为人类健康“保驾护航”。例如，2003 年，SARS 疫情在我国爆发，给我们敲响了警钟。SARS 过后，我国健全了疾病防控体系，制定了突发疫情紧急预案，使之后发生的“禽流感”“口蹄疫”“手足口”等疾病，都及时得到了控制。

世界卫生组织报告指出，健康与长寿取决于下列因素：自我保健占 60%，遗传因素占 15%，社会因素占 10%，医疗条件占 8%，气候因素占 7%。报告十分强调加强健康教育、健康保护、健康促进的重要性，提倡自我保健。这种新观念要求人们把注意力从偏重于治疗（并非治疗不重要）转向积极地预防和保健，从依赖医生转向由自己把握身体的健康。

六、亚健康

20 世纪 80 年代中期，苏联学者布赫曼研究发现，在人体健康状态和疾病状态之间，还存在着一种非健康非患病的中间状态，他把这种状态称为亚健康状态。

（一）亚健康的概念

亚健康（sub-health）是机体介于健康与疾病之间的一种生理功能低下的特殊状态。在这种状态下，机体尚无器质性病变，但体力降低、反应能力下降、适应能力减退、精神状态欠佳、机体免疫功能低下、对社会不适应。这时，身体已有了患病的危险因素和发生疾病的高危倾向。

现代医学将健康称做“第一状态”；疾病称做“第二状态”；将介于健康与疾病之间的生理功能低下的状态称做“第三状态”，也称为灰色状态、病前状态、亚临床期、临床前期等。

亚健康状态在经济发达、社会竞争激烈的国家和地区普遍存在，并处于亚健康状态的人数一直成现逐年增多的趋势。世界卫生组织的一项全球调查表明，75% 的人处于亚健康状态。在“2002 年中国国际亚健康学术成果研讨会”上，有专家指出，目前我国有 70% 左右的人群处于亚健康状态。

（二）亚健康的症状

· 躯体亚健康患者具体表现为患者躯体疲劳，而且这种疲劳已严重影响了工作和生活。患者常表现为体质下降、慢性病多发，经常出现乏力、困倦、低热、头晕、易感冒、胸闷、心悸等症状。

· 心理亚健康患者最常见的表现是焦虑。心理亚健康患者主要表现为担心、恐慌，这种发自内心的不安若持续存在就会产生心理障碍。患者常出现烦躁、易怒、失眠、不安、心慌等症状。

· 人际交往亚健康患者主要表现为与他（她）人之间的心理距离加大，交往频率下降，人际关系不稳定。如患者对人、对事的态度冷淡，常有空虚、自卑、无助、无望等感觉，出现猜疑、自闭的症状。

· 慢性疲劳综合征是亚健康状态最主要的表现形式。患者具体表现为疲劳、低热、咽喉痛、肌肉疼痛、关节痛、头痛、注意力不易集中、记忆力下降、睡眠障碍和抑郁等以非特异性为主的综合征。

· 过劳死是一种未老先衰、突发疾病猝死的生命现象。导致过劳死的原因是工作节奏加快，精神压力增大，机体长期超负荷运转，积劳成疾而引发心脑血管疾病的急性障碍，最终导致死亡。

（三）亚健康的预防

调查表明，亚健康产生的根源是：首先，患者对健康没有正确的认识，降低了对威胁自身健康各种因素的应激反应能力；其次，患者由于不良的生活习惯、疲劳以及社会和工作所带来的精神压力等原因造成的。当知道自己处于亚健康状态时，不要掉以轻心，也不要过分紧张，应当积极应对。应对的方法有如下几点：

· 克服不良的生活习惯。吸烟、过度饮酒、涉入高脂肪或过量饮食、缺少运动、睡眠不足、不吃早餐、经常熬夜等不良生活习惯，都会使身体由健康状态逐渐转变成亚健康状态，最后导致各种疾病的发生。

· 调整好个人心态，适应瞬息万变的社会。当今社会竞争激烈，工作、生活节奏加快，使人们的心理压力增加，精神负担增大。如果心理压力过大，会导致心理失衡，使神经系统功能失调，内分泌紊乱，正常生理功能发挥不出来，抵御疾病的能力明显下降，进而引起各种疾病。

· 消除疲劳，努力提高身体素质。经常感到疲惫不堪是典型的“亚健康状态”。当代大学生紧张的学习与生活节奏会造成体力和脑力的疲劳状态。疲劳是人体的一种生理性预警反应，长时间的超负荷工作就会产生疲劳积累，久而久之必会引发疾病。

· 有针对性地选用保健食品。有目的地服用一些适宜的保健食品，可以帮助我们消除亚健康状态。

七、体适能

体适能与健康的关系十分密切，人的体适能状况直接影响和反映其健康水平。体育锻炼是通过提高和改善人的体适能来影响人的健康。

（一）体适能概念

体适能（Physical Fitness）是一个外来词，其最早在 20 世纪 60 年代一个美国制定的“国家青年适应能力测试”文件中被首次使用。当时体适能没有具体的定义，只包括 600 码（1 码 = 0.9144 米）跑、仰卧起坐、引体向上、立定跳远、50 码跑、折返跑和垒球掷远 7 个测试项目。从此之后，很多学者和学术组织对体适能进行定义和解释。1996 年，美国国民健康与服务部将体适能定义为：“人们所具有的与其完成体力活动有关的一组身体要素，具有良好体适能的人通常能够以旺盛的精力执行每天的事务而没有过度疲劳，能够以充足的活力去享受闲暇时间的各种休闲活动，并适应各种突发事件。”

我国学者将体适能解释为：人类适应生活、工作、学习、休闲和运动等身体活动应具备的身体能力。在我国，体适能又称为“体能”“身体素质”。体适能这一概念，已随着素质教育改革的深入，融入我国体育健康教育领域，并极大地影响着我国的体育教育和健康观念，促进了人们体育观念的转变。

（二）体适能分类

体适能主要是通过体育锻炼来获得，它与人的健康、工作（劳动）能力、运动能力等方面有着密切的关系。在体适能的构成要素中，有的对健康影响较大，有的对运动能力影响较大，因此，我们将体适能分为运动体适能（Performance-Related Physical Fitness）和健康体适能（Health-Related Physical Fitness）两大类。

1. 运动体适能

运动体适能指与技能、运动、竞技有关的体适能要素。它包括：

（1）灵敏性。迅速、准确改变身体动作方向和空间位置的能力；

（2）协调性。通过与运动有关的感觉（视觉、听觉、本体感觉等）和控制机能使身体各个部分能够协同、连贯、准确地执行动作的能力；

（3）平衡。身体在静止或运动时，保持身体稳定和控制动作的能力；

（4）速度。快速移动的能力，即在最短时间内使身体或肢体移动一定距离的能力；

（5）爆发力。在最短时间内使器械（或人体本身）产生最大位移的力；

（6）反应时。刺激与应答性反应动作之间的时间间隔。

2. 健康体适能

健康体适能指与人体健康水平密切相关的体适能要素。它包括：

（1）身体成分：组成身体的各种成分物质，主要包括肌肉、脂肪和骨骼等；

（2）肌肉耐力：肌肉持续和重复工作的能力，是保证人能较长时间工作的重要因素；

（3）肌肉力量：肌肉收缩克服阻力的能力，是人体进行各种动作行为的基础；

（4）心血管适能：指心血管系统的工作能力。心血管系统由心脏和各种血管及其中的血液构成，其功能是将消化系统吸收的营养物质和肺吸收的氧气运送到全身各器官、组织和细胞中，并将它们的代谢产物，如二氧化碳、尿素等运到肺、肾或皮肤等，而后排出体外，保证人体新陈代谢的正常进行；

（5）柔韧性：指身体关节活动的幅度和运动的范围。它受关节、肌肉、肌腱、韧带、皮肤及其他组织的弹性和伸展能力的影响，可通过经常性的身体练习得到改善和提高。

（三）健康体适能和运动体适能的关系

健康体适能和运动体适能之间既有区别又相互联系。

1. 健康体适能和运动体适能的主要区别

（1）侧重点不同

健康体适能主要是健康生活所必需的要素，运动体适能特指为了提高运动成绩所必需的要素。

（2）测量方法和评价标准不同

健康体适能主要通过身体成分、肌肉力量和耐力、心肺功能、身体柔韧性等指标评价；运动体适能主要通过运动成绩指标进行评价。过去，学校体育一直采用运动体适能要素（如50米、1000米、立定跳、投掷等）来评价学生的体质健康水平，虽然运动素质在一定程度上可以反映学生的体质健康状况，但以此评价学生的体质健康水平是不准确的。教育部从2003年开始采用以健康体适能指标（身高标准体重、肺活量体重指数、台阶测验、坐位体前屈、握力体重指数）制定的《国家学生体质健康标准》，来评价学生的体质健康状况。

2. 健康体适能和运动体适能的联系

健康体适能和运动体适能两者相互关联、相互影响。健康体适能的改善和提高是运动成绩提高的基础，健康体适能的改善和提高一般通过体育锻炼或运动训练来实现。

第二节　体育锻炼与健康

一、体育锻炼与身体健康

“生命在于运动”在自然界里是颠扑不破的真理。野生动物为了生存，不断地奔跑跳跃，因此，其寿命是家养动物寿命的几倍，如野兔寿命可达 15 年，而家兔只有 4 ~ 5 年；牧羊犬寿命可达 27 年，而家犬只有十二三年。虽然人的体质强弱、寿命长短受多种因素的制约和影响，但体育锻炼无疑是增强体质的最积极有效的手段。正像法国著名医生蒂索所说的那样，“运动就其作用来说，几乎可以替代任何药物，但是世界上一切药品并不能代替运动的作用”。

增进身体健康是体育的本质功能，许多运动生理学、运动生物化学领域的研究结果表明，适宜的体育锻炼能够提高人体各器官系统的机能水平，促进人体各组织和器官的新陈代谢，促进生长发育，塑造体形，增强免疫力，改善大脑机能，全面提高运动体适能和健康体适能的各项指标，从而提高人们的健康水平。

身体的健康维系于人体各器官系统正常的发育和稳定的代谢，通过体育锻炼，可以促进器官发育，提高运动、呼吸、循环、消化和神经等各系统的机能水平。

（一）体育锻炼能提高运动系统机能水平

体育锻炼能提高运动系统的机能水平。运动系统由肌肉、骨骼和关节组成，经常进行体育锻炼可以提高肌肉力量，增加骨密度，加强关节的稳定性、扩大活动范围，从而增强人体活动能力，提高运动系统机能。

人体的任何运动都是通过肌肉收缩来实现的，因此，体育锻炼对肌肉的改变尤为明显。首先，体育锻炼能使肌肉的形态结构发生适宜性变化。经常进行体育锻炼，可使肌纤维增粗，肌肉体积增大。一般人肌肉重量占体重的 35% ~ 40%，而通过体育锻炼后可增至 50% 左右。其次，体育锻炼可提高肌肉的兴奋性和灵活性，明显改善肌肉的协调。最后，通过体育锻炼可提高运输氧和营养物质的运载能力，以及对代谢废物的排泄和中和能力，从而提高肌肉的物质代谢水平。

体育锻炼可以对骨的形态和结构产生良性影响。骨骼组成的支架，对人体有支撑作用，使各种运动成为现实。经常从事体育锻炼，可使骨密质增厚，骨面肌肉附着处突起明显，骨小梁的排列依张力和压力的变化而更加清晰有规律，从而在形态和结构上产生良好的适应性变化。随着这种变化，骨骼变得更加粗壮和坚固，抗折、抗压缩和抗扭转能力都有所提高。

人体骨与骨连接能够活动的地方叫作关节，中间骨末端的软骨和软骨垫等物质是缓冲物，周围有韧带肌腱起固定作用。首先，体育锻炼可以增加关节面软骨和骨密质的厚度，并可使关节周围的肌肉力量增强，关节囊和韧带增厚，因而可使关节的稳固性和抗负荷能力增强；其次，科学、系统的体育锻炼还可使韧带和关节周围肌肉的弹性和伸展性提高，从而关节的运动幅度和灵活性也大大增加。

体育锻炼能促进儿童和青少年身体形态的改变，对骨骼生长起主要作用的是骨骺的生长和发育，体育锻炼可促进血液循环，提供骨骺生长所需要的营养物质，并通过对内分泌系统的刺激，促进骨骺生长，从而增加身高。据调查，同样性别和年龄的青少年，经常参加体育锻炼的人比不经常参加体育锻炼的人，平均身高高出 4 ~ 7 厘米。

在青少年中，不乏身体形态上有例如肩窄、胸平、肋骨显露、脊柱弯曲、斜肩等缺陷的人，通过体育锻炼，可使他们肌肉变得发达、矫正畸形，从而塑造健美身躯。

（二）体育锻炼能提高呼吸系统机能水平

体育锻炼能提高人体各个呼吸器官的功能，改善呼吸系统机能。人体内的能源物质转化为生命活动所需的能量的过程，是靠氧的帮助完成的，人类的呼吸系统主要完成吸入氧气、呼出二氧化碳的工作。参加体育锻炼时，人体对氧的需求量增加，呼吸频率加快，各个呼吸器官的工作能力也在适应这一需求的过程中得到提高。因此，经常进行体育锻炼，有助于呼吸肌功能的改善，显著提高肺活量、摄氧量、肺通气量，加深呼吸深度，降低呼吸频率，这些良性改变增强了各个呼吸器官的功能，从而改善呼吸系统机能。

（三）体育锻炼能提高血液循环系统机能水平

人体的血液循环系统机能在体育锻炼中会得到很好的改善。血液循环系统又叫心血管系统，由心脏和血管组成。在心脏的动力作用下，血液在血管里流动的同时，把氧气和各种营养物质传送给各组织和细胞，同时把组织和细胞的代谢物运送至相应器官，排出体外。体育锻炼时，体内消耗大量能量，需要大量氧气和各种营养物质进行补充。此时心脏搏动加快，血液循环加速，使心血管系统机能在整个血液循环过程中得到锻炼，以上过程主要表现在以下几个方面。

1. 体育锻炼使心脏容积增大、心肌增厚

经过长期体育锻炼的刺激，心脏容积增大、心肌增厚，从而使心脏每搏输出量增加，这是心脏具有较高工作能力的标志。一般人安静时每分钟心率约为 70 ~ 80 次，经常从事体育活动的人心率约 50 ~ 60 次，优秀运动员甚至减少到 40 次。

2. 体育锻炼使血管弹性增加

坚持锻炼能增加血管弹性。在运动过程中，人的血压随着运动强度的增加而升高，通过长期锻炼的刺激，血管壁的弹性增加，从而能很好地控制血压，降低动脉硬化和高血压的发病率。

心血管疾病被称为“文明病”。目前，世界上死于心血管疾病的人越来越多，缺乏体育锻炼是其主要致病因素之一。经常进行体育锻炼，提高心血管系统的功能，可以防止这类疾病的发生。

（四）体育锻炼能提高神经系统机能水平

体育锻炼能促进大脑的生长发育。体育锻炼能使血液循环加快，血流量增多，使脑细胞得到充足的氧气和营养物质，从而促进脑细胞体积增大，代谢旺盛，进而促进智力的发展。

体育锻炼时可使大脑皮质兴奋性增强。人体的各种行为都受神经系统控制，经常参加体育锻炼，使神经系统的兴奋性和灵活性得到提高，从而使大脑神经细胞工作能力提高，反应加快，动作更加灵活迅速、准确协调。比如，在进行篮球比赛时，比赛场上的情况瞬息万变，这就要求运动员能在复杂的情况下做出分析判断，各部分肌肉及时准确地完成动作。

体育锻炼促使兴奋与抑制两种功能保持平衡。根据高级神经活动的负诱导规律，运动中枢神经的兴奋性增强，会使其他中枢神经的兴奋性得到抑制，大脑因此得到积极性休息。大脑的兴奋和抑制更加集中，就会提高人们的学习和工作效率，增强人脑的记忆力、提高智力水平，还能预防因功能性神经衰弱等神经系统机能障碍而引起的各种疾病。

总之，科学地进行体育锻炼，可以提高运动、呼吸、循环、神经系统的机能水平。通过这些系统机能水平的良性改善，促进青少年的生长发育，全面提高他们的灵敏性、反应能力、平衡性、速度、爆发力、协调性等运动体适能，从而达到改善身体成分、增加肌肉力量、增强肌肉耐力、提高心血管机能、发展柔韧性等健康体适能的目的，增强免疫力，全面增进健康。

需要注意的是，过度的体育锻炼有可能对人体造成伤害，影响人的健康，甚至缩短人的寿命。因此，应该科学、系统、有计划地进行体育锻炼。

二、体育锻炼与心理健康

体育运动通过身体活动促进人的全面发展。适当的体育锻炼可以消除疲劳、调节情绪，对大学生气质和人格的培养起到积极作用。体育锻炼在增进人的相互交往、克服孤独感、培养心理适应能力等方面具有重要作用。它已作为一种心理治疗手段被广泛应用。

（一）体育锻炼可提高认知能力、增强自我意识

体育锻炼的各个运动项目都有一个共同特点，即要求运动者在运动中既能对外界物体（如球、器械等）做出迅速而准确地感知与判断，又能迅速感知、协调自己的身体以保证动作的完成。这样长期的运动便能促进人的感觉与知觉能力的发展，提高人的反应速度，提高人的直觉判断能力，使人变得敏锐、灵活；有些运动项目还能充分锻炼人的思维能力、判断能力和记忆能力，如围棋、象棋、国际象棋等；而体操、跳水、花样滑冰、健美操等运动项目则能充分发展运动员的想象力和美的表现力。因此，体育锻炼能有效地提高人类的认知能力。

简单地说，自我意识就是有自知之明，能够正确认识自己和评价自己。正是由于人具有自我意识，才能对自己的思想和行为进行自我控制和调节，使自己形成完整的个性。体

育锻炼主要从两方面提高个人的自我意识：一是在体育锻炼过程中，针对周围人群对自己的评价，加以正确判断和分析，不断对自己进行再认识；二是通过体育锻炼，可以改善身体形态和提高运动能力，使精神面貌焕然一新，从而增强了自信心。

大学生处在自我意识的发展与完善的重要阶段，经常参加体育锻炼，通过不断地自我认知、自我评价，并自我改造、自我完善，有利于形成健康的自我意识，使自己成为更符合社会需要、更能适应社会的人。

（二）体育锻炼能给人以良好的情绪体验

情绪状态是影响心理健康的主要因素之一。良好的情绪，可以激发人的斗志，使人保持乐观向上的态度；不良情绪可能导致生理和心理异常，甚至行为过激。

体育锻炼能直接给人带来愉快和喜悦的情绪体验，并能减少紧张和不安，起到调控人的情绪状态、改善心理健康的作用。体育锻炼者经常会体验到由成绩的提高、极限的突破和团队的获胜所带给人的愉悦情感。科学实验表明，在体育锻炼过程中，人体内会产生一种叫做“内啡肽”的物质，这种物质可使人产生愉悦的感觉，从而使人心情愉快，精神放松，精神压力得到缓解。

在生活和工作中，总会有不尽如人意的事情发生，进而产生不良情绪，通过体育锻炼中大强度的肌肉刺激、身体对抗和比赛场上的激烈拼争，以及观众在观看比赛时的呐喊助威，都可使这种情绪得到宣泄，进而对不良情绪起到疏导和缓解的作用。

在体育锻炼过程中，经常会因发生对手侵犯、裁判误判、队友指责、发挥失常和状态低迷等现象而产生不良情绪，但由于受到项目规则、社交礼仪与道德规范的约束，不能随心所欲地发泄个人情绪或者做出过激行为，这样，情绪经常受到控制，久而久之，自己对情绪的控制能力就会得到提高，使得自己今后在生活中也能较好地控制情绪，从容面对各种事情。

（三）体育锻炼促进人格的全面发展

人格指人的整体精神面貌，即一个人在一定社会条件下形成的、具有一定倾向的、比较稳定的心理特征的总和。构成人格的要素有思想、态度、兴趣、气质、能力、性格、理想和信念等。人格既有稳定的一面，又有可塑的一面。

体育锻炼能发展多方面的能力，如身体运动能力、协调能力、操作思维能力、直觉思维能力和应激能力等，从而使人学会竞争、学会合作、学会欣赏、学会分享、学会表现自己。

体育锻炼能改善人的性格。经常进行体育锻炼，使人能够纠正傲慢、冲动、胆怯、自卑、孤独等性格缺陷，变得坚强、刚毅、开朗、乐观，逐渐形成良好的性格。

体育锻炼能锻炼人的意志品质。体育锻炼的过程，是一个不断挑战自己生理和心理极限的过程，又是一个长期坚持的过程，因而能培养坚忍顽强、勇敢拼搏的意志品质。

体育，作为高校教育的重要手段，在促进学生个性发展方面有着不可替代的作用。大学生正处于性格、气质、理想、信念、世界观等个性心理倾向形成的关键时期，经常进行体育锻炼，可以帮助大学生在人格方面得到发展与完善，为他们走向社会打下坚实的基础。

（四）体育锻炼促进和谐的人际关系

随着社会的发展，人们的生活节奏不断加快，人与人之间越来越缺乏交往。良好的社会交往能够给个体带来心理上的益处。体育锻炼是人与人之间相互联系、相互交流的一种特殊方式，它对协调人际关系有很大帮助。

体育锻炼是在一定社会环境中进行的，因此，参加者不可避免地要与队友、教练、裁判和对手等进行交流和联系，这表现在同伴间的相互鼓励、与教练的默契、与观众和媒体的沟通等方面。

这些交流和联系帮助人学会更好地与人相处的方法，进而在现实的社会生活、学习和工作中与人和谐相处，提高社会适应能力。

（五）体育锻炼可调适心理障碍

体育锻炼的手段已越来越多地被运用到心理疾病的治疗中。“健康的心理来自健康的身体”。通过体育锻炼，人体的健康水平得到提高，心理健康水平也随之提高。锻炼时，注意力的集中，能够抑制紧张、焦虑等不良情绪，对有心理障碍和心理疾病者的病情都能起到很好的调适作用。实践证明，体育锻炼中的有氧运动，是缓解轻度或中度抑郁症的有效手段之一。体育锻炼还能有效治疗自卑和焦虑症。

体育竞赛是磨炼意志力的有效方法。体育锻炼者经常参加不同级别、不同规模的体育竞赛，就要不断接受胜利与失败的考验，磨炼心理承受能力，在面临挫折和失败时，不逃避、不惧怕，勇敢地面对，积极主动地适应，顽强地拼搏，天长日久，心理承受挫折的能力就会不断提高，形成不畏困难、敢于面对挑战的意志品质。经过这样的磨炼，即使生活中有再大的困难和挫折，也不会悲观失望，而是自信、乐观地面对人生，迎接生活和工作的挑战。

三、体育锻炼与道德健康

体育锻炼在促进身心健康方面的作用，已经被人们公认。在促进道德健康方面，体育锻炼同样也具有重要的作用。体育锻炼可以增强公德意识，使人讲文明、重礼仪，还可以培养协作精神和团队意识，增强责任感，陶冶情操以及提高审美情趣。

（一）体育锻炼培养公德意识

所谓“公德意识”，就是在公共场合自觉遵守约定俗成的规则、秩序、思想、观念或习惯的意识。公共道德反映着社会公众的共同利益和社会生活的基本准则。为了使社会交往和公共活动正常有序地进行，就要求人们有较高的公德意识，遵守规则和秩序；否则，社会就无法正常运行。

所有体育活动都是在公平、公正的情况下进行的。无论是皇室成员，还是赤脚选手，只要他站在体育赛场上，就是站在同一条起跑线上，体育的天平永远不会偏向金钱和权贵。参与体育的人们，总能在体育中无所顾忌地展示自我，最大限度地发掘自身潜能，享受到公平、公正的快乐。热爱体育的人总是鄙视投机和作弊者。因此，体育运动不自觉地扮演了最神圣的公平、公正的教育者与代言人。正如顾拜旦在《体育颂》中所说，“啊，体育，你就是正义！你体现了社会生活中追求不到的公平”。不难看出，服用兴奋剂者被舆论抛弃，违规越轨者被裁判取消资格……人们坚守体育这片净土，也就是在尊崇和强化公德意识。参加体育比赛或活动的人，受到公平、公正原则的熏陶，公德意识就会提高，就会自然而然地将公平、公正原则应用于社会生活当中。可见，公平、公正原则，在建设和谐社会的过程中也会起到非常重要的作用。

人们为了实现体育竞技中的公平和公正，为了体育竞技有序地进行，为了进一步向自然、向极限挑战而制定了体育运动中的规则。参加体育比赛或活动，身在其中就一定会受到规则的约束。顾拜旦在《体育颂》中提到：“体育啊！……你告诫人们遵守规则！。”参加比赛要受到规则的约束，观赏比赛同样受赛场秩序的约束，进行体育锻炼同样也要遵守运动场馆的管理规定及一些约定俗成的规矩。体育教育参加者应严格自律、遵守规则，使其逐渐形成习惯。从某种意义上来说，体育的规则，正如日常生活中的社会法律，参加体育运动的过程就是接受遵纪守法教育的过程。因此，体育是培养公德意识的有效方法。

（二）体育锻炼使人讲文明、重礼仪

体育赛场上有各种形式的礼仪，比赛前的礼仪有柔道、跆拳道、空手道的鞠躬礼，击剑的举剑礼，武术的抱拳礼等，球类比赛前有双方的握手、合影和互赠纪念品等；比赛中的礼仪有举手示意、观众的加油喝彩等；比赛后的礼仪有双方教练员和队员的相互拥抱、握手、向观众致谢等。可以说，文明礼仪在体育运动中无处不在。体育需要竞争，但需要的是文明的竞争，不是野蛮的竞争。因此，这些礼仪并非多余，它证明了人类的体育运动是追求更快、更高、更强的理智行为，同时，也表达了人们从竞争对手和观众身上获得帮助的感激之情。置身于体育运动中的人，在行礼的同时，能够体会到文明礼仪在体育和社会生活中的必要性，从而自觉提高了自身的文明礼仪水平。

（三）体育锻炼培养协作精神和团队意识

当今社会，非常强调个性的发展，但更强调协作精神和团队意识，体育正是培养协作精神和团队意识的最好途径。很多体育运动项目都是有多人参加的集体项目，都需要大家的通力协作方能取胜，如篮球、排球、足球、曲棍球、棒垒球等。即便是个人项目，运动员也不是个人的单打独斗，还要与教练、陪练、医生等人员相互配合，相互协作，才能使自己的成绩不断提高。体育比赛都是在详细的计划下、周全的策略中进行的。训练时教练员制定切实可行的训练计划（技术、战术），运动员按照计划刻苦训练；比赛时还要制定相应的战术，同伴间需要相互鼓励、默契配合、共同努力，才能形成一个战斗的集体。这样的例子不胜枚举，如在花样游泳集体项目中，是因为有许多队员在水下托举才能看到美轮美奂的造型及精彩的翻腾；在排球场上，在扣球队员身后进行保护的防守队员，他们也许不能享受对凌厉扣球的喝彩，但正是因为有了这些网下的保护，才能保证全场比赛的功

防一致，得到最佳的比赛成绩……胜利时，队友间的相互拍手和拥抱，失败时，队友、同伴的鼓励和信任，都会成为全队继续拼搏的动力。

个人的力量是有限的，集体的力量是无穷的，只有将个人融入集体，与他人团结协作，才能使自己的才智和能力发挥出来；不断地将个人融入集体，团队意识和协作精神就会得到培养和加强。

（四）体育锻炼培养拼搏意识和责任感

良好的意志品质是在克服困难的过程中培养起来的。体育锻炼和体育比赛本身就是一个战胜困难、战胜自我的过程，因此，体育锻炼能够磨炼人的意志品质和培养拼搏意识。在体育运动中，不但要克服环境条件、气候条件等客观困难，还要应对胆怯、畏惧、懒惰等主观感觉以及伤病的困扰。“梅花香自苦寒来”，我们要想取得成绩上的些许进步和水平上的点滴提高，就要付出艰苦的努力，克服主客观方面的困难。在克服困难和战胜困难的过程中，意志品质就会得到磨炼；升华的意志品质，又会引导人们向更高的目标迈进。乒乓球名将邓亚萍，身材矮小，有人断言她不适合搞竞技体育。但是，她以一种永不服输的精神，刻苦训练，战胜了各种困难，取得了一个又一个冠军。生活中我们也经常看到，有人因缺乏毅力，不能克服困难，不能善始善终，遇到困难就畏惧不前，往往一事无成。大学生应该通过经常参加体育锻炼来培养自己的坚强意志和拼搏意识，增强战胜学习和工作中困难的勇气和信心。

责任感指对自己义务的知觉，以及自觉履行人生义务的一种态度或意愿。责任感是决定一个人能否健康发展的核心品质之一。责任感既包括对自己的言行和人生承担责任的态度，又包括对自己履行职责时的过失的态度；既包括对自己负责的意识，也包括对他人和社会负责的意识。体育参加者承担着对自我、集体、社会以及国家的责任。当作为一个国家的代表，站在世界体育舞台上时，自己与国家的荣誉紧密联系在一起，一种强烈的责任感油然而生。当看到运动员们不负国家和人们的期望，为国家争得荣誉，顽强拼搏，让国旗升起、国歌奏响时，这种责任感和荣誉感对人们的教育是一种震撼式的教育，远比书本和课堂的说教更有说服力。

经常参加体育锻炼，可以增强面对困难的勇气和解决困难的能力，勇于承担起对自我、集体和社会的责任，更能有利于摆正个人、集体、社会和国家的利益关系。

（五）体育锻炼陶冶情操，提高审美情趣

体育运动的美有动作美、风度美、素质美、体态美、体型美、技术美、战术美、风格美，这些美无处不在。当人们在运动中伸展身躯，调动身体每一处关节，张紧每一块肌肉都是对美的塑造。正如现代奥林匹克创始人顾拜旦在《体育颂》中赞叹：“啊！体育，你就是美丽！……体育可使人体运动富有节律；使动作变得优美，柔中含有刚毅。”

迅猛的空中灌篮，灵动的水中芭蕾，凌厉的空中抽射，旋转飞舞的冰上蝴蝶……这让不论是参与者还是观赏者都能得到美的享受。在运动的风格和战术的运用中，同样可以清

晰地体会到人类聪明才智的美。即便是在艰苦、单调的练习过程中，也能体现出坚韧不拔、勇于进取的美好品质，让人从中陶冶心灵，提高审美情趣。

思考题

1. 健康的标准是什么？
2. 阐述影响健康的因素。
3. 大学生该如何应对亚健康状态？
4. 体适能的概念及分类是什么？
5. 阐述体育锻炼对人的身体健康有哪些影响？
6. 阐述体育锻炼如何促进人的心理健康和行为道德？

第三章　体育锻炼的科学方法与计划制订

☑ 主要知识点

◇ 体育锻炼方法

◇ 大学生锻炼计划的制订

第一节　体育锻炼方法

体育锻炼方法是根据人体发展规律，运用各种身体练习和自然因素来提高身体素质的途径和方式，从而达到体育锻炼的目的。

一、通用的体育锻炼方法

（一）程序锻炼法

程序锻炼法指锻炼者按照锻炼过程的时序性和锻炼内容的系统性，将多种锻炼内容有序地、合乎逻辑地编制成锻炼程序，按照预定程序进行锻炼，并对锻炼过程实施科学控制的方法。

（二）分解锻炼法

分解锻炼法指将完整的技术动作或战术配合过程合理地分成若干个环节或部分，然后按照环节或部分分别进行锻炼或学习的锻炼方法。运用分解锻炼法可集中完成专门的锻炼任务，加强主要技术动作和战术配合环节的锻炼，有针对性地进行锻炼，从而获得更好的锻炼效果。

（三）完整锻炼法

完整锻炼法指从技术动作或战术配合的开始到结束，不分部分和环节，完整地进行练习的锻炼方法。运用完整锻炼法有利于锻炼者完整地掌握技术动作或战术配合，保持技术动作或战术配合的完整结构与各个部分之间的内在联系。

（四）单项重复锻炼法

单项重复锻炼法指锻炼者在相对固定条件下，按照计划和要求反复练习同一内容的锻炼方法。这种方法适用于以下几方面。

· 运动负荷较小或用时较短的项目，如多组跑专项练习；

· 动作技术比较复杂且难以掌握的项目，如拳击的组合拳练习（一人固定防守，一人练习）；

· 运动负荷安排较大，难以一次完成的练习，如用多组 400 米或 800 米跑来提高 3000 米跑的能力。

（五）循环练习锻炼法

循环练习锻炼法是根据身体的需要，确定循环练习的各项练习内容，在一次练习中依次循环进行练习的锻炼方法。这种练习方法可以弥补单一练习对身体发展作用的不足，使各练习之间的作用互相补充，有利于身体的全面发展。此外，由于锻炼内容多样，因此能够调动锻炼者的积极性。

（六）群项组合锻炼法

群项组合锻炼法指根据锻炼需要，将两个以上不同身体发展项目搭配起来，在一次锻炼中依次练习的锻炼方法。这种练习方法可以弥补某些项目对身体发展作用比较单一的缺点，使各项目之间功能互为补充，达到全面发展身体的目的。此外，由于锻炼内容变化多样，所以更易激发和调动锻炼者的情绪。

（七）变换锻炼法

变换锻炼法指在改变锻炼内容、强度和环境的条件下进行锻炼的方法。如变换锻炼项目，增加或减少运动负荷，调整练习要素，变更练习地点等。运用变换锻炼法能够提高中枢神经系统的灵活性，发展身体的调节能力和适应能力。同时，对于修订锻炼计划，活跃锻炼气氛也具有一定意义。

（八）竞赛与表演锻炼法

竞赛与表演锻炼法指锻炼者在互相比较、彼此竞争的情况下进行锻炼的方法。此方法较其他锻炼法对锻炼者提出了更高的要求。

二、发展心肺功能的体育锻炼方法

心肺功能主要包括有氧耐力和无氧耐力。

有氧耐力又称一般耐力，指机体在氧气供应较充足的情况下，能够坚持较长时间的工作能力，主要用于维持身体健康。有氧耐力训练的目的在于提高人体输送氧气的能力，促进有机体的新陈代谢。

无氧耐力也叫速度耐力，指机体在氧气供应不足的情况下，能坚持较长时间工作的能力。无氧耐力又分为非乳酸供能无氧耐力和乳酸供能无氧耐力。机体在长时间供氧不足的状态下进行工作，会产生“氧债”，无氧耐力的训练目的就是要提高机体承受“氧债”的能力，从而提高运动竞技水平。

（一）有氧耐力的练习

1. 有氧耐力的练习方法

（1）持续练习法

在持续练习过程中，如长跑、游泳、自行车等项目在相对较长的时间里以较为恒定的速度持续地进行练习。

采用持续练习法发展有氧耐力时的注意事项如下：

① 练习强度：单纯发展有氧耐力的练习强度相对要小，应低于最大强度的 70%，以有氧供应为主。对于普通练习者，其心率可控制在 120 ~ 140 次 / 分。② 练习时间：有氧耐力的练习时间一般可根据个人运动水平而定，但维持适宜心率的时间应超过 10 分钟，总锻炼时间至少要坚持 20 分钟以上，如果身体条件允许，可达到 2 小时。只有坚持较多的负荷数量，才能达到发展有氧耐力的目的。

（2）重复练习法

重复练习不改变动作结构和外部负荷表面数据，是在相对固定条件下，按照既定间歇要求，在机体完全恢复的情况下反复进行练习。

（3）间歇练习法

间歇练习法是在一次或一组练习之后，按照规定的间歇负荷和积极性间歇方式，在机体未完全恢复的情况下开始下一次或下一组练习的方法。

采用间歇练习法发展有氧耐力时的注意事项如下：

① 练习强度：间歇练习方法的强度比持续练习方法的强度大，最高心率可达 170 ~ 180 次 / 分，如果运动距离长，练习强度减弱，心率可能适当降低。② 负荷数量：负荷数量通常以距离（米）和时间（秒）两个指标来表示。以距离表示负荷量时，可控制在 50 ~ 200 米。以时间指标来表示时，因为间歇练习方法运动强度大，一次练习的持续时间如果太长会导致锻炼效果的改变，所以一般持续练习时间不超过 2 分钟，少则仅有几秒钟。③ 间歇时间：每一次练习完成后，机体尚未完全恢复时开始下一次的练习。间歇时间根据个人情况和项目的不同而不同，一般当心率恢复到 110 ~ 120 次 / 分时就开始下一次练习，休息时可采取慢跑或走等积极性休息。

（4）循环练习

在选择和设计循环练习的各项内容及其编排时，必须符合专项特点的要求，同时应根据“渐进负荷”或“递增负荷”的原则安排练习。

（5）游戏练习

游戏练习指运用各种长时间游戏的方式进行有氧耐力练习。

2. 有氧耐力的练习手段

有氧耐力的练习手段如下：

（1）1 分钟立卧撑。

（2）连续深蹲跳。

（3）连续跳台阶。

（4）连续单脚交换跳台阶。

（5）跳绳练习（单摇或双摇）。

（6）越野跑、中长跑、爬山及长距离变速跑。

（二）无氧耐力的练习

1. 无氧耐力的练习方法

无氧耐力练习的主要方法以短距离的重复跑和间歇跑为主。

2. 无氧耐力的练习手段

无氧耐力的练习手段如下：

（1） 20～80 米的加速跑。

（2）高抬腿转加速跑。

（3）折返跑。

（4）对抗性球类比赛。

3. 无氧耐力练习的注意事项

（1）强度

一般采用大强度，达到最大吸氧量的 90% 左右，心率在 180 次/分以上。

（2）距离和时间

练习距离和持续时间要短，一次负荷的持续时间一般为 3～8 秒（如 20～80 米跑，8～20 米游泳等练习）。

（3）重复次数与组数

一般重复练习的次数和组数都以较少为宜。如重复练习 3～4 次，重复组数可达到 5～6 组。

（4）间歇时间

练习的间歇时间要短些，一般少于 1 分钟。组与组之间的间隔要相对长些，一般 3～5

分钟。但不宜过长，如果间歇时间过长，神经系统的兴奋性会降低，从而影响练习效果；一般心率恢复到 120 次/分时就开始下一次练习。另外，间歇时应做积极性休息。

三、发展肌肉力量的体育锻炼方法

（一）发展力量素质的方法

1. 静力性力量练习

静力性力量练习的特点是肢体不产生明显移位，而是维持或固定肢体于一定位置或姿态上。静力性力量练习主要用于提高肌肉耐力。在发展肌肉最大力量练习时，可采用较大的负荷强度。

（1）对抗性静力练习。根据发展某部位肌肉的需要，基本姿势保持固定不变，用极限力量对抗固定的物体。

（2）负重静力练习。根据发展某部位肌肉的需要，确定姿势，固定重量，身体姿势保持不变。

（3）慢速力量练习。动作速度较慢，靠肌肉的紧张收缩来完成，如肩负杠铃深蹲、慢起立等。

2. 动力性力量练习

动力性力量练习方法在练习时产生明显的位移或较快速推动其他物体产生运动。

（1）绝对性力量锻炼。一般以最大负重量的 80% ~ 100% 进行锻炼。锻炼时，以较少的次数（1 ~ 3 次）完成最大重量或接近最大重量的练习。

（2）速度力量锻炼。速度力量主要锻炼肌肉短时间快速收缩的能力。锻炼方法以中等或中小重量（最大负荷量的 60% ~ 80% 左右）为宜，练习的重复次数少，以最快的速度完成。

（3）力量耐力锻炼。采用最大力量的 40% ~ 60% 进行锻炼，重复次数达到 12 次以上，不追求速度，但要求一定的重复次数和坚持时间，如俯卧撑、仰卧起坐、引体向上、举重、哑铃等，一般练到极限。

（二）发展力量的具体手段

1. 发展上肢力量的练习手段

（1）引体向上。双手分开抓住单杠，同时用力提升身体，使下颌骨接触单杠，再下降至双臂完全拉直。

（2）双杠臂屈伸。双手抓紧双杠，双臂伸直将身体支撑离地，身体下降时，屈臂直到肘部与双杠平齐，双脚保持离地状态。

（3）屈臂悬垂。两手反握单杠，用力提升身体至下颌超过杠面。练习时尽量长时间保持该姿势。

（4）肘部弯举。手持杠铃或哑铃做肘关节的屈伸动作。练习时应注意勿使两肘的位置移动。

（5）仰卧推举。仰卧于凳上，将杠铃持于胸部并连续上举。

（6）俯卧撑。掌心平放地面，双手距离与肩同宽，双腿挺直，足尖着地，双臂弯曲至胸腹部触地，接着双臂伸直，将身体推起。

2. 发展背肌和腹肌力量的练习手段

（1）仰卧起坐。练习时压住双脚，双手抱头，双腿保持弯曲状态，然后连续起坐。

（2）收腹举腿。仰卧在地，双腿并拢，双手抱头或自然放在身体两侧，然后双腿抬起与地面成 45° 角以上，脚尖绷直，接着轻放双腿，到快触地时再抬起，重复练习。也可在单杠或肋木上做此练习。

（3）俯卧背屈伸。俯卧，压住双脚，双手抱头，双腿保持挺直状态，然后将身体抬起至最高点，再缓慢下落，重复练习。

（4）肩负杠铃体前屈。直立，双脚与肩同宽或略宽于肩，抓紧杠铃使其在双肩上保持平衡，然后将身体前屈至与地面平行，再将身体缓慢抬起。

（5）两头起。仰卧，双腿伸直并拢，两臂伸直于头上，然后同时抬起双腿和上体，让手指与脚尖在躯干上方相触，再放回原位，重复练习。

3. 发展下肢力量的练习手段

（1）跳跃练习。如单脚或双脚连续跳台阶、深蹲跳、蛙跳、多级跳。

（2）负重深蹲。负重做蹲起动作，练习时应缓慢屈膝，快速蹬伸。

（3）负重提踵。肩负杠铃进行提踵练习，练习时两腿绷直，脚跟高抬，重复练习。

四、发展身体柔韧性的体育锻炼方法

人们通常将柔韧素质又称为柔韧性。武术、竞技体操、艺术体操、跳水、花样滑泳、散打、柔道及游泳等项目都能很好地发展柔韧素质。

（一）发展柔韧性的方法

发展柔韧性通常采用拉伸法，拉伸法可分为动力拉伸和静力拉伸两种。

动力拉伸法指有节奏地、通过多次重复同一动作的练习，使肌腱和韧带逐渐被拉长的练习。

静力拉伸法指在某一位置静止一段时间将肌腱和韧带缓慢拉长的方法。

练习时应将动力拉伸法和静力拉伸法结合起来，这样才会达到最佳效果。

（二）发展柔韧性的手段

1. 发展肩关节柔韧的手段

发展肩关节柔韧性的手段包括：

（1）体前屈压肩。双人手扶对方肩，体前屈直臂拉肩。

（2）背对肋木或双杠站立，双手反握肋木下蹲拉肩。

（3）侧向肋木，一手上握、一手下握肋木侧拉。

（4）两手五指交叉，直臂，于头上翻腕，掌心朝上前后摆动。

2. 发展腰腹柔韧性的手段

发展腰腹柔韧性的手段包括：

（1）体前屈手握脚踝，尽量使头、胸、腹与腿相贴。

（2）后桥练习。双手双脚撑地，体态成后桥状，可逐渐缩小手与脚的距离。

（3）练习者跪立，手臂前伸掌心触地，胸向下压。要求主动伸臂，挺胸下压。

3. 发展下肢柔韧性的手段

发展下肢柔韧性的手段包括：

（1）压腿。将一只脚放在一定高度，另一只脚支撑，进行正或侧压，尽量使头、上体靠近腿部。

（2）原地或行进间踢腿练习，两腿尽量不弯曲。

（3）“跨栏步”压腿。

（4）弓箭步压腿，原地或行进间。

（5）纵叉、横叉。

（6）跪坐，脚背着地，身体后仰压脚背。

五、发展灵敏、协调性的体育锻炼方法

灵敏素质指迅速、准确改变身体动作方向和空间位置的能力。它是技能和各种素质的综合表现，对于大多数项目来讲，灵敏素质是非常重要的。

（一）发展灵敏素质的方法

发展灵敏素质的方法主要有以下几个方面。

· 让练习者在跑、跳中迅速、准确、协调地做出各种动作，如快速改变方向的各种跑，各种快速突然的起动、急停及各种迅速转体等练习。

· 各种调整身体方位的练习，如利用体操器械做各种较复杂的动作。

· 专门设计的各种复杂多变的练习，如立卧撑、十字变向跑、8 字跑及综合变向跑等。

· 各种变换方向的追逐性游戏和对各种信号做出应答反应的游戏等。

（二）发展灵敏素质的具体手段

发展灵敏素质的具体手段主要有以下几个方面。

· 单人练习：快速折返跑、快速后退跑、弓步转体、不同方向的滑步、跳起转体、屈体跳等。

· 单人器械练习：单杠悬垂摆动、双杠支撑摆动、挂撑前滚翻、双杠转体下，各种球类运动的运球、传球、顶球、颠球等。

· 双人练习：模仿跑、躲闪摸肩、“撞拐”游戏、两人头顶球练习、篮球一对一攻防练习。

· 双人器械练习：篮球的行进间传球、运球追逐及抢球，双杠端支撑跳下换位追逐等练习。

· 组合练习：交叉步 → 后退跑 → 折返跑练习，前滚翻 → 后滚翻 → 侧手翻 → 跑跳起练习。

六、发展跳跃能力的体育锻炼方法

1. 负重练习

负重练习的注意事项主要包括：

（1）负荷强度一般多采用本人最大负荷量的 40% ~ 50%。

（2）练习次数和组数通常每组重复练习 5 ~ 10 次，做 3 ~ 6 组。但组数的确定应以练习者不降低完成动作的速度为限。

（3）间歇组间的间歇不宜过长，通常为 2 ~ 3 分钟。

2. 不负重练习

不负重练习的主要内容如下：

（1）跳绳：单摇或双摇，规定时间和次数的跳绳练习等。

（2）单脚连续跳：在平地或台阶均可进行练习。

（3）跳深：练习时保持动作的连续性和爆发力。该练习可用双足或单足跳，可通过连续跳台阶或跨栏进行练习。

（4）跳远：可采用立定跳远、立定多级跳（三级、五级、十级）进行练习。

（5）行进间单足跳：30 ~ 100 米的跨步跳和单足跳练习。

（6）摸高：原地或助跑摸高练习。

（7）跳障碍物：跳栏架、跳跳箱等。

七、发展投掷能力的体育锻炼方法

投掷能力指人体运用自身的能力，通过一定的运动形式，将手持的物体或器械进行抛射并尽可能抛得远的能力。

1. 徒手练习

徒手练习的方法有以下几个方面。

（1）俯卧撑。双手指尖撑地进行练习，通过加强手指、手腕及手臂的力量来提高投掷能力。

（2）腰腹肌的力量直接影响着投掷能力，所以若想提高投掷能力，必须加强腰腹肌的力量。可用仰卧起坐、收腹举腿、俯卧背屈伸等方法练习。

2. 持器械练习

持器械练习的方法有以下几个方面。

（1）双手或单手持实心球于头上（身体成反弓形），原地或上步向前投掷练习。

（2）原地正面或侧面用小沙袋、垒球等物掷准或掷远练习。

（3）提举哑铃至腋下或提举杠铃至胸前练习，重量为 5～20 千克。

（4）单手或双手拉一端固定的胶带练习。

（5）单杠引体向上，双杠臂屈伸练习。

第二节　大学生锻炼计划的制订

一、制订大学生锻炼计划的重要性

对每一个锻炼者来说，制订一个科学合理的锻炼计划才能有效地改善自己的健康和提高体能水平。锻炼计划应适合个人的需要，它一般包括：了解健康与体能现状、确定锻炼目标、选择锻炼模式、措施和要求四部分。

（一）了解健康和体能现状

在制订锻炼计划前，有必要了解自身的健康与体能状况，这有助于制订符合自身实际状况的锻炼计划，有的放矢地选择锻炼方法和手段，从而改善健康和体能的不足之处。

（二）确定锻炼目标

确定锻炼目标是制订锻炼计划的重要环节，目标能促使你去实施锻炼方案，而达到目标后又能进一步提高我们的自信心，激励我们坚持体育锻炼。在设置个人的锻炼目标时，请遵循以下几点建议：

· 设置目标要有针对性，针对自身健康和体能的薄弱环节设置锻炼目标；

· 设置目标必须是现实的，即通过努力能达到的锻炼目标；

· 目标设置应包括短期目标和长期目标。短期目标设置非常关键，因为短期目标比较容易实施，目标易实现；

· 根据总的锻炼目标，还应设置锻炼过程中各个阶段的目标，即起始阶段目标、渐进阶段目标、维持阶段目标，从而保证总目标顺利实现。

（三）选择锻炼模式

锻炼模式包括锻炼的方式、锻炼的频率、锻炼的强度以及锻炼持续时间等要素。

· 每一位参加体育锻炼的人要选择适合于自己的运动项目作为锻炼的方式。

· 锻炼的频率指每周锻炼次数，一般来讲每周应锻炼 3～5 次。

· 锻炼的强度是指锻炼时人体承受的生理负荷量。锻炼的强度应根据锻炼者自身健康和体能状况，以及所进行的运动类型来确定。

· 锻炼持续时间是指每次锻炼用在主要锻炼内容的总时间。锻炼持续时间不包括准备活动和整理时间。

锻炼过程分为三个阶段，即起始阶段、渐进阶段、保持阶段。在各个阶段应合理安排锻炼的强度、频率和持续时间。

（四）措施和要求

措施和要求主要是指保证锻炼计划顺利实施的措施和安全告诫。

二、制订大学生锻炼计划的依据

制订大学生体能锻炼计划要树立科学的态度、依据科学的原理、符合体能锻炼和大学生身体发展的客观规律，将现实锻炼目标的需要与现有的各种条件有机地结合起来。

（一）体能锻炼的客观规律

体能锻炼的客观规律包括：生物适应的产生与变化规律、体能发展的规律、锻炼计划的连续性与阶段性、锻炼过程的多变性等。遵循体能锻炼过程的客观规律是科学化锻炼的本质特征。锻炼计划科学性的最主要表现就是遵循学生体能发展的客观规律，这也是保证体能锻炼效果的关键。

（二）大学生体能的起始状态

大学生体能的起始状态是确定锻炼目标的基础，是整个体能锻炼过程的出发点。只有符合大学生体能的现实状态的锻炼计划才能被他们所接受，达到提高他们体能的目的。

（三）客观条件的制约

大学生进行体能锻炼需要一定的载体，必要的物质基础是进行有效体能锻炼的重要条件。因此，制订大学生体能锻炼计划的时候应该将锻炼的场地、器材、仪器设备、营养条件及恢复条件等因素考虑进去。

三、锻炼负荷的概念及构成因素

所谓锻炼负荷，是指在以身体练习或心理练习为基本手段的体能锻炼过程中，锻炼者机体所能承受的生理负荷。锻炼者机体对锻炼生理负荷的反应表现在生理和心理两个方面，前者称之为生理负荷，后者称之为心理负荷。通过心理负荷使学生对体能锻炼产生心理上的适应，从而提高他们自我激励与自我控制的能力，以及对外部环境各种干扰的抗衡能力。在体能锻炼中，任何一次锻炼负荷都会对学生的心理和生理产生刺激，两者并存、相互影响。一般而言，随着生理负荷的加大，心理负荷也会随之增大，反之亦然。度量心理负荷的大小可通过注意力集中程度、焦虑量表等手段进行测试。目前，在锻炼实践过程中，心理负荷的定量分析和调控相对还较薄弱。相比之下，人们对生理负荷的认识和实践就要更加广泛和深入，度量生理负荷主要采用生理和生化指标，常用的有心率、血压、肌力、最大摄氧量、血红蛋白、血乳酸等生理、生化指标。

在实践中，体能锻炼负荷主要是由负荷量与负荷强度所组成，二者分别反映着负荷的数量和质量，前者反映了负荷对机体刺激的量的大小，后者反映了负荷对机体刺激的程度的大小。负荷量是在身体练习活动时，所完成的总的工作量。所谓总的工作量就是单个动作或单位时间与负荷强度之积。负荷量亦可以理解为身体练习过程中的“总次数”“总组数”“总距离”和“总重量”，是通过练习的次数（整个练习的次数，或某个练习的重复次数），或练习时间、练习距离、练习总量等特征表现出来。负荷强度可以通过练习的速度、练习的远度、练习的高度、负荷的重量、练习的密度及练习的难度表现出来。例如，走、跑等练习可用位移距离作为负荷量的一个指标。

大学生在体能发展中承受一定的练习负荷刺激后，机体必然会产生相应的练习效应。但并非只要施加了负荷，就一定会产生良好的练习效应，只有适宜的负荷才能使机体的应激反应以及随之产生的一系列变化都保持在一个适度的范围内。如果负荷过小，不能引起机体必要的应激反应，得不到良好的练习效应；而过度负荷，则会对机体产生不良的效应。所以，只有遵循“刺激—适应”的原则，通过循序渐进地增加运动负荷的量度，方会加快学生体能的提高。

练习负荷是练习对机体的刺激量度，适应是体能发展过程中的现象。机体对练习所给予的负荷过程由不适应→逐渐适应→增大负荷→又不适应→逐渐适应，反映了人体承受相应负荷能力的变化，体能的发展就是在由不平衡到平衡，再由不平衡到再平衡的过程中逐步提高的。青少年的健康是在体能不断提高的过程中逐步实现的。

四、锻炼负荷的设计

（一）心肺锻炼负荷的设计

心肺功能是人体心脏泵血及肺部吸入氧气的能力，它对人的生活能力及身体活动能力均有重要的影响，尤其是在应对较长时间的身体活动方面。心肺功能水平的高低，主要取决于人的有氧代谢能力、体内能源物质的储存，以及人的心理控制和对疲劳的耐受程度。提高心肺功能的主要锻炼方法为持续练习法和间歇练习法。

持续练习法是指练习强度较低、持续时间较长且不间歇地进行练习。例如，采用越野跑 20~60 分钟，自行车骑行 30~60 分钟，游泳 1000~2000 米，登山、远足 40~60 分钟，滑冰、滑雪 30～60 分钟，跳绳、踢毽子 200～1000 次等。采用持续练习法设计周锻炼计划负荷时，重点要考虑的是锻炼的频率（锻炼次数）、锻炼的强度、锻炼的持续时间。一般而言，体能水平低者，锻炼的频率以隔天为宜，锻炼的强度以小强度为佳，锻炼的持续时间为 20～30 分钟。随着体能水平的提高，练习负荷的要求也应相应提高，具体的周锻炼负荷设计可参考表 3-2-1。

表 3-2-1　心肺功能周锻炼负荷设计

	有效锻炼区	目标区
频率	3 天 / 周	3 天 / 周～6 天 / 周
强度	60%×（最大心率－安静心率）	60%～80%×（最大心率－安静心率）
时间	20～30 分钟	20～60 分钟

间歇练习法是指将全部练习负荷分为若干小段，每两段中间安排不充分的休息。由于间歇练习法对练习的距离、强度及每次练习的间歇时间有严格的规定，往往不等身体机能完全恢复就进行下一次练习，因此，对机体机能要求较高，从而能引起机体结构、机能及生物化学等方面较深刻的变化，能使心血管系统得到明显的锻炼。间歇练习法运用成功的关键是要根据不同的锻炼水平及不同的练习项目，合理地安排练习距离、练习强度、练习量及间歇时间。

（二）减少过多脂肪（身体成分）锻炼负荷的设计

脂肪是人体正常的组织成分，它对于保证人体正常的生理功能起着重要的作用，但体内脂肪过多积累，将引起肥胖。所谓身体组成是指脂肪占身体重量的百分比。现代医学研究表明，肥胖无益于健康，是多种疾病的“温床”，如肥胖与冠心病、高血压、糖尿病及某些肿瘤等严重危害人类健康的 20 多种疾病有关。而引起单纯肥胖的根本原因是热能不平衡，即热能摄入量大于消耗量，多余的热能以脂肪的形式储存在体内，使体重和体脂水平超过正常标准。此外，体力活动不足也是形成肥胖的主要原因。

因此，利用运动锻炼进行减肥已成为现代科学重要的研究课题。

如何运用运动锻炼进行减肥主要取决于运动锻炼的方式和内容以及锻炼负荷的控制。一般而言，宜采用动力性、全身大小肌肉群参与的有氧运动。如走、跑、骑自行车、有氧舞蹈、长时间的球类活动等。锻炼负荷的控制，要根据个人情况，区别对待。

为了确保减肥锻炼的效果，达到改变体形、体态的目标，我们在减肥锻炼时，不论采取什么锻炼方式，首先要确定采用多大的运动量合适。运动量的确定主要考虑两个因素：一是运动强度，二是运动时间。

1. 确定运动强度

判断运动强度的基本方法是测定锻炼时的心率。对于身体健康的健身减肥人群来说，为了达到锻炼效果，锻炼时的心率应达到最大心率的 60%～70%。

最大心率＝220 －年龄（岁）

最大心率（以 20 岁的人为例）：220 － 20＝200（次/分钟）

20 岁人群的运动强度：心率达到（132～154 次）/分钟（最大心率的 60%～70%）

对于减肥锻炼的人来说，不需要在高心率水平上运动，轻松愉快的锻炼对于减肥效果更好。在减肥锻炼的开始阶段，达到心率的下限强度就可以了，最好采用低强度长时间的锻炼方法。

2. 确定运动时间

一般来说，要达到减肥效果，以适中的强度运动最少需要 30～40 分钟（包括热身和放松活动），如果运动强度较小的运动项目，运动时间要延长，一般要达到 60 分钟左右。每周可进行 3～5 次有规律的运动锻炼或者是每天进行一次锻炼。

总体锻炼负荷的特征是：慢、低强度、长时间的有氧运动。需要指出的是，为了有效地减少身体过多的脂肪，不仅要运动锻炼，而且要注意合理地控制饮食。具体的方法可参考表 3-2-2。

表 3-2-2　减少身体过多脂肪锻炼负荷设计

	有效锻炼区		目标区	
	锻炼	饮食	锻炼	饮食
频率	天天增进热量燃烧为原则	减少过多的热量摄取长期控制	每天进行	三餐正常
强度	慢、低强度有氧运动	减 1 磅脂肪要 3500 卡的热量	慢、低强度有氧运动每周减少 1～2 磅脂肪为原则	适当的热量摄取每周减体重不多于 1～2 磅
时间	至少 20 分钟	正常饮食	30～60 分钟	正常饮食

（三）肌肉力量锻炼负荷的设计

肌肉力量是指人体肌肉工作时克服阻力的能力，它包括肌力、肌耐力、爆发力。肌力是指肌肉一次用力所能使出的最大力量，肌耐力是指在非最大阻力负荷下收缩的持续时间或反复次数。一般而言，肌耐力好的人，能较好地应付日常体力活动而免于肌肉疲劳和酸痛。爆发力是指单位时间内所做的功，换言之，就是肌肉在极短的时间内爆发出最大力量的能力，它包含了速度和肌力两个因素。发展肌肉力量的锻炼方法主要有动力性力量练习和静力性力量练习。所谓动力性力量练习，是指肌肉以等张收缩形式进行的抗阻力练习，包括抗体重的专门练习和抗外部阻力的力量练习，它不仅能有效地发展肌肉力量，而且还能改善神经肌肉的协调能力。

所谓静力性力量练习，是指肌肉以等长收缩形式进行的抗阻力练习，它能有效地发展肌肉力量和静力耐力，尤其是对那些动力性力量练习中不易锻炼到的肌肉群效果较为明显。因此，在力量锻炼过程中，可采用动力性力量练习和静力性力量练习相结合的办法，其中以动力性力量练习为主，静力性力量为辅。动力性力量练习的效果主要取决于安排力量练习负荷的大小、重复的次数、完成动作的速度以及动作的结构。一般来说，重复次数少且阻力大的力量练习，能有效地提高肌力；中等负荷强度且重复次数较多的力量练习，能有效地增大肌肉体积；重复次数多且阻力小的力量练习，能有效地发展肌耐力；重复次数少且强调完成动作速度快、负荷强度适宜的力量练习，能有效地发展爆发力。具体的力量锻炼负荷设计可参考表 3-2-3、表 3-2-4。

表 3-2-3　肌力锻炼负荷设计

	有效锻炼区		目标区	
	动力性力量练习	静力性力量练习	动力性力量练习	静力性力量练习
频率	3 天 / 周	3 天 / 周	隔天	5 天 / 周
强度	第一组：50% 第二组：75% 第三组：100%	65% ~ 70%	80% ~ 100%	100%
时间	3 组 每组重复 3 次	1 组 重复 2 ~ 3 次， 每次持续 2 ~ 5 秒	3 组 每组重复 3 ~ 6 次	1 组 重复 6 次，每次持续 6 ~ 8 秒，每次间歇休息 30 秒

表 3-2-4　肌耐力锻炼负荷设计

	有效锻炼区		目标区	
	动力性力量练习	静力性力量练习	动力性力量练习	静力性力量练习
频率	3 天 / 周	3 天 / 周	隔天	5 天 / 周
强度	20% ~ 30%	日常生活工作或休闲活动时所需要的负重的 50% ~ 100%	40% ~ 60%	等于或大于日常生活、工作或休闲时所需负重的 50%
时间	1 组 8 次 / 组	比计划中工作时间短 10% ~ 50%， 重复 5 ~ 10 次	2 组 9 ~ 25 次 / 组	等于或多于计划工作时间的 20%， 重复 5 ~ 10 次

（四）速度锻炼负荷的设计

速度是指人体快速运动的能力，它是从事各项运动必备的基本条件。运动中的速度包含反应速度、动作速度及位移速度三种基本的表现形式。反应速度的快慢取决于兴奋通过反射弧所需要的时间，即反应时的长短、中枢神经系统的灵活性与兴奋性，以及条件反射的巩固程度。锻炼应在良好的机能状态下进行，注意练习的次数不可过多，练习间的间歇时间适当长些，但练习时的注意力一定要高度集中。动作速度的快慢取决于中枢神经系统的功能及引起该部位运动的肌肉力量大小。大强度的重复锻炼法是提高动作速度最主要的锻炼方法，锻炼的设计应以练习的次数或持续时间能保持最大动作速度为标准，并且在重复练习时每两次练习之间的长短应以保持必要的兴奋程度为标准。与此同时，练习的负荷量安排以宁小不大为原则。位移的快慢主要取决于全程动作的频率，及每一个动作周期在特定运动方向上的位移幅度。锻炼时主要用高强度的重复锻炼法和间歇锻炼法，锻炼负荷的设计应以能保证完成最大速度为基本原则，一般来说，一次负荷的持续时间不宜太长，负荷强度较大，重复的次数较少，间歇时间较长。具体的位移速度锻炼负荷设计可参考表 3-2-5。

表 3-2-5　位移速度锻炼负荷设计

	有效锻炼区	目标区
频率	3 天 / 周	3～4 天 / 周
强度	95%～100%	95 %～100%
跑距	30～40 米	50～60 米
时间	快速运动，休息 6～8 分钟，反复 6～8 次	快速运动，休息 4～5 分钟，反复 8～10 次

（五）柔韧性锻炼负荷的设计

柔韧性是指关节活动范围的大小及关节周围的韧带和肌肉之延展性。它决定着运动器官各个环节相互之间的活动程度，柔韧性好，不仅技术动作完成得舒展、优美和协调，而且在锻炼时肌肉及韧带不易拉伤。在锻炼中，发展柔韧性的基本方法是直接伸展有关肌肉、韧带以及力求大幅度地向不同方向做关节运动。锻炼时，既可采用主动性练习和被动性练习相结合的方法，也可采用动力性练习和静力性练习相结合的方法。所谓主动性练习，是指锻炼者靠自身肌肉的收缩来加大关节运动幅度及肌肉韧带的伸展性；所谓被动性练习，是指锻炼者依靠外力的作用，以发展关节运动幅度及肌肉韧带的伸展性。例如，由同伴帮助压腿，发展大腿后群肌肉的柔韧性等。主动性练习时，锻炼者易于掌握伸展的负荷强度和负荷量，但如不能严格要求自我，往往不能坚持高强度的柔韧性练习。因此，采取主动性练习和被动性练习相结合的方式，从某种程度上而言，有助于更好地发展柔韧性。依肌肉收缩的性质，柔韧性练习可分为动力性练习和静力性练习。例如，绕环、摆动等练习均为动力性练习；体前屈、背“桥”等，静止一定时间的伸拉练习，则为静力性练习。从锻炼的效果看，在肌肉拉长度相同的条件下，动力性（“快拉长”）练习时的肌张力要比“慢拉长”时大两倍以上；而静力性练习时，一般不会超越肌肉韧带可承受的伸展限度，能有意识地逐步放松对抗肌，使之慢慢拉长，从而能较好地避免过度拉伤。可见，上述两种练习各有优势，在锻炼时，根据锻炼的需要与锻炼的具体情况，两者练习分别运用，并且加以有机地结合，柔韧性练习的具体负荷设计（静力性练习）可参考表 3-2-6。

表 3-2-6　柔韧性锻炼负荷设计（静力性练习）

	有效锻炼区	目标区
频率	3 天 / 周	3～7 天 / 周
强度	尽量伸展，以不痛为原则	尽量伸展
要求	慢慢伸展，停在关节最大活动范围处	停在关节最大活动范围处
时间	10 秒，1 组 5～10 次 / 组	10～60 秒，1～3 组 5～10 次 / 组

五、体能锻炼负荷应注意的问题

（一）循序渐进地增加负荷

从生物适应的视角看，生物机体对外界刺激所产生的适应过程是渐进性的，是在多次重复刺激下产生的。因此，体能锻炼负荷设计时一定要遵循循序渐进的原则，即负荷设计要从易到难，从小到大，既不能急于求成，又不能停滞不前。

（二）寻求适当的临界值

锻炼者的体能水平发展到一定程度时，若要进一步地增进体能，其锻炼的负荷应该超过以往的常量负荷，使机体产生新的适应。一般来说，在生理范围内超负荷越大，适应的效果和体能能力的提高就越显著。至于超负荷到什么程度，这就要结合个体的情况，寻求适当的负荷临界值。

（三）要结合大学生身心发展特点

在体能锻炼负荷设计时，不仅要考虑到大学生本身生理特点、身体生长发育的可接受性，而且要尽可能地使负荷的设计有利于其身体的生长发育。

（四）要适应个体特点

每个大学生的条件各不相同、千差万别，这种差别不仅反映在年龄、性别、生长发育、体能基础、锻炼的适应能力方面，而且也反映在能够承受负荷的能力上。因而，在体能锻炼负荷设计时，一定要适应个体特点、按照个体锻炼目标的不同，设计具有针对性锻炼的负荷。为了便于实际运用，我们将锻炼目标的确定简化归类如下：

· 体弱多病、运动能力较差者。自我身体锻炼的主要任务是提高机体的抵抗力和适应力，促进正常生长发育，提高身体的基本活动能力以满足工作与生活的基本要求。

· 体质状况与运动能力一般者。自我身体锻炼的目标应确定在达到《国家学生体质健康标准》的及格以上等级。

· 体质状况与运动能力较好但缺乏运动基础和经验者。自我身体锻炼的目标应该是达到《国家学生体质健康标准》优秀等级，并从基础开始进行适宜的专项运动训练。

· 体质状况与运动能力较好，并具备一定的运动基础与经验者。自我身体锻炼的目标应该是达到国家二级运动员要求的标准，并在校内外运动竞赛中取得较好的成绩。

（五）负荷量与强度要有适宜的比例

构成运动负荷的主要因素是：“量”和“强度”。在进行锻炼时，要注意将量和强度的关系处理适当。强度越大，则量就要相应减少；强度适中，则量可以相应加大。而作为以健身为目的的锻炼者，则应将重点放在运动量方面。

1. 通过心率来控制

确定运动负荷的方法一般可采用心率百分法。个人的最高心率直接测量比较困难，一般男女均可用“220 －年龄”这个公式来估算每分钟的最高心率。

2. 通过精神状态来控制

锻炼后应该精神饱满，精力充沛，没有困倦疲劳症状；若相反，则说明锻炼负荷过大。

3. 通过锻炼的出汗量来控制

一般来讲，进行锻炼达到刚出汗或出少汗的程度较为合适。不出汗说明负荷量不够，大汗淋漓说明运动量过大。

4. 通过锻炼后的饮食来控制

锻炼后如果食欲很好，食量也略有增加，表明其负荷量较为恰当；若相反，则说明运动量过大。

5. 通过工作效率来控制

通过体育锻炼，体质增强，记忆力加强，学习与工作的效率提高，表明运动量恰到好处；如果身体消瘦，多病，学习与工作效率下降，则说明锻炼的运动量掌握不恰当，应及时加以调整。

另一方面，从某种程度而言，体能锻炼的负荷量与负荷强度与有机体完成负荷时所承担的器官、系统有关。因此，合理地设计负荷量与强度的比例，也同时意味着将合理地分配各器官、系统对负荷的承担程度。例如，长时间强度较低地走、跑练习，将主要由人体有氧系统完成；而强度相对较大，时间相对较短的跑的练习则将由人体无氧代谢系统完成。在锻炼负荷设计时考虑到这点，才能使大学生的体能得到较为全面的发展，同时也有助于其正常的生长发育。

（六）正确处理疲劳与恢复的关系

在体能锻炼过程中，疲劳和恢复是辩证统一的关系，两者相互依存、相互制约、相互促进。生物学上疲劳的定义是指机体生理过程不能保持其机能在特定水平上进行，或不能维持预定的运动强度。运动过程中和运动后供能物质量的变化，是消耗和恢复过程保持平衡的结果。运动时以消耗过程为主，恢复过程跟不上消耗过程，表现为能源物质数量下降；运动后休息期，以恢复过程为主，消耗过程下降，因此，能源物质逐渐恢复，达到或超过原来水平。为了使体能锻炼取得最佳的效果，必须把恢复视为锻炼的一个重要组成部分，从内容和时间上加以落实。

在设计练习负荷时，不仅要考虑到负荷的量度，还应同步考虑采取什么样的手段、方法和多长时间才能恢复。

六、大学生锻炼计划的基本内容

大学生锻炼计划的基本内容包括以下几个方面：

· 学生体能的现实状态诊断与评价；

· 锻炼指标（远景、阶段、具体的指标）；
· 各锻炼过程的阶段划分和时间安排；
· 各个锻炼时期、阶段的锻炼任务；
· 各个锻炼阶段的目标完成情况（时间、形式、次数及指标等）检查；
· 各个锻炼阶段负荷的动态变化趋势；
· 各锻炼过程的锻炼内容、方法、手段的选择与安排；
· 各种锻炼方法手段的负荷要求（量、强度、总负荷的节奏）；
· 各个锻炼阶段的恢复手段措施；
· 对锻炼过程的监测评定的内容、时间和标准。

上述10个方面是任何一个锻炼计划都应该包含的。

七、不同时段锻炼计划的制订

针对大学生群体的特征，在此主要阐述年度体能锻炼计划、阶段体能锻炼计划、周体能锻炼计划和课时体能锻炼计划。

（一）大学生年度锻炼计划的制订

年度锻炼计划是组织运动锻炼过程的最主要的计划，其结构是由气候、环境和体能发展的阶段性所决定的。体能锻炼要和体能测试结合起来，体能测试可以安排在体育课上进行，一般以学期为单位，在学期末安排考试或测试，在寒暑假也可以根据阶段任务安排锻炼内容。

1. 年度锻炼计划的时期划分

根据我国现行的学期制教学特点，将年度锻炼计划分为三个时期：春夏时期、秋冬时期和两个假期。

（1）春夏时期（3月~7月）：此阶段要以发展专项身体锻炼水平为主，完善专项技术，多进行完整专项技术练习，同时要培养学生的战术思维能力，提高其比赛能力和自信心，形成最佳的竞技状态，在测试中创造好成绩。此阶段的负荷总量要稳定，负荷强度增加并达到最高点且保持稳定。为了保持最佳身体状态，锻炼的量和强度还可以根据测试的需要进行适当的调整。

（2）秋冬时期（9月~次年1月）：此时期的主要任务是提高一般身体锻炼水平，进一步发展力量和其他身体素质，改进技术。

北方的学校在此季节天气已经转凉，不适合进行大强度的测试，应进行一些有氧运动，发展综合运动素质，促进学生体能的积累和提高。在技术锻炼上应注重基本技术的锻炼，同时改进明显的技术缺陷。南方学校的教师除了按上述进行锻炼外，还可以根据自身的地理及气候条件在此期间进行一次测试，使教师和学生双方在进入到后期的体能锻炼前有全面的了解，更好的制订锻炼计划。此时期的负荷应以大运动量练习为主，各种练习要数量多、范围大，但强度较低。如果学校在此期间安排测试，在测试前应适当加大负荷强度，测试结束后再进行身体锻炼。

（3）两个假期：① 寒假时期（1月~2月），此阶段的任务是为进行测试做好充分准备。锻炼内容中逐渐增加素质和技术、战术的锻炼，加大心理锻炼成分，让学生在此期间做好测试的心理准备，负荷安排是逐渐加大锻炼的负荷量和强度。② 暑假时期（8月~9月），由于前段时间测试比较集中，身心上都比较疲劳，因此这个时期的主要任务是使学生的身心从测试的压力中恢复过来，消除身心的疲劳。此时期的锻炼应以积极性休息为主，如慢跑、游泳、娱乐游戏，使身体充分恢复以便进入到新的锻炼之中。

2. 大学生年度体能锻炼计划制订的注意事项

（1）秋冬时期由于受到南北地理环境及气候差异的影响，在制订年度体能锻炼计划时教师要因时、因地制宜，合理安排锻炼、测试的时间。

（2）进行各时期的锻炼时，要合理利用地区的季节性项目。如北方冬季的滑冰运动，南方的游泳等水上运动，以减少体能锻炼的枯燥性。

（3）两个假期教师不能直接了解到学生的锻炼情况，因此教师要根据学生的具体情况制订合理的阶段性锻炼计划，与适当的测试结合检验锻炼结果。

（4）制订年度锻炼计划时要考虑到不同年龄学生的身心特点，合理安排锻炼内容和负荷。

（二）阶段锻炼计划的制订

阶段锻炼计划一般由数月或者数周组成，也称为中周期，是构成大周期的基本单位。在具体制订阶段计划时，重要的一点是根据锻炼目标，确定小周期之间的序列和节奏。

值得注意的是，不同锻炼水平、不同项目的锻炼者，在阶段锻炼安排中负荷的变化是不统一的，应该依据自己的现实状况做出合理的调整。

（三）周锻炼计划的制订

周锻炼计划的主要任务是通过负荷的改变引起新的生物适应现象，提高学生的身体能力。

锻炼内容安排的主要依据是锻炼目标的需要和不同锻炼内容负荷后机体的反应和恢复状况，也就是说，小周期的锻炼必须与本周期锻炼所要达到的目的、任务相吻合，包括身体、技术、战术和心理锻炼方面。

不同锻炼水平的学生的负荷结构，在锻炼日和锻炼频次上有显著差别。在进行初期锻炼时，可选择每周2~3次，最多4次。随着锻炼水平的提高，锻炼频次可增加。增加频次是从增加锻炼的日数开始的，即由每周2~3个锻炼日增加到6~7个锻炼日，每天锻炼一次。负荷变化的途径主要有以下几个方面。

· 增加负荷量，同时保持负荷强度不降低；

· 提高负荷强度，负荷量保持不变或减小；
· 负荷量与负荷强度都保持不变。

（四）课时锻炼计划的制订

课时锻炼计划是构成小、中、大锻炼周期锻炼计划的最基本的实施方案。锻炼课的长短不一，短者不足 30 分钟，长者可达 2 小时。

锻炼课的计划应包括准备部分、基本（主要）部分和结束（整理）部分。

1. 准备部分

主要练习的目的是使学生身体与心理达到适应基本部分练习的要求，时间长度为 10 ~ 20 分钟。

2. 基本部分

在学生身体处于工作能力稳定状态时完成锻炼课的任务。内容多在周锻炼计划中明确规定，时间长度为 0.5 ~ 1.5 小时。

3. 结束部分

如果要放松、有组织地结束一堂锻炼课，那么就必须安排放松活动，放松活动的时间为 10 ~ 20 分钟。

思考题

1. 简述通用的体育锻炼方法。
2. 简述制订体育锻炼的流程。
3. 简述锻炼负荷的构成要素。
4. 根据自己的实际情况，给自己制订一个学期的体能锻炼计划。

第二篇

球类运动

第四章 足球运动

☑ 主要知识点

本章介绍足球运动的基本技术、基本战术、竞赛规则、五人制足球，以及足球基本训练方法。

◇**学习目标：** 掌握足球基本技术、基本战术的动作要领与练习方法，并能够在比赛中加以运用；学会并能在比赛中运用足球竞赛规则；了解五人制足球基本知识；通过足球练习，提高身体素质与动作技术水平，形成终身锻炼身体的意识。

◇**重要概念：** 足球基本技术　足球基本战术　动作要领　方法与要求

◇**重要环节：** 动作结构　用力顺序　动作衔接　技术动作的理解与掌握

第一节 足球运动简介

足球运动是世界上开展最广泛、影响最大的体育运动项目之一，被誉为“世界第一运动”。足球运动起源于中国。在中国古代史料中就有“蹴鞠”运动的记载，当时的“蹴鞠”运动有两种活动方式：一种是非比赛性质的“蹴鞠”，以一个或几个人控制球表演为主，类似于今天的颠球表演；另一种是有一定场地和规则的“蹴鞠”比赛。根据史料记载，世界最早的球是中国古代的“鞠”——“内充毛发之物，外裹皮革之‘毬’”。最早发明充气球的也是我国。国际足联主席布拉特在《世界足球发展史》的报告中明确指出“足球发源于中国，由于战争而传入西方”。1985 年国际足联前主席阿维兰热在北京举行的首届 16 岁以下世界青少年足球锦标赛上致词说：“这项体育运动起源于中国，它在贵国已有千年的历史。”

1863 年 10 月 26 日，英国伦敦成立了世界上第一个足球运动组织——英格兰足球协会，这标志着现代足球运动正式确立。1904 年 5 月 21 日，法国、比利时、丹麦、荷兰、西班牙、瑞典、瑞士 7 个国家的足协代表在法国巴黎聚会，发起成立了“国际足球联合会”（简称国际足联），英文缩写为“FIFA”，总部设在瑞士的苏黎世。从1900年开始，奥林匹克运动会（简称奥运会）就有足球比赛项目。当时只有英、法两国派队参加比赛，英国队获得了冠军。1928年，国际足联在荷兰首都阿姆斯特丹举行会议，决定每4年举行一届世界足球锦标赛（后更名为世界杯赛），并规定每届比赛与奥运会相间举行。1930年在乌拉圭首都蒙得维地亚举行了第一届世界足球锦标赛。

世界高水平足球赛事主要有：世界杯足球赛、奥运会足球赛、世界青年足球锦标赛、世界少年足球锦标赛、女子世界杯足球赛、欧洲足球锦标赛（欧洲杯）、欧洲冠军联赛、美洲杯足球赛、欧洲五大联赛（西班牙足球甲级联赛、英格兰足球超级联赛、意大利足球甲级联赛、德国足球甲级联赛、法国足球甲级联赛）等。

第二节　足球基本技战术

一、足球基本技术

足球技术是指运动员在足球比赛中所采取的合理动作的总称。它是在比赛实践中逐步形成、发展和完善起来的。

足球技术可分为无球技术、有球技术和守门员技术三种技术类别。

无球技术包括：起动、快跑（包括直线跑、变向跑、侧身跑、变速跑、后退跑）、急停、转身（包括前转身、后转身）、跳跃（包括单脚和双脚）、移位（包括跨步移位、撤步、滑步、交叉步移位）、假动作等。

有球技术包括：踢球、颠球、停球、头顶球、运球、抢截球、假动作、掷界外球。

守门员技术包括：接球、扑接球、拳击球、托球、掷球、抛踢球。

（一）熟悉球性

1. 拨球

利用脚踝关节向外（内）侧的转动，以达到用脚背外（内）侧触球，将球拨向身体的侧前（后）方，如图1～图3所示。

图1

图2

图3

2. 拉推球

一般是指用脚前掌触球上部，将球从前向后、从左（右）侧向右（左）侧拖动后再用脚弓推球的动作，如图 4 ~ 图 7 所示。

图 4

图 5

图 6

图 7

图 8

图 9

3. 扣球

运用转身、急停或脚踝关节急转压扣的动作，用脚背内（外）侧触球，将球迅速停住或改变方向，如图 8 和图 9 所示。

4. 颠球

当球落至膝关节时，膝踝关节适当放松，并柔和地向前上方甩动小腿，脚尖稍翘起，用脚背轻击球的底部，将球向上颠起，如图 10 和图 11 所示。

图 10

图 11

5. 倒球

用脚内侧或脚背内侧触球的不同部位，使球向前、向后或原地运动（球在两脚之间），如图 12 和图 13 所示。

（二）踢球技术

踢球是运动员有目的地用脚的某一部位将球击向预定目标的技术动作。其方法很多，但都是由助跑、支撑脚站位、踢球腿摆动、脚触球和踢球的随前动作等 5 个环节组成的，其中又以支撑脚站位、踢球腿的摆动和脚触球三个环节为决定踢球的力量、性质及准确性的重要环节。

图 12

图 13

1. 脚内侧踢球

动作要领： 直线助跑，支撑脚站在球的侧面约 15 厘米处，膝关节微屈，踢球腿大腿带动小腿、小腿加速前摆，膝关节外展，脚尖上翘，踝关节紧张，脚底与地面平行，触球后中部并身体跟随移动，如图 14 ~ 图 17 所示。

图 14

图 15

图 16

图 17

易犯的错误： a. 踢球腿膝关节外展不够，脚尖没有翘起；b. 摆腿动作太紧张，成直腿扫球动作；c. 踢球腿脚掌内翻。

练习方法： a. 向前跨一步的踢球模仿练习，助跑的踢球模仿练习；b. 踢手提网袋里的球，原地踢和边走边踢，主要体会摆腿、触球部位、击球点等动作要领；c. 一人踩球，另一人做跨步踢球练习和助跑踢球练习，主要体会支撑脚的站位和该动作与摆腿的关系；d. 对足球墙踢球练习或两人一球对传练习。

2. 脚背内侧踢球

动作要领： 与出球方向成 45° 斜线助跑，支撑脚踏在球的侧后方 20 ~ 25 厘米处，脚尖指向出球方向，踢球腿以髋关节为轴，大腿带动小腿、小腿爆发前摆，脚尖稍外转，脚面绷直，脚趾扣紧，脚尖指向斜下方，触球的后中部（踢高球时击球的中下部），踢球腿随球继续前摆，如图 18 ~ 图 22 所示。

图 18

图 19

图 20

图 21

图 22

易犯的错误： a. 支撑脚的位置偏线后，踢球时上体后仰，易把球踢高；b. 踢球脚脚尖外转不够，接触部位不正确；c. 没有直线向出球方向摆腿，形成画弧动作，以致击球点偏外。

练习方法： a. 反复做无球的模仿练习；b. 一人踩球，另一人做脚背内侧踢球练习；c. 对足球墙练习，开始距墙 5 ~ 7 米、力量小些，然后逐渐加大距离和增大踢球力量；d. 两人一组一球，相距 20 ~ 25 米的踢球练习。

3. 踢球时要解决的问题与要求

助跑时要特别注意最后一步支撑脚的跨步选位动作，它直接影响着踢球动作的质量和出球的效果。踢活动球时，支撑脚的踏地选位应考虑到踢球腿的摆动时间。踢球腿的摆动速度是踢球力量的主要来源，因此动作要协调、正确。其中要特别注意小腿的屈曲与爆发式的前摆，否则踢球动作容易僵硬、紧张而不协调。踢球脚在触球一刹那，踝关节一定要紧张用力，保持脚型的固定。踢球时，摆腿的方向、脚的部位和击球的部位都应正确。踢球时，随时观察场上情况和出球目标并养成习惯。

踢球的方法还有：脚内侧踢空中球、脚背正面踢球（侧身踢空中球、反弹球、倒勾球）、脚背外侧踢球、脚尖踢球、脚跟踢球。

（三）运球技术

运球是运动员在跑动中用脚连续推拨球，使球处于自己控制范围内的触球动作，由运球方法的选择和准备、跑动中间断触球、为下一动作的连接做好准备等三个环节组成。

1. 脚内侧运球的动作要领

支撑脚稍向前跨，踏在球的前侧方，膝关节稍弯曲，上体前倾向里转，随着身体向前移动，运球脚提起，用脚内侧推球的后中部，如图 23 ~ 图 25 所示。

图 23

图 24

图 25

2. 脚背外侧运球的动作要领

跑动步幅小，身体放松稍前倾，运球脚脚跟提起，膝关节弯曲，脚尖稍内转，在迈步前伸着地前，用脚背外侧推拨球，如图 26 和图 27 所示。

图 26

图 27

易犯的错误

a. 只是低头看球，而不能随时观察场上情况，以致不能及时完成传球或射门；b. 运球时不是推拨球而是击球，使球失去控制。

练习方法

a. 走和慢跑中用单脚或两脚交替运球；b. 队员分成两组成一路纵队，相距 20 米对面站立，直线运球；c. 运球绕过障碍；d. 沿中圈运球；e. 绕两个圆圈成“8”字形运球；f. 区域内变向自由运球。

3. 运球时要解决的问题与要求

眼睛要看球并兼顾对手和场上情况，随时改变方向和速度，及时完成传球、射门等动作。运球跑动要自然，步子小而短促，重心要低。用力不宜太大，使球始终处于自己的控制范围内。遇有对手争抢时，要用身体掩护球或用距对手远侧的脚控制球。

（四）停球技术

停球是指运动员有目的地用身体的合理部位，把运行中的球停挡在所需要的控制范围内，由移动、停球部位和方法、削弱球的冲力、停球后的跟随移动等环节组成。

1. 脚内侧停地滚球

动作要领：支撑脚正对来球，膝关节微屈，停球腿屈膝外转并前迎。脚尖稍翘起，当脚与球接触前的刹那开始后撤，在后撤过程中用脚内侧接触球，把球控制在衔接下一个动作需要的位置上，如图 28 和图 29 所示。

易犯的错误：a. 停球脚的踝关节过于紧张，不利于缓冲；b. 停球时脚离地过高，使球漏过。

练习方法：a. 模仿动作练习，体会停球的动作方法和要领；b. 停迎面地滚球，两人对面站立，一人踢一人停；c. 对墙踢球，迎上去停反弹回来的球；d. 跑动中停正面来球。

图 28

图 29

2. 大腿停球

动作要领：面对来球，停球腿的大腿抬起，以大腿中部对准下落的球，肌肉适当放松。在大腿与球接触前的刹那，大腿迅速撤引挡球，使球落于衔接下一个动作需要的位置上，如图 30 ~ 图 33 所示。

图 30

图 31

图 32

图 33

易犯的错误：对球的下落时间判断不准，停不到球（或球触大腿后反弹起）。

3. 胸部停球

动作要领：收胸停球一般用来停胸部高度的平直球。面对来球，两脚前后（或左右）开立，两臂自然张开，重心前移，挺胸迎球，当球运行到与胸部接触前的刹那，重心迅速后移，收胸、收腹挡压球，以缓冲来球力量，把球停在身前。挺胸停球一般用来停高于胸部的下落球。面对来球，收下颚，两臂自然张开，两脚前后（或左右）开立，重心落在两脚之间，两膝微屈，当球运行到与胸部接触前的刹那，两脚蹬地稍上挺，同时展腹，上体稍后仰做挺胸动作使球弹起改变运行路线后落于体前，如图 34～图 36 所示。

图 34　　图 35　　图 36

易犯的错误： a. 停球时，球在空中的位置选择不准，未能用正确部位接触球；b. 没有收下颚；c. 收胸停球时，收胸和收腹过晚，未能缓冲来球力量。

练习方法： a. 自抛自停练习；b. 两人一组，一人抛球一人停球练习。

4. 停球时要解决的问题与要求

身体或脚接触球时要放松，并做好迎撤动作，缓冲来球的力量。积极移动迎着球停球，并掌握好停球的时机。支撑脚要稳固，保证停球动作的自如，做好护球动作。停球动作要与传球、运球、过人和射门紧密衔接，达到快速进攻或防守的要求。

5. 接球技术四字诀

“准”就是对来球的落点判断要准，步法步点要踏准，动作方法和接球脚的部位要准。“柔”即动作要协调、自然、放松。也就是在接球时脚或身体的其他部位去适应球，而不是球去碰脚或其他部位。“顺”要顺球势，如接地滚球时，要顺势转向运球方向，接高空球时要顺势下撤，接平急球时要顺势后撤。“压”在接落地反弹球时，接球脚离地面不要超过 15 厘米，与地面成 45° 角，当脚接触球的刹那间，脚要带向运球方向，在接来球时，胸部微收，触球时要下压。

停球的方法还包括： 脚内侧停空中球（反弹球）、脚底停地滚球（反弹球）、脚背外侧停地滚球（反弹球）、脚背正面停空中球、腹部停反弹球。

（五）头顶球

头顶球是指运动员用前额将球击向预定目标的动作，由移动选位、身体的摆动、头触球、触球后的跟随移动等环节组成。

1. 原地前额正面头顶球

动作要领： 身体正对来球方向，眼睛注视运动中的球，两脚左右开立（或前后开立），膝关节微屈，重心置于两脚间（或后脚上），两臂自然张开，当球运行到头的正前方时，两腿用力蹬地，迅速向前摆体，微收下颚，在触球前颈部瞬间做爆发式前摆，用前额正面击球中部，上体并随球前摆，如图 37～图 40 所示。

图 37

图 38

图 39

图 40

易犯的错误：a. 顶球时闭眼、缩颈、不敢主动迎击；b. 顶球点选择的不准确，顶不到球或头部蹭到球；c. 击球用力过早，出球无力；d. 蹬地、摆体或收腹和颈部紧张动作不一致。

练习方法：a. 顶球模仿练习；b. 一人双手举球至对方头高，另一人顶球练习；c. 顶吊在吊球架上的球；d. 自抛球自顶球练习；e. 两人一组，相距 3～5 米，一抛一顶球练习。

2. 头顶球时要解决的问题与要求

消除恐惧心理，养成主动击球和目迎目送的习惯；顶球时，要充分利用腰、腹力量，要在身体摆到垂直部位时击球；准确判断球的运行路线和选择击球点以及击球的时间；在对抗情况下能争顶球。

（六）抢截球

抢截球的目的是把对手控制的球夺过来转守为攻。抢截球包括抢球和截球两个内容。抢球是利用规则所允许的条件和动作，把对方控制的球夺过来、踢出去或破坏掉。截球是把对方队员间传出的球堵截住或破坏掉。抢截球由选位、抓住时机实施抢截动作、实施抢截动作后与下一个动作紧密衔接等环节组成。

1. 正面跨步抢球

动作要领：两脚前后开立，两膝微屈，身体重心下降并放在两脚间，面向对手，在对手运球脚触球后即将着地或刚着地时，支撑脚立即用力后蹬，抢球脚以脚内侧对着球跨出，膝关节弯曲，上体前倾身体重心移至抢球脚上，另一脚立即前跨。如双方的脚同时触球时，则要顺势向上提拉，使球从对方脚背滚过。同时身体重心要迅速跟上，把球控制好。如离球稍远抢不到的情况下，则可用脚尖捅抢。

易犯的错误：a. 身体重心不能及时移到抢球脚上，抢球脚的踝关节放松，抢球无力；b. 支撑脚没有迅速跟上，影响衔接下一个动作；c. 抢截时，运用不合理的冲撞而造成犯规；d. 抢球时机掌握不好，出脚过早或太迟而失误。

2. 侧面合理冲撞抢球

动作要领：当与对手并肩跑动时，身体重心稍下降，同对手接触一侧的臂要紧贴身体。

当对手靠近自己一侧的脚离地时，用肘关节以上部位，冲撞对手相应部位，使其失去平衡而离开球，乘机将球控制过来。

易犯的错误： a. 冲撞时用手、肘或臂推对手，造成犯规；b. 不是在对手靠近自己一侧的脚离地时进行合理冲撞，因而影响效果。

练习方法： a. 两人一球，原地做抢球练习；b. 两人一组，相距 4 ~ 6 米，中间放一球，两人同时启动做向前跨步抢球动作；c. 两人一组相距 10 米，一人向前直线运球，另一人做正面跨步抢球；d. 两人并肩慢跑做冲撞练习。

3. 抢截球时要解决的问题与要求

选择位置要恰当；判断要准确，行动要果敢，掌握好抢截的时机；要利用合理冲撞；要紧密衔接下一个动作。

（七）掷界外球

1. 原地掷界外球的动作要领

面对出球方向，两脚前后或左右开立，膝关节弯曲，上体后仰成背弓，重心移到后脚上（左右开立时，重心在两脚之间），双手持球、屈肘将球置于头后。掷球时，后脚用力蹬地，两腿迅速伸直快速摆体，身体重心由后脚移到前脚，同时两臂急速前摆。当球摆到头上时，用力甩腕将球掷入场内，如图 41 ~ 图 44 所示。掷球时，后脚可沿地面向前滑动，两脚均不得离开地面或踏入场内，但允许踏在线上。

图 41

图 42

图 43

图 44

2. 掷界外球时要解决的问题与要求

动作必须符合规则要求把球举至头后，掷球动作要连贯，两臂用力一致，两脚均不得离地，掷球时要面向出球方向。

二、足球基本战术

足球比赛攻守过程中，为了战胜对手，根据主客观的实际所采取的个人行动和集体配合总称为足球战术。一个球队战术质量、战术水平的高低与全队的技术、身体素质、心理品质紧密相关。技术、身体素质是战术的物质基础，心理品质是战术的思想保证。

足球战术包括进攻战术、比赛阵型、防守战术三大类。

（一）进攻战术

进攻战术有基础战术（个人技术的合理应用、摆脱、跑位、二三人的局部进攻配合）和全局性战术（边路进攻、中路进攻和定位球）。

进攻原则包括制造宽度，加大深度，机动灵活，应变能力四大类。

局部进攻战术“二过一”包括以下四种类型：踢墙式二过一、直传斜插二过一、回传反切二过一、交叉掩护二过一。

（二）比赛阵型

比赛阵型是指比赛场上队员的位置分布，是本队攻守力量搭配和职责分工的形式。比赛阵型的选择要根据本队队员的特点和与赛队的特点来选择。每个场上队员在明确基本位置和主要职责的前提下，应充分发挥自己的智慧，机动灵活地运用。阵型绝不是刻板僵死的规定，它非但不限制队员的行动，而且还鼓励运动员的创造性活动。

1.“四三三”阵型

在第七届世界杯赛中，巴西队创造了此阵型。采用灵活机动的左边锋打法，进攻时是边锋，防守时是前卫，担任双重职责。既加强了防守力量，又不减弱进攻锐气。边锋战术把突破传中、包抄射门、回抢反击等技术动作表现得淋漓尽致。

2.“四四二”阵型

英国人在1966年第八届世界杯赛上创造此阵型并获得成功，并第一次登上世界冠军的宝座。“四四二”阵型采用两中锋突前，长传冲吊，中场队员见机插上的打法。

3.“三五二”与“五三二”阵型

20世纪80年代的欧洲足球锦标赛和第十三届世界杯赛上出现了“三五二”阵型，法国、丹麦等队是采用这种阵型的代表。但是，比赛由攻转守时，对方经常会从两侧发动和发展进攻，边前卫就势必从中场撤回至边后卫的位置，防守对方的进攻，这实际上又变成了“五三二”阵型。

（三）防守战术

防守战术有基础战术（包括选位与盯人、局部防守中的保护、补位、斜线防守、围抢）和全局性战术（包括人盯人防守、区域盯人防守、混合防守、全队防守、制造越位、定位球等战术）。

定位球战术包括：中圈开球、掷界外球、球门球、罚球点球、角球、任意球等的攻守战术配合。要做到攻守平衡，使比赛更加精彩，就只有掌握控球权，才能做到攻守结合，完成从进攻到射门直到取胜的目的。

防守战术的原则包括：延缓对方的进攻，保持球队的平衡、收缩，控制球队等。

第三节　足球竞赛规则简介

一、比赛场地和球

国际足联规定世界杯比赛场地为长 105 米、宽 68 米，任何情况下球场的长度必须大于宽度。球为圆形，用皮革或其他适当的材料制成，圆周长为 68 ~ 71 厘米，重量在比赛开始时为 410 ~ 450 克，压力在海平面上为 0.6 ~ 1.1 个大气压。

二、比赛开始和重新开始、比赛进行及死球

通过掷币，猜中的队决定上半场比赛的进攻方向，另一队开球开始比赛。开球可以直接射门得分。当球从地面或空中全部越过球门线或边线、比赛已被裁判员停止时即为死球，而其他所有时间均为比赛进行中，包括球从球门柱、横梁或角旗杆弹回场内，球从比赛场地上的裁判员或助理裁判员身上弹回场内。恢复比赛的方式有：发球门球、角球、掷界外球、任意球、罚点球、重新开球和裁判员的坠球。

三、越位

队员处于越位位置本身并不是犯规。接球球员比倒数第二名的对方队员更接近于对方球门线即处于越位位置（除非他在本方半场内、齐平于最后第二名对方队员、齐平于最后两名对方队员）。处于越位位置的队员，在同队队员踢或触及球的一瞬间，裁判员认为其就下列情况而言“卷入”了现实比赛中时才被判为越位犯规，即干扰比赛、干扰对方队员、利用越位位置获得利益。如果队员直接从下列情况下接到球，则没有越位：球门球、掷界外球、角球、直接得到裁判员的坠球。

四、犯规与不正当行为

出现下列十种犯规动作中的任何一种，将判给对方踢直接任意球：踢或企图踢对方队员，绊摔或企图绊摔对方队员，跳向对方队员，冲撞对方队员，打或企图打对方队员，推对方队员，抢截对方队员，拉扯对方队员，向对方队员吐唾沫，故意手球（不包括守门员在本方罚球区内）。在比赛进行中无论球在什么位置，如果队员在本方罚球区内出现了上述十种犯规中的任何一种，应被判罚点球。出现下列八种犯规动作中的任何一种，将判给对方踢间接任意球：守门员用手控制球后在发出球之前持球超过 6 秒；守门员在发出球之后未经其他队员触及，再次用手触球；守门员用手触及同队队员故意踢给他的球；用手触及同队队员直接掷入的界外球；动作具有危险性；阻碍对方队员进攻；阻挡对方守门员从其手中发球；因违反犯足球竞赛规则第 12 章及出现前面各章未提及的任何其他犯规，而停止比赛被警告或罚令出场。

可警告的犯规：犯有非体育行为；以语言或行动表示异议；持续违反规则；延误比赛

重新开始；当以角球、任意球或掷界外球重新开始比赛时，不退出规定的距离；未得到裁判员许可进入或重新进入比赛场地；未得到裁判员许可故意离开比赛场地。

罚令出场的犯规：严重犯规；暴力行为；向对方或其他任何人吐唾沫；用故意手球破坏对方的进球或明显的进球得分机会（不包括守门员在本方罚球区内）；用可能被判为任意球或点球的犯规，破坏对方向本方球门移动着的明显的进球得分机会；使用有攻击性的、无礼的或辱骂性的语言及动作；在同一场比赛中得到第二次警告。

足球竞赛规则共有十七章，分别是：比赛场地、球、队员人数、队员装备、裁判员、助理裁判员、比赛时间、比赛开始和重新开始比赛、比赛进行及死球、计胜方法、越位、犯规与不正当行为、任意球、罚球点球、掷界外球、球门球、角球。

五、裁判员必须鸣哨的五种情况

开始比赛、停止比赛、胜一球、执行罚球或点球、比赛时间结束。

六、裁判员的手势

直接任意球单手势：臂前或侧平举，指向罚球方向。间接任意球手势：单臂上举，待球踢出后被另一队员踢、触及或成死球时放下。角球手势：单臂斜上举。罚球或点球手势：单臂指向罚球点。球门球手势：单臂平举指向球门区。警告或罚令出场手势：手持黄牌或红牌面向犯规队员单臂上举。继续比赛手势：两臂侧斜下方展开向前连续挥动。

七、助理裁判员的旗示

界外球持旗手势：向发球方向斜上举。角球手势：不论远端或近端角球，均持旗斜下举指向近端角球区。球门球手势：持旗平举指向球门区。越位手势：持旗上举，表示越位，当裁判员鸣哨停止比赛时，再将旗指向越位地点。远端越位手势：持旗斜上举。中间越位手势：持旗平举。近端越位手势：持旗斜下举。替补队员要求上场时手势：提示裁判员两臂前上举，将旗展开。

第四节　五人制足球

目前，五人制足球主要有三种流派，即南美派、欧洲派和美国派。国际足联于 1988 年 4 月颁布了五人制足球竞赛规则，决定五人制足球比赛作为今后国际上开展的足球比赛项目之一。1989 年 1 月 5 日 ~ 15 日，国际足联在荷兰举办了首届室内五人制世界足球锦标赛，共有 16 支球队受邀参加。巴西队夺冠，荷兰队获亚军，美国队获第三名。我国体委派出了观察学习组参观了比赛。

五人制足球比赛具有以下的特点：以脚内侧为主的短传、低传多；射门频繁，进球多；防守紧逼，盯人多；比赛全攻全守多。

五人制足球比赛攻守过程中运用下列战术较多：① 中间进攻和通过边路运球内切（或二过一配合）转为中间进攻的踢法用得较多，相反，在 11 人制足球比赛中边锋长传吊中的打法用得较少；② 踢墙式二过一和其他近距离的两人一传一切配合用得较多，而长传吊冲的打法用得较少；③ 在防守时特别注意罚球区附近的紧逼盯人与相互保护，防守队员间临近位置的补位较频繁；④ 守门员冲出守门，甚至冲出罚球区截球用得较多、守门员进攻时大都用手掷球。

五人制足球的比赛阵型通常采用“3-1”阵型、“1-2-1”阵型或“2-2”阵型，分为锋卫两条线，比赛中锋卫队员根据场上情况可以经常换位。

五人制足球与 11 人制足球竞赛规则的不同之处：球为周长 62 ~ 64 厘米、重 400 ~ 440 克的四号球；每队上场队员不多于 5 人或不少于 3 人，其中 1 人为守门员；比赛中替补队员的人数为 7 人，被替补下场的队员可重新替补其他队员；队员的球鞋为胶底或类似材料做成的帆布鞋、软皮面训练鞋或体操鞋；每场比赛委派裁判员、第二裁判员、计时员和第三裁判员各一名执行裁判任务；比赛分两个半场，每半场时间为 20 分钟，中场休息不能超过 15 分钟；球队可在每半场要求一次 1 分钟的暂停；无越位限制；判罚直接任意球的犯规，除了 11 人制竞赛规则规定的之外，还包括铲球和合理冲撞（冲撞对方队员，即使用肩部也不允许）；队员被罚令出场满 2 分钟后，经计时员允许，可补充队员入场；罚任意球时，对方队员必须至少距球 5 米，若主罚队员没能在 4 秒钟内将球罚出，则由对方踢间接任意球；累计犯规；踢界外球（直接射门不得分，对方队员必须至少距球 5 米），需 4 秒钟内将球踢出，否则由对方踢界外球；掷球门球（由守门员掷球门球，不可以直接进球得分）；罚角球时对方队员必须至少距球 5 米，主罚队员没能在 4 秒钟内将球罚出，则由对方在角球弧踢出间接任意球。

五人制足球竞赛规则共有 18 章，分别是：比赛场地、球、球员人数、球员装备、裁判员、第二裁判员、计时员和第三裁判员、比赛时间、开始比赛及重新开始比赛、比赛进行及死球、计胜方法、犯规及不正当行为、任意球、累计犯规、罚点球、踢界外球、掷球门球、角球。

思考题

1. 踢球是由哪几个技术环节组成的，简述脚背内侧踢球的动作要领。
2. 停球时要解决的问题与要求、窍门是什么？
3. 比赛中判罚直接任意球、间接任意球的依据是什么？
4. 比赛中在哪几种情况下裁判员必须鸣哨？
5. 结合个人及本队实际情况，制订一份赛前一个月的训练计划。

第五章　篮球运动

☑ 主要知识点

本章介绍篮球运动的基本知识、基本技术、基本战术、竞赛规则及训练方法。

◇**学习目标：** 掌握篮球运动的基本知识、基本技术、基本战术的动作要领与练习方法，能够在比赛中加以运用；了解篮球竞赛规则并能在比赛中运用；掌握篮球基本训练方法，提高身体素质与动作技术素质，形成终身体育意识。

◇**重要概念：** 篮球　基本技术　基本战术　动作要领　方法与要求

◇**重要环节：** 动作结构　用力顺序　动作衔接　技术动作的理解与掌握

第一节　篮球基本技战术

一、篮球运动简介

篮球运动是由美国马萨诸塞州普林菲尔德（旧名春田市）基督教青年会干部训练学校的体育教师，在加拿大出生的詹姆斯·奈史密斯于 1891 年发明的。当时，他在马萨诸塞州普林菲尔德基督教青年会训练学校任教。由于当地盛产桃子，这里的儿童又非常喜欢做用球投入桃子筐的游戏，这使他从中得到启发，并博采足球、曲棍球等其他球类项目的特点，创编了篮球游戏。1892 年，篮球运动首先从美国传入墨西哥，并很快在墨西哥各地得到开展。这样，墨西哥成为除美国外，第一个开展篮球运动的国家。此后，这项运动先后传入法国、英国、中国、巴西、捷克斯洛伐克、澳大利亚、黎巴嫩等国家，在世界范围内得到了开展、发展和普及。1896 年，美国人鲍勃盖利将篮球运动传入中国，篮球运动首先在天津、北京等城市的青年会中开展起来。1910 年，在旧中国的首届全国运动会上，篮球首次被列为表演项目。1913 年，篮球被列为我国的正式比赛项目，自 1951 年起，篮球一直是亚运会的正式比赛项目。1932 年，国际业余篮球联合会成立，男子篮球被国际奥委会列为奥运会正式比赛项目。1946 年，美国出现了职业篮球联赛，并发展为目前的 NBA。女子篮球运动则到 20 世纪初才开展起来，1976 年，女子篮球被列为奥运会正式比赛项目。

二、移动技术动作方法

基本站立姿势

篮球的基本站立姿势为两脚自然开立比肩稍宽，屈膝降低重心，左脚稍前，上体微前倾而，双手侧伸，含胸收腹向前看。

滑步

滑步是防守移动的一种方法，易于保持身体平衡，可以向任何方向移动。两脚平行站立，两膝较深弯曲，上体略前倾，两臂侧伸，如图 1 所示。向左侧滑步时，右脚向左迈出的同时，右脚蹬地滑动，向左脚靠近，两脚保持一定的距离，向右侧滑步则相反。向后滑步时，一只脚向后撤步着地的同时，前脚紧随向后滑动，保持前后两脚的距离。向前滑步时，前脚向前迈出一步。在着地的同时，后脚紧随向前移动，保持前后开立姿势。注意屈膝降重心，如图 2~图 4 所示。

图 1

图 2

图 3

图 4

跑

（1）变方向跑：队员在跑动中突然改变方向。从右向左变向时，最后一步用右脚前脚掌内侧用力蹬地，同时脚尖稍内扣，屈膝，腰部左转，上体向左前倾，快速移动重心，左脚向左前方跨出，加速前进。

（2）侧身跑：队员向前跑动中摆脱防守，抢位置接侧向传来的球。在跑动时，头部和上体转向有球一侧，两脚尖要朝向移动方向，既保持跑动速度，又保持身体平衡，同时两手放在腰间，观察场上情况。

急停

急停是队员在跑动中突然制动的一种动作方法，是各种脚步动作衔接变化的过渡动作。急停分跨步急停和跳步急停两种。

转身

转身是队员以一脚做中枢脚进行旋转，另一脚蹬地向前后跨出，改变原来身体方向的一种动作方法，分为前转身和后转身。前转身：移动脚蹬地，中枢脚前脚掌用力碾地，移动脚向中枢脚脚尖方向快速跨步，同时转腰转肩并保持身体平衡，如图 5 ~ 图 7 所示。后转身：移动脚向中枢脚脚跟方向跨出，改变身体方向为后转身。转身时，中枢脚前脚掌用力碾地旋转，移动脚蹬地并向身后撤步，腰胯主动用力旋转，身体重心跟着转移，控制重心，保持身体平衡，如图 8 ~ 图 10 所示。

图 5

图 6

图 7

图 8

图 9

图 10

三、传接球技术动作方法

传球技术动作

（1）双手胸前传球：双手手指自然分开，拇指相对成八字形，用指根以上部位持球，手心空出。两肘关节自然弯曲于体侧，将球放在胸腹之间的部位，身体成基本站立姿势，眼睛平视传球目标。传球时，脚蹬地发力，身体重心前移，两臂前伸，两手腕随之快速旋内，拇指下压，食指用力拨球并将球传出。球传出后，两手略向外翻转，如图 11 ~ 图 14 所示。

图 11

图 12

图 13

图 14

（2）单手肩上传球：双手持球于胸前，传球时（右手传球为例），左脚向传球方向迈出半步，右手托球，同时将球引到右肩上方，肘部外展，大、小臂自然弯曲，手腕稍后屈，持球的后下方，左肩对着传球方向，重心落在右脚上。传球时，右脚蹬地发力同时转体带动上臂，以肘领先前臂快速向前挥摆，手腕前屈，用食指中指拨球将球传出。球出手后，右脚随身体重心前移向前迈出半步，保持身体平衡，如图 15 ~ 图 17 所示。

图 15

图 16

图 17

（3）单手体侧传球：双手胸前持球，右手传球时，以左脚为中枢脚，右脚向右侧前方跨步的同时右手将球引至身体右侧成右手单手持球，拇指向上，手心向前，手腕后屈。传球时前臂向前做弧线摆动，手腕前屈，食指中指拨球将球传出，如图 18 ~ 图 21 所示。

图 18

图 19

图 20

图 21

（4）单手胸前传球：传球时，持球方法与双手胸前传球相同，传球时，上体稍右转，右手腕后屈转至球的后方，同时左手离球，右臂迅速前伸，屈腕，手指拨球，将球传出，如图 22 ~ 图 24 所示。

图 22

图 23

图 24

接球技术动作方法

（1）双手接球：双手接球时，两眼注视来球，两臂伸出迎球，手指自然分开，两拇指成八字形，手指向前方，成半圆形。当手指触球时，迅速抓握球，两臂顺势屈肘后引缓冲来球的力量，两手持球于胸腹之间，成基本站立姿势，做好传球、投篮或者突破的准备，如图 25 ~ 图 27 所示。

图 25

图 26

图 27

（2）单手接球：单手接球时，接球手向来球方向伸出，五指自然分开，掌心正对来球，手腕手指放松。当手指触球时，顺着球的来势迅速收臂将球向后下引，置球于身体前方或者体侧，另一只手迅速扶球。双手持球于胸腹前，保持基本站立姿势，如图 28 ~ 图 30 所示。

图 28

图 29

图 30

四、投篮技术

原地投篮

（1）原地单手肩上投篮：以右手投篮为例。双脚原地开立与肩同宽，右脚稍向前，身体重心落在两前脚掌上，右手五指自然分开，翻腕持球的后下部，左手持球的侧上方，持球于右眼的前上方，两膝微屈，目视球筐，上臂与肩平行，上臂前臂约成 90° 角。投篮时下肢蹬地发力，腰腹伸展，身体随之向前上方伸展，同时抬肘伸前臂，手腕前屈，手指拨球，将球柔和地从食、中指端投出。球离手后手臂应有自然跟随动作，如图 31 ~ 图 35 所示。

图 31

图 32

图 33

图 34

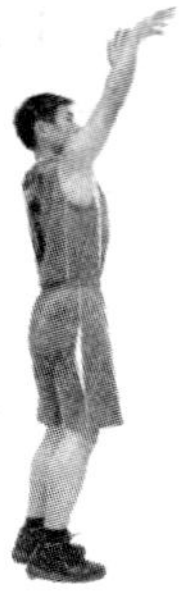
图 35

（2）原地双手胸前投篮：双手持球于胸前，肘关节自然下垂，两脚左右或者前后站立，两膝微曲，重心落在两脚之间，目视瞄准点。投篮时，双脚蹬地，上肢随着脚蹬地向前上方伸展，两手腕同时外翻，拇指下压，手腕前屈，食指、中指用力拨球，使球通过食指、中指端将球投出。球出手时身体随投篮出手方向伸展，如图 36～图 39 所示。

图 36

图 37

图 38

图 39

行进间投篮

（1）行进间单手肩上高手投篮：以右手投篮为例，当球在空中运行时，右脚向来球方向或投篮方向跨出一大步，同时接球，接着左脚跨一小步并用力蹬地起跳，右腿屈膝上抬，同时双手举球至前上方，当身体接近最高点时右臂向前上方伸展，手腕前屈，食指、中指用力拨球，通过指端将球投出，如图 40～图 43 所示。

图 40

图 41

图 42

图 43

（2）行进间单手肩上低手投篮：以右手投篮为例，右脚跨出一大步同时双手接球，接着左脚跨一小步并用力蹬地起跳，右腿屈膝上抬，身体重心前移，双手向前上方举球。当身体接近最高点时，左手离球，右手外旋，掌心向上托球，并充分向球篮上方伸展，接着屈腕，食指、中指用力拨球，通过指端将球投出，如图 44 ~ 图 47 所示。

图 44

图 45

图 46

图 47

（3）跳起投篮：以右手投篮为例，两手持球于胸前，两脚左右或前后开立，身体重心落在两脚之间，上体放松，目视篮圈。起跳时，迅速屈膝，脚前掌用力蹬地向上起跳，同时双手举球到右肩上方，右手持球，左手扶球的左侧方，当身体接近最高点时，左手离球，右臂向前上方伸展，手腕前屈，食指、中指拨球，通过指端将球投出，落地时屈膝缓冲，如图 48 ~ 图 51 所示。

图 48

图 49

图 50

图 51

五、运球的技术动作方法

原地高、低运球

（1）高运球：运球时两腿微屈，上体稍前倾，目平视，以肘关节为轴，前臂自然伸展，虎口朝前，用手指手腕柔和而有力地按拍球的后上方。球的落点控制在运球手臂的同侧脚的外侧前方，球的反弹高度在腰胸之间，如图 52 ~ 图 54 所示。

图 52

图 53

图 54

图 55

图 56

（2）低运球：在遇到防守时，两腿应迅速弯曲，降低重心，上体前倾，球的落点在体侧，用上体和腿保护球，同时用手腕和手指短促地按拍球的后上方，使球控制在膝关节的高度，两脚用力后蹬，继续前进，如图 55 和图 56 所示。

运球急停急起

在快速运球中突然急停，采用两步急停法。降低身体重心，手按拍球的前上方，使球停止向前运行被称为运球急停。运球急起时，两脚用力后蹬，上体迅速前倾，同时用手按拍球的后侧上方，人、球同步快速前进。

体前变向运球

以右手运球为例，运球队员从防守队员左侧变向突破时，先向其右侧做变向运球假动作，当对手移动防守运球时，突然用右手按拍球的右侧后方，使球经自己体前向左侧前方反弹，称为体前变向运球。同时左脚迅速随球向左侧前方跨步，上体同时向左扭转，身体重心降低，侧肩贴近防守队员，将球压低。当球反弹至腹部高度时，右脚蹬地迅速前迈，左手拍球的后侧上方，超越防守队员。

运球后转身

运球后转身动作以右手运球为例，当对手堵右侧突破时，迅速上左脚，微屈膝，将重心转移到左脚上，并以左脚前脚掌为轴做后转身，右手将球拉至身体的侧后方，并按拍球落在身体的外侧方，然后换左手运球，加速前进，如图 57～图 62 所示。

图 57

图 58

图 59

图 60

图 61

图 62

背后运球

背后运球动作以右手运球为例，在跑动中背后向左变向时，右脚前跨，同时右手按拍球的前上方，手臂迅速外旋，手指迅速向下，手心向前，在背后直臂按拍球的右侧后上方，使球在左脚的侧前方落地，随即迈左脚，球反弹后换左手继续向前按拍加速前进，如图 63～图 67 所示。

图 63

图 64

图 65

图 66

图 67

六、持球突破

交叉步持球突破

交叉步持球突破动作以右脚做中枢脚为例，两脚左右开立，两膝微屈，重心控制在两脚之间，持球于胸腹之间。突破时，左脚向左前方跨出半步，做向左突破的假动作，当对手重心向右移动时，左脚前脚掌内侧用力迅速蹬地，向对手左侧跨出一大步，同时上体右转探肩，贴近对手，球移至右手，向左脚右侧前方推放球，右脚迅速蹬地跨步，加速超越对手，如图 68～图 71 所示。

图 68

图 69

图 70

图 71

同侧步持球突破

同侧步持球突破动作以左脚做中枢脚为例，两脚左右开立，两膝微屈，重心在两脚之间，持球于胸腹前。突破时，左脚前掌内侧蹬地，右脚迅速向对手左侧方跨出一大步，同时向右侧转体探肩，重心前移，右手放球于右脚侧前方，左脚迅速蹬地并向前方跨出，加速超越对手，如图 72～图 75 所示。

图 72

图 73

图 74

图 75

七、防守技术的动作方法

防守技术是防守队员为阻挠对手的进攻，合理运用脚步移动和手臂动作，积极抢占有利位置，以达到控制球权的目的所采用的各种专门动作的方法。主要包括防守无球队员和防守持球队员。

防守无球队员

防守无球队员时应注意以下几点：

（1）防守位置。防守时，位置选择非常重要，正确合理地抢占有利位置，是使防守主动的重要条件。就一般情况来说，防守无球队员要做到人球兼顾，应与对手保持一定的距离和角度，站在位于对手与球篮之间偏向球一侧的位置上。强侧防守，防守距离较近的对手时，经常采用面向对手侧向球的斜前站位防守方法，又称“错位”防守。远离对手的外侧脚在前，屈膝重心在两脚中间，伸外侧手臂，手心向外，封锁对手的接球路线，干扰对手接球。弱侧防守，防守距离较远的对手时经常采用面向球、侧向对手的防守方法。靠近对手的脚在前，重心在两脚之间，两臂伸于体侧，密切观察球与人的动作，积极封堵对手摆脱接球的路线。

（2）防守姿势。采用何种防守姿势，应根据对手是处于强侧还是弱侧，以及防守者与对手和球的距离远近来选择。

（3）移动步法。防守无球队员常用的移动步法有滑步、撤步、碎步、快跑和转身等。

防守持球队员

防守持球队员时应注意以下几点：

（1）防投篮。防投篮时，防守者要站在对手与球篮之间，采用斜步防守，同对手保持一臂距离。防守人要注意对手眼神和重心位置的变换，判断对手的进攻意图，当对手举球准备投篮时，防守人应随之靠近伸直手臂用手腕封球，干扰其投篮弧度，并争取盖帽。

（2）防突破。两脚平行站立略比肩宽，低重心，防守距离为一臂，两臂屈肘，掌心向下放在对手胸前干扰其手中的球。

（3）防运球。防运球遵循两条原则：一是堵中路迫使其向边、角运球，二是堵其强手迫使其用弱手运球。为了扩大防守面积，堵截对手向纵深方向运球时，应采取平步防守姿势。当对手开始运球时，防守者应将视线集中于对手运球的手和球上，并抢先快速向运球方向滑动，以身体的躯干对着球的落地点，阻止对手从中路运球突破。

（4）防传球。防守时要根据其位置和视线，判断其传球意图，控制其进攻性的传球。持球队员离球篮较远时，其主要的传球意图是向中锋传球。防守队员在对手死球情况下，侧身上前贴近对手，挥动手臂封堵其传球，最好将球打掉或干扰其传球路线、速度和落点，或迫使其向攻击威胁弱的位置传球。

（5）抢球。抢球是从进攻队员手中抢夺球。抢球时首先要接近持球队员，看准持球的空隙，双手突然抓住球用猛拉或转拖的动作将球抢过来。运用时要抓住持球队员注意力分散、转身和由空中获球下落，运球停止等时机，两手握球要准而快，用力要突然。

（6）打球。打球时接近对手是前提，掌握好时机，根据对手持球部位的高低和走势、运球时球反弹的方向和速度、投篮举球到出手前的过程等，分别由下向上、由上向下或从侧面快速伸出前臂，用腕、手指的力量拍击球，动作快而短促。

（7）盖帽。进攻队员投篮或者上篮时，当球刚离手的一刹那，防守队员立即跳起将球打落，成为盖帽。

八、抢篮板球技术

抢篮板球技术分析主要包括以下几个方面：

判断和抢占位置

掌握球的反弹规律，中远距离投篮球反弹的距离较远。篮下投篮时，球弹出的距离较近。投篮出手弧度与反弹距离也有关系，弧线高则反弹近；从两侧左右 15° 投篮时，球反弹的方向一般是在球篮的另一侧 15° 区域或者反弹回同侧区域。从两侧 45° 区域投篮时，球反弹方向一般是另一侧的 45° 区域或者反弹回同侧区域；从正对着球篮区投篮时，反弹出的方向是在罚球线附近地区；在底线零度投篮时，一般球反弹的方向是在球篮的另一侧区域或同侧区域。

抢篮板球的技术动作方法

抢进攻篮板球。当同伴或自己投篮时，处在内线的进攻队员首先应判断篮球的反弹方向，同时以假动作绕跨挤到对手的身前，利用跨步或者助跑起跳，跳到最高点补篮或抢篮板球。

抢防守篮板球

当进攻队员投篮时，根据对手移动情况和位置，运用上步、撤步和转身等动作把进攻队员挡在身后，并抢占有利位置。

第二节　篮球技术练习方法

一、移动技术练习方法

基本站立姿势练习

基本站立姿势练习包括以下几个方面：

（1）按要求做基本站立姿势；

（2）做好基本站立姿势，然后重心移至某一脚，再转移到另一脚，反复转换重心，并保持平稳；

（3）做好基本站立姿势，以一脚为中枢脚，另一脚按手势信号向不同方向跨出，然后恢复基本站立姿势；

（4）在各种移动练习中，手势信号停止，立即成基本站立姿势。

各种跑跳练习

各种跑跳练习包括以下几个方面：

（1）由基本站立姿势开始，听或看信号向不同方向快跑或起跳；

（2）结合跨步、转身、急停等动作练习起跑或起跳；

（3）根据手势或其他信号做侧身跑、变速跑、变向跑、后退跑；

（4）助跑单脚起跳摸篮板、篮圈；

（5）利用球场各线做直线、曲线、弧线和折返快跑。

急停和转身练习

急停和转身练习包括以下几个方面：

（1）成基本站立姿势，分别以左右脚为轴，做前、后转身 90°、180° 的练习；

（2）成基本站立姿势，走两三步，接着做跨步急停和跳步急停；

（3）抛球、接球急停，自己向前上方抛球，球落地前将球接住。

防守步法练习

防守步法练习包括以下几个方面：

（1）听或看手势做向左、向右、向前、向后滑步；

（2）向前滑步，变后撤步，接侧滑步；

（3）向前或向后滑步，接攻击步，变后撤步，接侧滑步。

二、运球技术练习方法

原地运球练习

原地运球练习时全体学生成体操队形，原地进行各种运球练习，体会手指、手腕、上臂、前臂用力和按拍球的手形，以及前推、后拉、左右变向时按拍球的部位和用力。

行进间高、低运球练习

行进间高、低运球练习是指队员分组站在端线外，每组一球，同时向对面端线运球，返回时换另一手运球，然后交给下一队员。

听口令转身运球练习

听口令转身运球练习是指练习者分成四组站成四路纵队，在端线站立，听到哨声做运球转身，再次吹哨时再次运球转身，反复练习。到达对面线后，沿边线回到各自的队尾，排队继续练习。

运球急停急起练习

运球急停急起练习是根据老师口令、手势或信号等，练习急停急起或变速运球，分组从端线开始，运球到另一端线，返回用另一手运球。

三、传接球练习方法

原地传接球练习

原地传接球练习是指两人一组面对面站立，相距 5 米左右，做各种传球练习，也可以对墙进行练习。传球速度由慢到快，注意正确的手法。

移动传接球练习

移动传接球练习是指所有练习者分成两路纵队站在一侧底线，两个人一组听口令开始行进间的传接球练习。迎面跑动传接球练习指，学生分两组，迎面成纵队站立，相距 6 ~ 7 米，迎面传球后跑对面队尾，依次进行。

加防守的原地两人肩上传球练习

加防守的原地两人肩上传球练习是指练习者两列横队面对面站立，左右间隔两臂距离，两列队伍相距 8 ~ 10 米，面对面的两名队员一组。在两个人传球的中间加上一名防守队员，促使传球的质量提高。

四、投篮技术练习方法

原地投篮练习

原地投篮练习包括以下几个方面：

（1）徒手模仿练习，两人一组相互对投，体会投篮手法和用力动作；

（2）正面定位投篮练习，每人一球，在罚球线上排成单行，自投自抢；

（3）不同距离、角度的投篮。

行进间投篮练习

行进间接传球投篮练习是指运球与篮板成 45° 角自三分线外起动行进间投篮，用低（高）手投篮的动作方法。

行进间接传球投篮

行进间接传球投篮练习是指两人一组用一球，全场移动传接球投篮。

运球急停跳投练习

运球急停跳投练习是指练习者成一路纵队排列，排头在三分线弧顶位置。第一名队员运球急停跳投，投篮后自己抢篮板球到队尾排队，后面练习者依次循环练习。

五、持球突破技术练习方法

持球突破练习方法包括以下几个方面：

· 原地各种脚步的徒手练习，开始做交叉步，然后再做同侧步。初步体会和掌握蹬、转、探、拍、加速等动作。

· 持球完整动作的练习，进攻队员每人一球，持球位于右侧，做持球突破运球上篮。

· 一对一持球突破练习，所有练习者分成两列横排，前后两人面向站立为一组，一人持球做突破进攻练习，另一人做防守，做完一次位置互换。

六、防守技术练习方法

防守技术练习方法包括以下几个方面：

· 一攻一守脚步移动练习。两人一组，一攻一守，相距 2 ~ 3 米，进攻队员抛接球，防守队员迅速逼近对手，进攻者左右运球突破，防守做滑步堵截。

· 原地抢球、打球练习。将学生分成两人一组，持球队员在原地做突破结合的脚步动作，防守者体会抢球、打球的动作要领。

· 防中投练习，两人一组用一球，防守者将球传给进攻者，立即进行防守，进攻者可做突破结合动作或原地起跳投篮，或左右拍一次急停跳投，防守者练习防中投动作。

· 基本步法练习，防守基本姿势，原地防守步法，向左右、向前后做滑步。

七、抢篮板球技术练习方法

抢篮板球技术练习方法包括以下几个方面：

· 徒手模仿练习。学生成两列横队站立，根据教师口令做徒手原地双脚起跳，模仿单、双手抢篮板球动作进行练习。

· 前后转身，学生相距一步，成两列横排，面对面站立两人一组练习，根据教师给予的信号，前排学生做前转身后转身挡住后排学生，交换练习。

· 学生两列横排，每人一球，向头上抛球后起跳，用双手或单手做空中抢球练习。

· 每人一球，向篮板或墙上抛球后，上步起跳，用双手或单手在空中做抢球练习。

· 学生一对一抢篮板球，教师在篮圈一侧投篮，进攻队员摆脱防守冲抢篮板球，防守队员转身堵挡，双方争抢篮板球。

· 半场二对二、三对三、四对四对抗练习抢篮板球。

第三节 篮球运动主要规则

一、篮球运动的比赛通则及一般规定

篮球运动的比赛通则及一般规定包括以下内容。

每场篮球比赛由两个队参加，每队出场 5 名队员。每队的目标是在对方球篮得分，并阻止对方队得分。在比赛时间结束时得分较多的队，将是比赛的胜者。比赛由四节组成，每节 10 分钟，每一个决胜期为 5 分钟。交替拥有是以掷球入界而不是以跳球来使球成活球的一种方法。球进入球篮，罚球得 1 分，从 2 分区投篮得 2 分，从 3 分区投篮得 3 分。罚球是给予一名队员从罚球线后的半圆内的位置，在无争抢的情况下得 1 分的机会。

二、违例

篮球运动中的违例是指违反规则的行为。罚则是将球判给对方队员在最靠近发生违例的地点掷界外球，正好在篮球板后面的地方除外，除非规则另有规定。违例包括以下几个方面。

队员出界和球出界

当队员身体的任何部分接触界线上、界线上方或者界线外的除队员以外的地面或者任何物体时，即是队员出界。当球触及了在界外的队员或任何其他人员，界线上、界线上方或界线外的地面或任何物体，篮板支撑架、篮板背面或比赛场地上方的任何物体即是球出界。在球出界以及球触及了除队员以外的其他物体而出界之前，最后触及球或被球触及的队员是使球出界的队员。

非法运球

在球场上已获得控制活球的队员将球掷、拍、滚或运在地面上，并在球触及另一队员之前再次触及球为运球开始。当队员双手同时触及球或允许球在一手或双手中停留时为运球结束。队员第一次运球结束后不得再次运球，除非在两次运球之间在场上已失去了控制活球，如投篮、被对方触及球、传球、漏接后触及了另一队员或被另一队员触及。下列情况不算运球：连续投篮、运球前后的漏接、用拍击的方式试图获得球等。

带球走

当队员在场上持球向任何方向移动时不得超出规则的一定限制，否则应视为非法移动，即带球走违例。判断带球走的关键是确定和观察持球队员的中枢脚位置。

根据相关规定，队员在原地静止状态下接球或移动中接球时双脚同时着地，可以用任何一脚做中枢脚，当一脚抬起的一刹那，另一脚就成为中枢脚，队员在移动或运球拿到球，如一脚正接触地面，则该脚就成为中枢脚，当队员一脚着地，也可跳起此脚然后双脚同时着地停步，此时哪一只脚都不能单独成为中枢脚，队员如需运球，必须在球离手后，两脚任一脚才能离地。同时规定，队员在场上一旦控制了活球并已确定了中枢脚，在开始运球时，球出手之前中枢脚不得离地，否则可判为带球走，队员提起中枢脚可传球或投篮，但在球出手之前一脚不得落回地面。当队员持球跌倒在地面或躺或坐在地面上获得控制球是合法的，如果该队员持球滑动、滚动或试图站起来则判为违例。

时间规则方面的违例

（1）3 秒违例。当某队在前场控制活球并且比赛计时钟正在运行时，该队的队员不得在对方队的限制区内停顿超过 3 秒，否则判为违例。

（2）5 秒违例。在比赛中发生 5 秒违例主要有三种情况：a. 掷界外球时，从执行掷球入界的队员可以处理球时到球离手超过 5 秒；b. 罚球时，从裁判员递交球后执行罚球的队员可处理球时到球离手超过 5 秒；c. 一队员正持着活球，被对方队员严密防守时未在 5 秒内传球、投篮或运球。

（3）8 秒违例。是指当一名进攻队员在他的后场获得控制活球时，他的队必须在 8 秒内使球进入他的前场，否则判为违例。

（4）24 秒违例。是指当一名进攻队员在场上获得控制活球时，他的队必须在 24 秒内投篮，在 24 秒装置的信号发出前，球必须离开队员的手，否则判为违例。

球回后场违例

控制活球的队员不得使球非法地回到他的后场，否则违例。判断球回后场违例必须符合以下三个条件：a. 该队已控制球；b . 该队在前场最后触及球；c. 该队在后场最先触及球。

脚踢球与拳击球

故意踢或用腿的任何部分阻挡球或用拳击球属于违例。球偶然地接触到腿的任何部分或腿的任何部分偶然地触及球，不是违例。

干扰球

在投篮的时候，当球在飞行中下落，并完全在篮圈水平面以上时，无论是进攻或防守的队员都不能触及球，否则应判触及球的队员干扰球违例，但在球触及篮圈后或明显不会触及篮圈时除外。

三、犯规

犯规是指规则的违反，含有与对方队员的非法身体接触或违反体育道德的举止。犯规者的每一个犯规应被登记，记入记录表并相应地被处罚。

侵人犯规

侵人犯规是指在比赛中与对方队员发生身体接触的犯规，无论球是活球还是死球，一旦出现此类犯规动作，裁判员都应根据规则的基本精神与原则，及时裁判。规则明确指出，在比赛中队员不得通过伸展他的手、臂、肘、肩、膝或脚来拉、阻挡、推、撞、绊，以阻止对方队员行进，以及不应将其身体弯曲成反常的姿势，也不应做出任何粗野或猛烈的动作。

罚则：a. 应给犯规队员登记一次侵人犯规；b. 如果是没有做投篮动作的队员发生犯规，则由非犯规的队在最靠近犯规的地点掷球入界重新开始比赛，如果犯规的队处于全队犯规处罚状态时，则应运用全队犯规处罚条款；c. 如果是正在做投篮动作的队员发生犯规，投篮并中篮，应计得分并判 1 次追加的罚球，如果投篮未中，应按投篮区域，判给投篮队员 2 次或 3 次罚球。

双方犯规

双方犯规是指两名互为对方的队员大约同时相互发生侵人犯规的情况。

罚则：应给每一名犯规队员登记一次侵人犯规，不判罚球。

违反体育道德的犯规

违反体育道德的犯规是指如果一名队员不是在规则的精神和意图范围内合法地试图去直接抢球而发生的接触犯规。是否属于违反体育道德犯规则应根据队员的动作来判断，如果队员不是努力去抢球而发生的接触，可能就是违反体育道德犯规；如果队员在努力抢球而造成过分接触，则该接触也应该被判定是违反体育道德犯规；如果队员做合法的努力去抢球而发生了犯规，则不属于违反体育道德犯规。

罚则：a. 应给犯规者登记一次违反体育道德犯规；b. 判给对方队两次罚球，以及随后中场的球权；c. 如果是正在做投篮动作的队员发生犯规，如中篮应计得分并加判给 1 次罚球，如未中篮得分，应视投篮区域判给 2 次或 3 次罚球，以及随后中场的球权。

技术犯规

任何故意的、不遵守规则的言论与行为，应判为一次技术犯规，包含（但不限于）行为性质的队员非接触性犯规。

罚则：a. 一名队员应给他登记一次技术犯规，作为队员犯规并作为全队犯规之一计数；

b. 一名教练员、助理教练员、替补队员或随队人员犯规，给教练员登记一次技术犯规，并不作为全队犯规之一计数；c. 应判给对方队员两次罚球，以及随后在记录台对面的中线延长线部分掷球入界。

取消比赛资格的犯规

队员、替补队员、教练员、助理教练员或随队人员的任何恶劣的违反体育道德的行为应取消比赛资格。

罚则： a. 应给犯规者登记一次取消比赛资格的犯规，并要求他立即离开比赛场馆；b. 判给对方队两次罚球，以及随后中场的球权；c. 如果是正在做投篮动作的队员发生犯规，如中篮应计得分并加判给 1 次罚球，如未中篮，应视投篮区域给 2 次或 3 次罚球，以及随后中场的球权。

思考题

1. 如何才能在比赛中运好球？
2. 投篮的技术要点是什么？
3. 如何做好防守？
4. 如何确定中枢脚和持球运球不走步违例？

第六章　排球运动

☑ 主要知识点

本章介绍排球运动的起源和在我国的发展状况、排球运动的特点和价值、排球运动的基本技术、排球运动的基本战术及基本的排球比赛规则。

◇**学习目标：** 了解排球运动的起源和发展状况，以及它的特点和价值，掌握排球基本技术，掌握进攻和防守的基本战术；通过对排球规则的学习达到组织学生比赛、形成终身体育意识的目的。

◇**重要概念：** 排球　基本技术　基本战术　动作要领　方法与要求

◇**重要环节：** 动作结构　用力顺序　技术动作的理解与掌握　战术配合

第一节　排球运动概述

一、排球运动简介

排球运动1895年起源于美国，是基督教男子青年会体育干事威廉·摩根创造的一种比较温和的、老少皆宜的室内游戏。1896年，这种游戏被命名为Volleyball，并沿用至今。1897年，摩根制订了排球比赛规则，它有力地推动了排球运动的发展。

1905年排球运动传入中国，1906年一名美国军官约克把排球带到了古巴，1908年传入日本，1910年传入菲律宾。排球运动在亚洲发展过程中先后经历了16人制、12人制、9人制的比赛形式，直到1947年国际排联成立后才正式开展6人制排球运动。

国际排联成立至今，发展迅速，有崇高的威望。目前在五大洲有200多个会员国，是国际体育单项组织中成员最多的一个组织。国际性的重要排球比赛有奥运会排球赛、世界排球锦标赛、世界杯排球赛、世界青年排球锦标赛。1964年排球被列为奥运会正式比赛项目。

二、我国排球运动发展概况

排球运动在 20 世纪初就传入我国广东等地，1913 年第一次亮相远东运动会，1914 年列为全国性比赛项目，1921 年女子排球在广东运动会上出现。中华人民共和国成立以后，排球运动和其他运动项目一样，有了较快的发展。

我国各省根据各自的特点，开始发展各自不同的风格和打法。20 世纪 60 年代初，我国学习了日本队的训练经验，提出了“三从一大”（从难、从严、从实战出发，坚持大运动量训练）的号召。我国男排创造了“盖帽”拦网的技术和“平拉开快球”扣球的技术，同时男排还创造了前飞、背飞、拉三拉四的打法；女排发展了快速反击的打法，运动水平有了进一步的提高，推动了我国排球运动的发展。

1981 年至 1986 年间，我国女排连续五次荣获世界冠军，实现了中华民族和运动员的夙愿。

中国女排在 2003 年的世界杯上获得了惊人的 11 连胜，重夺阔别 17 年的世界冠军宝座。2004 年雅典奥运会，中国女排更是一路凯歌，在决赛中以 3:2 的战绩逆转俄罗斯队，夺得整整 20 年未曾染指的奥运冠军头衔。2016 年 8 月，在第 31 届巴西里约奥运会上，中国对以决赛 3:1 的战绩战胜塞尔维亚队，第三次获得奥运会女排冠军。

三、排球运动的特点

排球运动包括以下几个方面的特点。

广泛的群众性

排球场地设备简单，比赛规则容易掌握，既可在球场上比赛和训练，亦可以在一般空地上活动，运动量可大可小，适合于不同年龄、不同性别、不同体质、不同训练程度的人。

技术的全面性

规则规定，每个队员都要进行位置轮转，既要到前排扣球与拦网，又要轮到后排防守与接应，要求每个队员必须全面地掌握各项技术，能在各个位置上比赛。

高度的技巧性

规则规定，比赛中球不能落地，不得持球、连击，击球时间的短暂，击球空间的多变，决定了排球的高度技巧性。

激烈的对抗性

排球比赛中，双方的攻防转换始终是在激烈的对抗中进行。

攻防技术的两重性

排球是多种技术都可以得分，也能失分的项目，所以说每项技术都具有攻防的两重性，因此，要求技术既要有攻击性，又要有准确性。

严密的集体性

排球比赛是集体比赛项目，除发球外，都是在集体配合中进行的，没有严密的集体配合，再好的个人技术也难以发挥，更无法发挥战术的作用，水平越高的队，集体配合就越严密。

四、排球运动的价值

排球运动是广大群众和青少年所喜爱的运动项目之一。运动场地小，设备简单，运动量可大可小，既可比赛也可在空地上进行传垫球练习，不分年龄、性别，融竞技、娱乐于一体。不同技术水平的人都能从中获得愉快的情感体验，不仅有无穷乐趣，而且健身效果显著。排球运动是集体项目，没有时间限制，在激烈的对抗、快速运动、突然变化、复杂的竞争中进行，使人的身体素质、心理素质得到锻炼，有利于培养机智灵活、勇敢顽强、积极果断的优良品质和团结协作的集体主义精神。

第二节　排球基本技战术

一、排球基本技术

（一）准备姿势和移动

准备姿势与移动属于无球技术，是完成发球、传球、垫球、扣球和拦网等各项有球技术的前提和基础，对各项有球技术的运用起串联和纽带作用。

准备姿势和移动相辅相成，准备姿势是为了移动，而要快速移动，又必须先做好准备姿势。

准备姿势

准备姿势可根据膝关节及髋关节的弯曲度分为半蹲、稍蹲和低蹲三种。

（1）半蹲准备姿势：两脚左右开立稍比肩宽，一脚稍前，脚尖内收，脚跟稍提起，膝关节保持一定的弯曲，其投影在脚尖前面；上体前倾，重心靠前，两臂放松，自然弯曲，双手置于腹前，目视来球，两腿保持微动，如图 1 所示。

（2）稍蹲准备姿势：动作方法与半蹲相同，只是身体重心稍高，多用于扣球和接发球前，如图 2 所示。

（3）低蹲准备姿势：比半蹲准备姿势的身体重心更低、更靠前，两脚左右、前后的距离更宽，膝部弯曲度更大，多用于接低重球，如图 3 所示。

图 1

图 2

图 3

移动

移动的目的是为了及时接近球，保持好人与球的位置，便于击球，利于迅速占据场上的合适位置。常用的移动方法有：并步、跨步、交叉步、滑步、跑步等。

（1）并步与滑步：当来球距身体一米左右时可采用并步移动，如向左（右）移动，则外侧脚蹬地，同侧脚向来球方向跨出一步，外侧脚迅速并上，做好击球前的准备姿势。连续并步就是滑步，如图 4 ~ 图 6 所示。

图 4

图 5

图 6

（2）交叉步：当来球在体侧约 3 米左右时，可采用交叉步移动；向右移动时，上体稍右转，左脚从右脚前面向右交叉迈一步，然后右脚再向右跨出一大步，同时身体转向来球方向，保持击球前的准备姿势，如图 7 ~ 图 9 所示。

图 7

图 8

图 9

（3）跨步：当来球较低，离身体 2 ~ 3 米左右时采用跨步，如向前移动，则后脚用力蹬地，前脚向前跨出一大步，膝部弯曲，上体前倾，身体重心移至前腿，如图 10 和图 11 所示。

图 10

图 11

（4）跑步：球距人较远时采用跑步姿势，跑步时两臂要配合摆动，如球在侧方或后方时应边转身边跑动。

练习方法

（1）全体学生分成两列或四列横队，以半蹲准备姿势站立，看教师的信号（手势或持球）做向前、后、左、右移动。包括一步或两步。

（2）两人一组，一人持球向前、后、左、右抛球，另一人不停地快速移动接球。

（3）两人一组做“影子”游戏，一人前后左右移动，另一人像影子一样跟随。

（二）垫球

垫球主要用于接发球、扣球、拦回球和其他球，是比赛中争取少失分多得分，由被动转为主动的主要技术。

1. 动作要领（如图 12 ~ 图 15 所示）

图 12

图 13

图 14

图 15

（1）准备姿势：两脚左右开立略比肩宽，脚尖内扣稍屈膝，拇趾抠地脚跟提起，身体重心着力点在前脚掌指跟部，上体前倾，肩部放松，两臂自然弯曲置于腹前，手心相对，手指自然张开，两眼注视来球，两脚保持“静中待动”的状态。

（2）击球手形：掌跟紧靠，合掌互握，两拇指平行靠近朝前，两臂自然伸直，小臂稍外展靠拢。

（3）击球和击球点：当球飞至腹前一臂距离时，两臂夹紧前伸，插到球下，用前臂腕关节以上 10 厘米左右桡骨内侧平面触球为宜。

（4）击球用力：① 来球力量小，速度慢，击球主要靠手臂上抬力量，以增加球的反弹速度，同时配合蹬地，使重心向前上方移动；② 来球有一定力量，迎击动作要大，速度要小，手臂适当放松，运用蹬地提肩压腕、向前抬臂动作；③ 重球，不主动迎击球，收腹含胸，手臂随球后撤，并适当放松以缓冲来球力量，同时用微小的手臂和手腕动作控制垫球方向和角度。

练习方法

（1）徒手模仿垫球练习和垫固定球练习。根据教师的口令或手势集体练习。两人一组，一人双手持球于对方的正确击球点，另一人用垫球动作击球（不把球击出）；持球者将球自上向下运动，垫球者用正确动作击球的后中下部，持球者可稍加压。

（2）两人一组相距 3 ~ 5 米，一抛一垫，结合前后左右移动垫球。

（3）两人一组对垫练习。

（三）传球

传球是组织战术基础，主要用于衔接防守和进攻。

动作要领（如图 16 ~ 图 19 所示）

图 16

图 17

图 18

图 19

（1）准备姿势与迎球：稍蹲，上体抬起，但身体重心不后移，抬头看球，双手自然抬起，屈肘，放松置于脸前；来球接近额头时，开始蹬地伸膝伸臂，两手微张，从脸前向前上方迎球，全身各部位动作应协调一致。

（2）传球手形：两手张开斜相对，手指微屈成半球状，拇指相对成八字形或一字形，两肘自然弯曲手腕后仰来调整手形。

（3）击球点：向前传球，在额前上方约一球距离处；向后传球，手臂比向前传球时偏后。

（4）传球用力：① 向前传球时，是用蹬地伸膝向上展体和伸臂的顺序来协调手臂传球动作，迎球伸臂由拇指、食指、中指负担球下落的力量，无名指和小指帮助控制球，手触球的刹那，手指和手腕应保持一定的紧张程度，用手指的弹力和手腕、手臂与身体伸展的协调力量将球弹击传出；② 向后传球时，靠蹬腿、展腹、抬臂、伸肘动作，通过指腕弹力把球向后上方传出，手腕要始终保持后仰，大拇指应多发力。

练习方法

（1）徒手模仿传球的蹬地、伸膝、伸臂动作，在额前上方用正确手形做推送动作。

（2）轻轻向额前上方抛球，在额前上方用正确的手形将球接住，然后自己检查手形和击球点正确与否。

（3）两人一组，一人持球保持正确击球点和手形，向前上方做推送动作，另一人用单手压住球，给球以一定的力量。

（4）两人一球，一人抛球，另一人向前移动传球或向左右移动传球。

（5）两人一球，对传。

（四）发球

发球是进攻的开始，并且可以直接得分，可以破坏对方的战术组成，起到先发制人的作用。下面以右手发球为例，介绍发球的要领。

下（或侧）手发球（如图 20 ~ 图 22 所示）

图 20

图 21

图 22

（1）准备姿势：面对球网，两脚自然开立，左脚在前，两膝微屈上体稍前倾，重心在两腿之间，左手持球于腹前。

（2）抛球姿势：左手将球在体前右侧抛起，在抛球前右臂伸直以肩为轴向后摆动。

（3）挥臂姿势：右脚蹬地，身体重心随后臂以肩为轴向前摆动，后而重心移至前脚。

（4）击球姿势：指腕紧张，在腹前（或体侧）以全掌、虎口或半握拳击球。

（5）击球部位：球的后下部。

（6）击球后姿势：身体随重心前移，迅速进场。

2. 正面上手发球（如图 23 ~ 图 26 所示）

图 23

图 24

图 25

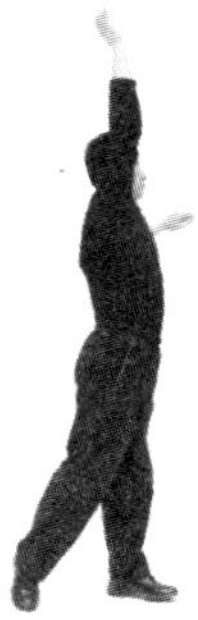
图 26

（1）准备姿势：面对球网，两脚自然开立，左脚在前，左手托球于身前。

（2）抛球姿势：抬臂，手掌平托上送，将球平稳垂直地抛于右肩上方，高度适中。

（3）挥臂姿势：在左手抛球的同时，右臂抬起曲肘后引，与肩平，手掌自然张开，同时抬头、挺胸、展腹，然后蹬地，上体向左转动，同时收腹带动手臂挥动做鞭甩动作，以腰带肩，肩带动前臂，前臂带动手腕。

（4）击球姿势：右肩上方手臂伸直到最高点后以全手掌击球，各手指自然张开吻合球，手腕做迅速主动的推压动作使球前旋飞行。

（5）击球部位：球的后中下部。

（6）击球后姿势：人体随重心前移，迅速进场。

练习方法

（1）按照动作要求，做徒手模仿练习。

（2）两人一球，击固定球练习。

（3）隔网发球，两人一组隔网发球，距离逐渐加长。

（4）在发球区发球，要求把球发至规定区域内。

（五）扣球

扣球是排球比赛中最积极、最有效的得分手段，是完成全队战术配合的最后一击。

动作要领（如图 27 ~ 图 29 所示）

图 27

图 28

图 29

（1）助跑起跳：根据人与球网的距离不同，可采用两步、三步或多步助跑，但最后要选择好起跳点和起跳时机，起跳一般采用二步或三步助跑；第一步是决定助跑方向，第二步是起到调节的作用，以选择良好的起跳和击球点，所以当右脚跨出一大步时，左脚应迅速并上，两脚着地时两膝弯曲，两臂由体后向前上方挥摆，两脚用力蹬地起跳。

（2）空中击球：起跳后挺胸展腹，上体稍向右转，左臂向后上方抬起，身体成反弓形；挥臂时以迅速转体收腹动作发力，依次带动肩、肘、腕各关节成上肢向前上方挥动动作，击球时五指微张成勺形，并保持紧张，以全手掌包满球，击球的后中部；以掌心为击球中心同时主动屈手腕和手指，做挥压动作，使扣出的球加速上旋。

（3）落地：落地时前脚掌先着地再过渡到全脚掌着地，同时顺势屈膝，收腹以缓冲下落力量，并立即做好下一个动作的准备。

练习方法

（1）助跑起跳练习：① 原地起跳，由站立开始，屈膝下蹲同时两臂摆动，按教师口令迅速蹬地起跳；② 一步助跑起跳，方法基本同上，右脚跨出一大步，左脚迅速并上起跳；③ 两步助跑起跳，方法基本同上，左脚先跨出一步，右脚跨出一大步并制动，左脚再迅速并上起跳，同时两臂协调配合，助跑速度由慢到快，步幅由小到大，两步之间衔接紧密，动作连贯；④ 从进攻线附近做两步助跑起跳；⑤ 一步、两步或多步助跑起跳扣固定球。

（2）挥臂击球手法练习：① 徒手做扣球挥臂击球动作练习；② 对墙掷小皮球、羽毛球、沙包均可；③ 扣吊球或一人双手持球于头上，另一人扣球；④ 原地对墙自抛自扣或原地起跳自抛自扣。

（3）扣球完整练习：① 助跑起跳扣网前固定吊球；② 3 号位抛球 4 号位扣球，抛球高度约为网上 1.5 ~ 2 米。

（六）拦网

拦网是防守的第一道防线，是得分的重要手段，拦网水平的高低直接影响着比赛的胜负。

动作要领（如图 30 和图 31 所示）

图 30

图 31

（1）准备姿势：正面近网站立，两脚左右分开与肩同宽，两膝微屈，两臂自然弯曲置于胸前，密切注视对方进攻队员和球的方位，随时准备移动和起跳。

（2）移动与起跳：根据对方传球和扣球的方向迅速跟随，用并步或交叉步沿网平行移动，拦网起跳时间一般比扣球者稍晚一点。

（3）空中击球：起跳时两手从额前贴近并平行球网，向网上沿的前上方伸出，两臂伸直，两肩尽量上提，前臂靠近网，两臂保持平行；拦网时，在空中含胸稍收腹，双眼密切注意对方扣球的位置和动作，两臂尽力过网伸向对方上空，两手接近球，两手自然张开，稍屈指，在击球瞬间，两手要突然紧张，手腕用力下压拦击来球。

（4）落地：落地时应含胸收腹，如已将球拦回，则可面对对方，以双脚前脚掌着地屈膝缓冲；如未拦回球，则下落时要随球转头转体，立即准备做好下一动作。

练习方法

（1）徒手模仿练习：① 原地做拦网的徒手动作；② 教练员站在高台上双手持球，学生轮流起跳拦网；③ 两人隔网相对站立，向左（或右）移动一步起跳拦网，做击掌动作。

（2）空中拦网练习方法：① 一扣（自抛自扣）一拦，可用低网不起跳做扣拦，也可跳起扣拦；② 教练员在高台上扣球，队员轮流练习（先原地，后移动）；③ 教练员抛球，前排 3 个位置轮流扣球，另一方三人固定位置拦网，定数轮换位置。

（3）结合扣球的拦网练习方法：① 对方 4 号位扣固定方向的球，本方 2 号位拦网，定数练习后交换；② 对方 2 号位扣固定方向的球，本方 4 号位拦网，定数练习后交换。

二、排球基本战术

（一）接发球站位

接发球站位是为了合理有效地接起对方的发球并组织一攻的战术。根据对方发球的特点，采取不同的阵形。接发球的站位阵形，按接发球的人数不同有 4 种站位形式，分别是：5 人接发球、4 人接发球、3 人接发球和 2 人接发球。通常多采用 5 人接发球和 4 人接发球形式。

5 人接发球站位阵形，主要有“一三二”站位，即“W”形站位：除 1 名二传员站在网前或从后排插上准备二传不接发球外，其余 5 名队员都担负一传任务的接发球站位阵形。其优点是：队员均衡分布，每人接发球的范围相对减小；接发球时，已站成了基本的进攻阵形，组织进攻比较方便，适合接发球水平不太高的球队。其缺点是：队员之间空隙地带较多，若有配合不默契时，则容易出现互抢互让或前后排互相干扰的现象，如图 32 所示。

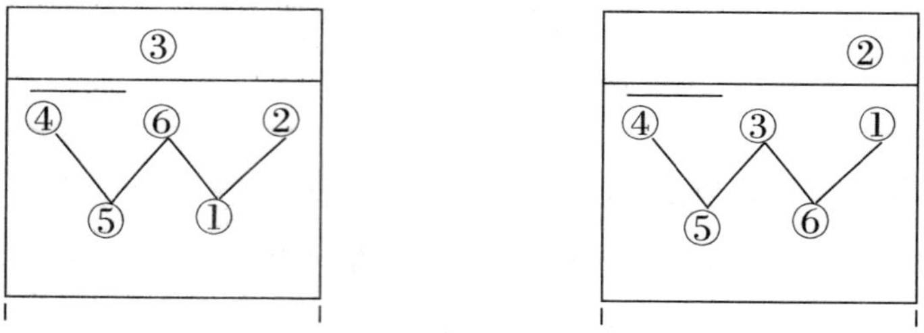

图 32

（二）阵容配备

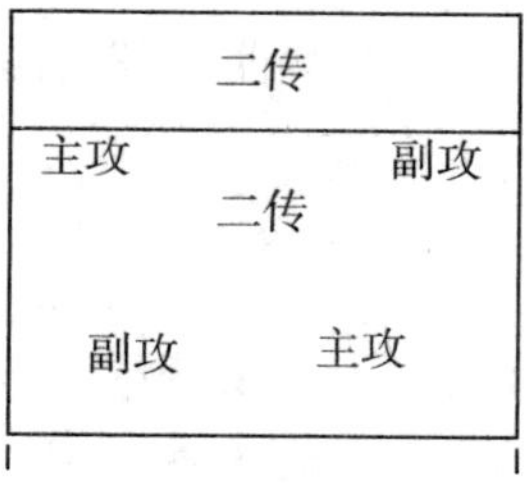

图 33

阵容配备的目的是合理使用队员，使其充分发挥特长。有“四二”型配备、“五一”型配备等阵容配备。

“四二”型配备由四名进攻队员和二名二传队员组成。特点是容易组织进攻，便于组织进攻，如图 33 所示。

“五一”型配备由五名进攻队员和一名二传队员组成。队员位置的站立与“四二”型配备基本相同，只是要有一名同二传对角队员作为接应二传，这样可以加强拦网和进攻的力量。

（三）进攻战术

进攻战术可分为“中一二”“边一二”“插上”“二次球”“后排进攻”五种，这里主要介绍“中一二”和“边一二”战术。

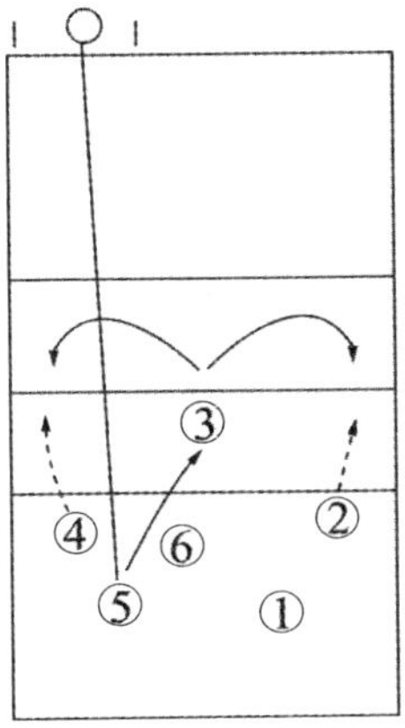

图 34

“中一二”进攻

由 3 号位队员作二传，将球传给 2 号或 4 号位队员组成进攻的配合形式称为“中一二”。“中一二”进攻阵式是进攻战术之一，在进攻、反攻中都常采用。“中一二”进攻战术容易组织，比较简单，是初学者常用的进攻阵式，如图 34 所示。

“中一二”进攻练习方法主要包括以下几个方面：

（1）熟悉位置和跑动路线的练习方法：① 本方 5 号位抛给 3 号位队员作二传，组织“中一二”进攻战术中主要的 2 号或 4 号位拉开进攻；② 隔网抛球，定位垫球，组织“中一二”进攻战术的小组配合练习；③ 隔网抛球，进行全队战术配合练习，要求场上每个队员熟悉自己的位置和职责。

（2）二传队员传球的练习方法：① 要求 3 号位队员根据不同的来球，移动抢位，运用正面传球和背传技术传出各种不同弧度和落点的球；② 要求 3 号位二传队员在每传一次球后，立即向传球方向跑动，绕过 4 号位或 2 号位队员后，再跑回 3 号位传球。

（3）二传和扣手的配合练习：① 由后排专人供球，3 号位队员为二传，4 号位队员扣球；② 由后排专人供球，3 号位队员背传，2 号位队员扣球；③ 按此方法，还可以进行 4 号位扣快球，2 号位队员扣背快球等练习；④ 3 号位二传队员运用正面传球或背传球，将球传给 4 号位或 2 号位队员，由其扣球。

（4）结合接发球或拦网的对抗练习：① 接对方发球后，全队组织“中一二”进攻战术的练习，发球的力量不要太大；② 接发球后，全队组织“中一二”进攻，完成进攻后，立即后撤，再次接从对方场内抛来的球，并组织“中一二”进攻战术；③ 双方组织接发球后的“中一二”进攻；④ 全队组织“中一二”接发球进攻，并增加对方拦网，增加实战性的练习。

（5）对抗比赛：① 接场外抛球，双方组织“中一二”进攻；② 在教学比赛的攻防中组织“中一二”进攻。

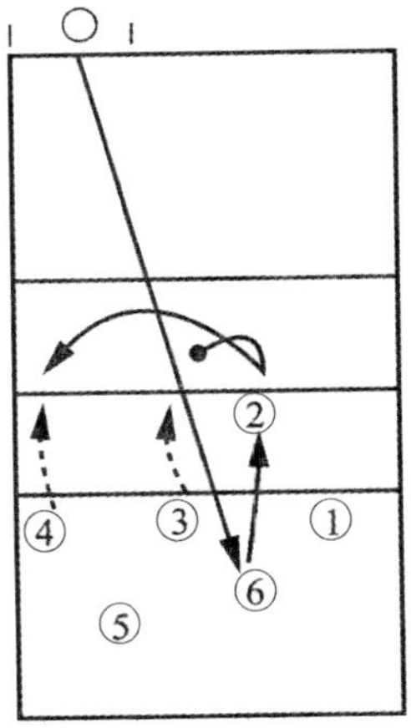

图 35

“边一二”进攻阵式

由前排 2 号（或 4 号）位队员作二传，把球传给 3 号或 4 号（或 2 号）位队员进攻，这种进攻的组织形式就叫“边一二”进攻阵式。“边一二”进攻阵式的优点是右手扣球者在 3 号或 4 号位扣球都比较顺手，战术变化也较“中一二”多，如图 35 所示。

“边一二”进攻阵式的练习方法主要包括以下几个方面：

（1）熟悉球路和位置的练习方法：从对方场地抛球给后排队

员，垫给2号位队员，由2号位队员传起后，3号或4号位队员移动上前把球传过网。每个轮次抛2～3次。

（2）二传手与扣球手之间的小组配合练习方法：本方抛球由二传手传球后，3号位队员扣快球，4号位队员拉开扣一般高球。

（3）方法同上，由4号位队员跑动扣快球。3号位队员绕过4号位队员做前交叉进攻。

（4）4号位队员持球并将球传给2号位队员，立即跑动上前扣快球，这时在2号位队员身后的教练员抛出半高球，由3号位队员绕过4号位队员上前扣球。

（5）本场抛球，4号位队员扣快球，3号位队员绕至二传背后扣快球。

（6）发、垫、传、扣的整体配合。

（7）增加队员拦网的整体配合。

（8）在防守的基础上运用“边一二”进攻战术的练习。由场外抛球式扣球，双方在防守后，组织“边一二”进攻。若失误，则继续由场外抛球或扣球进场，在对抗中提高运用能力。

（四）集体防守技术

集体防守技术包括“无人拦网防守技术”“单人拦网防守技术”“双人拦网防守技术”“集体拦网防守技术”四种。下文主要介绍“双人拦网防守技术”。

双人拦网防守“边跟进”与“心跟进”技术

双人拦网防守技术，一般是在对方进攻威力较强，为了加强本方防守反攻的情况下采用。如对方4号位队员进攻（与从2号位进攻原理相同），本方由2号位和3号位队员组织双人拦网，4号位队员后撤参加后排防守，4个防守队员形成面对进攻方向的弧形防线（也称为“边跟进马蹄心”防守）。防守区域范围内大致的分工，如图36所示。

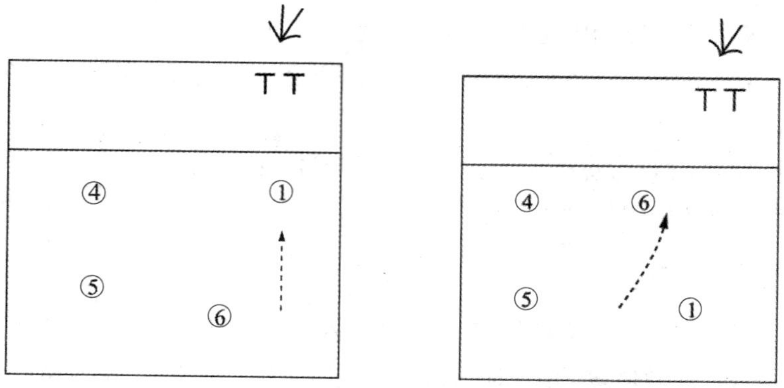

图36

这种防守方式的缺点是拦网和防守队员之间的空隙较大，易形成“中空”的状态，如果对方突然改变进攻方式，用吊球或轻扣至“中空”地区，就会给防守造成很大的困难。为了解决“中空”的问题，通常是明确规定1号位队员随时跟进，担负保护拦网和防吊球任务。1号位队员要根据对方扣球的特点、二传的情况和我方拦网的情况做出判断，机动灵活地采用“跟进”的行动。“跟进”的方向和地点，要根据临场的情况来选择，一般不要跟得离网太近。当1号位队员“跟进”后，6号位队员应注意弥补1号位的空当。对方吊到球场中央空当的球，可以由不参加拦网的4号位队员做内撤接救。但这种方法对组织反攻不利，4号位队员由防守转入反攻比较困难，这需要快速才能完成连续动作。还有采用6号位专职“跟进”保护拦网和防吊球的阵式（即“心跟进”技术）。其弱点是后区有空当区，可用加强拦网及5号位队员加强判断的方法来弥补。

练习方法

（1）6个队员在场上站在1至6号位置上，教练员在对方场区2或4号位持球高举网上（不掷球）。当教练员在4号位持球时，2号和3号位队员立即移动拦网，其他队员迅速组织“双人拦网防守”徒手跑动变换到位。

（2）教练员在2号或4号位高台上扣球结合吊球，队员做“双人拦网防守”和组织反攻战术练习。

（3）结合教学与比赛，提高队员在实战中运用防反战术的能力。

第三节　排球竞赛规则简介

排球比赛是在长18米、宽9米的长方形场地（如图37所示）进行，男子比赛网高2.43米，女子比赛网高2.24米，场地的所有界线均宽5厘米，两条边线和端线划定比赛块区，边线和端线都包括在比赛场区的面积之内。距中线3米处有一条进攻线，以限制后排队员在前排进行进攻性击球，中线和进攻线视为无限延长。每队上场6人站成两排自左向右前排为4、3、2号位，后排为5、6、1号位。

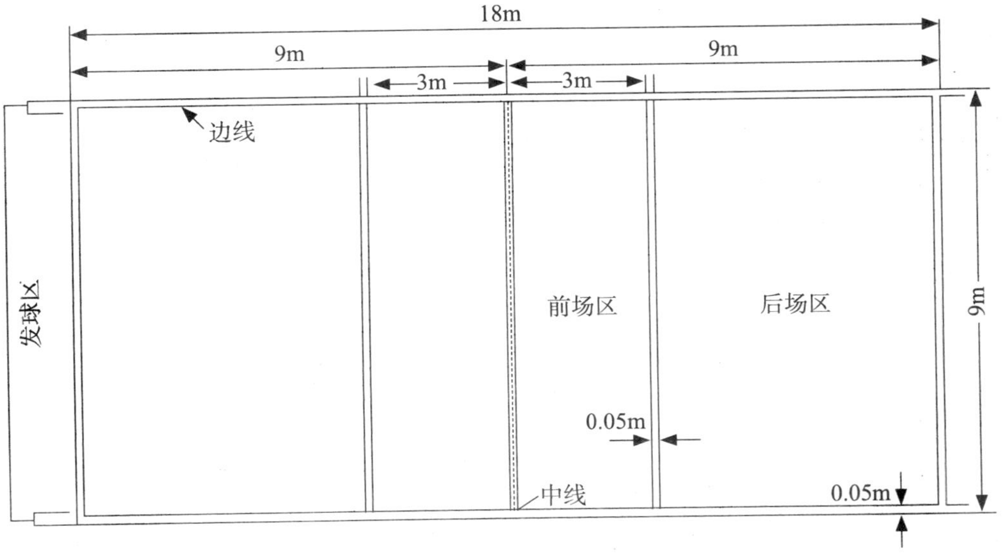

图37

发球时队员需按顺时针方向转换到1号位，球未发出前，双方队员不得错位，否则将被判丢失发球权，同时对方得分，发球后每队可接触球三次（拦网触球除外）。正式比赛采取五局三胜制和每球得分制，即攻防任何一方的失误均由对方得分并发球。每局比赛先满25分并比对方至少多得2分为胜一局。当双方比分为24平时，应继续比赛至某队多领先2分为止，某队先胜三局即取得该比赛胜利。如双方前四局出现比分为2:2的平局时，第五局为决胜局。在该局比赛中，只要一方先得8分即应交换场地，继续比赛。当比分为14:14时，此时无最高分限，先超过对手2分的获胜。在比赛的一至四局中，每局分别有两次暂停，另有两次60秒的技术暂停，每当领先队达到8分和16分时自动执行，决胜局（第五局）没有技术暂停，比赛成死球时教练员或队长（教练员不在场时）可请求暂停两次，每次30秒钟。每局比赛只准换6人次，开赛队员只能退出比赛一次，再上场时只准换替换他的队员。每队可以有一名或两名自由防守队员。

球队的成员对裁判员、对方、同伴或观众的不良行为，按程度分为三类。

① 粗鲁行为：违背道德准则或文明举止，或有任何轻蔑的表示。② 冒犯行为：诽谤或侮辱的言语或形态。③ 侵犯行为：人身攻击、侵犯或威吓行为。

对球队不良行为的处罚与红黄牌的使用方法如下文所述。

① 警告：不处罚，形式1—口头警告，形式2—出示黄牌。② 判罚：出示红牌（失1分）。③ 判罚出场：单手出示红牌 + 黄牌。④取消比赛资格：双手分别出示红牌和黄牌。

思考题

1. 排球运动的特点有哪些？
2. 排球运动的价值是什么？
3. 阐述准备姿势和移动在排球基本技术中的重要性。
4. 阐述排球基本技术的掌握如何做到全面性。
5. 阐述排球竞赛规则在排球比赛中的作用。

第七章　乒乓球运动

☑ 主要知识点

本章介绍乒乓球运动的起源和在我国的发展状况、乒乓球运动的特点和价值、基本技术、基本战术及基本的比赛规则。

◇**学习目标：** 了解乒乓球运动的起源和发展状况以及它的特点和价值；掌握乒乓球基本技术，掌握进攻和防守的基本战术；通过对乒乓球规则的学习达到组织学生比赛、形成终身体育意识的目的。

◇**重要概念：** 乒乓球　基本技术　基本战术　动作要领　方法与要求

◇**重要环节：** 动作结构　用力顺序　技术动作的理解与掌握　旋转

第一节　乒乓球运动的起源与发展

乒乓球运动是球类运动之一，在中间隔有横网的长 274 厘米、宽 152.5 厘米、高 76 厘米的球台上进行。球直径 40 毫米，重量 2.7 克，颜色为白色或黄色，用赛璐珞或塑料制成，打时有“乒乓”之声，故得名。运动员各站球台一侧，用球拍击球，击法有挡、抽、削、搓、拉等。球须在台上反弹后才能还击过网。以落在对方台面上为有效球。乒乓球运动 19 世纪末起源于英国。1926 年，国际乒乓球联合会正式成立，并决定举行第一届世界乒乓球锦标赛。50 多年来，乒乓球运动的发展大约经历了三个阶段。初期，运动员使用的球拍形状各异，都是木制的，且击出的球速度慢、力量小，更谈不上什么旋转，打法也单调，只是把球推来推去。

1903 年，英国人古德发明了胶皮球拍，有力地促进了乒乓球技术的发展。1926～1951 年，这一时期乒乓球运动的成绩优势在欧洲国家，其中匈牙利队成绩最突出，在 117 项次世界冠军中，他们获 57.5 项次，占欧洲队的一半。

20 世纪 50 年代初，奥地利人发明了海绵球拍，由日本运动员在世界比赛中使用，并一举夺取了第十九届世界锦标赛的 4 项冠军，从而打破了欧洲运动员的垄断地位。1952～1959 年，在 49 项次世界冠军中，日本队夺得 24 次项次，占总数的 47%。这是乒乓球运动水平的第一次大提高。

1959 年，运动员容国团获得了第二十五届世界乒乓球锦标赛男子单打冠军后，中国运动员开始登上了国际乒坛。中国队逐渐形成了以“快、准、狠、变”为技术风格的直拍近台快攻打法。20 世纪 60 年代，中国乒乓球技术水平位于世界最前列，乒乓球运动的优势由日本转移到中国。这是乒乓球运动水平的第二次大提高。

在日本、中国乒乓球运动发展的同时，欧洲运动员从失败中总结经验教训，经过近 20 年的努力，终于取日本弧圈球技术和中国近台快攻打法之长，创造出适合于他们的先进打法，即以弧圈球为主结合快攻的打法。这种打法的特点是旋转较强，速度快，能拉能打，低拉高打，回旋余地较大。乒乓球运动又推进到旋转和速度紧密结合的新高度。这是乒乓球运动水平的第三次大提高。

现在，乒乓球已发展成为各国人民喜爱的运动项目之一。国际乒乓球联合会亦已拥有 127 个会员协会，是世界上较大的体育组织之一。由国际乒联和各大洲乒联举办的世界锦标赛、世界杯赛、洲际比赛及各种规模和形式的国际比赛不胜枚举。1988 年，国际奥委会把乒乓球列为奥运会正式比赛项目。

第二节　乒乓球基本技战术

一、乒乓球基本技术

乒乓球的基本技术主要包括以下几个方面。

（一）准备姿势和基本站位

正确的准备姿势

两脚平行站立（略比肩宽），提踵，前脚掌内侧用力着地，两膝微屈，上体略前倾；重心置于两脚之间；下颌稍向内收，目视来球；以右手握拍为例，持拍手臂自然弯曲置于身体右侧，手腕放松持拍于腹前，离身体大约 20～30 厘米，如图 1 所示。

图 1

基本站位

乒乓球的基本站位应根据不同打法及个人打法特点来决定，所以，不同类型打法的人的站位也略有不同。左推右攻打法运动员基本站位在近台中间偏左，两面攻打法运动员基本站位在近台中间，弧圈球打法运动员基本站位在中台偏左，横板攻削结合打法运动员基本站位在中台附近，以削为主的运动员基本站位在中远台附近。

（二）基本步法

· 单步的移动方法为以一只脚为轴，另一只脚向前、后、左、右不同方向移动，身体重心随之落在移动脚上。

· 跨步的移动方法为以一脚蹬地，另一脚向移动方向跨一大步，蹬地脚随后跟上半步或一小步，身体重心随即移到跨步脚上。

· 并步的移动方法为以一脚先向另一脚并半步或一小步，另一脚在并步脚落地后随即向来球方向移动一步。

· 跳步的移动方法为以来球异侧脚用力蹬地，两脚同时离地向来球方向跳动。

· 交叉步的移动方法为以靠近来球方向的脚作为支撑脚，该脚的脚尖调整指向移动方向，远离来球方向的脚在体前交叉，向来球方向跨出一大步，身体随之向来球方向转动，支撑脚跟着向来球方向再迈一步，这是前交叉步。后交叉步是在体后完成交叉动作。

（三）推挡球

推挡球的特点： 推挡球包括平挡、快推、加力推、推挤、推下旋、减力挡等；它是控制球速、落点和稳定性的有力手段，是初学者首先应该学习的技术，因此，要想学好打乒乓球，必须打好该项技术的基础，如图 2～图 5 所示。

图 2

图 3

图 4

图 5

动作要点

两脚平行或左脚稍前站立。身体离球台 40～50 厘米，两脚开立约与肩宽，两膝微屈。球拍置于腹前，上臂带动前臂沿台面做平行挥动。球拍形成半横状，约与台面垂直，在击球的上升期击球的中部，以借助对方来球的反弹力将球击回。

推挡球练习步骤

（1）原地模仿推挡动作，体会动作要点。

（2）双方在台上对练反手挡球，先练中线范围，再练斜线、直线，体会反手推挡的手腕向前推压动作、击球时间、击球部位、拍面角度等。

（3）在双方基本掌握快推的基础上，一个用均匀力量推挡，另一个在快推中分别体会加力推、减力挡、推下旋、推挤等技术动作，双方轮换进行。

（4）先做定点练习，将球由一点推向对面两点；再做不定点练习，将球由一点向推向对面两点。

注意事项

（1）推挡动作由于引拍受身体阻碍，所以在准备击球时，一定要弯腰收腹加大引拍距离，以利于发力。

（2）推挡时要注意步伐的移动。推挡位置得当是提高推挡质量的重要条件之一。

（3）推挡时，肘关节应始终保持自然靠近身体，不要用肘关节调整击球位置。

（4）推挡回收还原迅速，是下一步击球的有利保证。

（四）攻球技术

正手快攻

动作特点： 站位近，动作小，速度快；比赛中能以攻守对付对方进攻，是进台快攻打法使用最多的一种攻球技术，如图 6～图 9 所示。

图 6

图 7

图 8

图 9

动作要点：判断来球，选好站位；引拍于身体右侧方；击球时，右脚蹬地，转腰、并向前移动重心至左脚；同时，上臂带动前臂向前向左上方挥拍，手腕配合前臂旋内转动做内收，在来球的上升期击球的中上部；击球后，执拍手及身体各部位迅速放松，随势挥拍至前额，立即还原动作。

反手快攻

动作特点 ：动作特点同正手快攻，它是横拍打法常用技术之一。

动作要点：站位在近台偏左，两脚平行站立，身体前倾，上臂自然地靠近身体，前臂迅速伸入台内迎球；击球前，肘关节自然弯曲，引拍至腹部左侧前，拍柄稍向下；击球时，前臂做旋外并稍加用力带动手腕向右前方挥动，肘略往后，拍形稍前倾，在来球的上升期击球中上部；拨球后，球拍随势前送，迅速还原。

提示：击球时，手腕应使拍面角度相对固定，多借力少发力。

攻球技术练习步骤

（1）徒手模仿练习，以体会动作要点；

（2）在原地模仿的基础上结合步法进行徒手练习；

（3）台上单个动作练习，规定一人发球一人练习攻球；

（4）一推一攻练习；

（5）对攻练习；

（6）推和攻结合练习；

（7）发力攻练习。

（五）搓球技术

搓球的基本概念

搓球是近台和台内回击下旋球的一种比较稳定的技术。

搓球与削球的主要区别是站位近、动作小，由于具有旋转、速度、落点变化，常用于接发球或搓球过渡，为进攻创造机会，如图 10 ~ 图 13 所示。搓球动作特点：动作较大，击球节奏和球速较慢，带下旋，较为稳定。

图 10　　图 11　　图 12　　图 13

动作要点：站位偏左台，两脚左右开立；反（正）手搓时，向左（右）上方引拍，拍形稍后仰；正手搓时，身体稍向右转；击球时，前臂作旋内转动，手腕配合用力，由上向前下方挥拍；在来球的下降前期或高点期，摩擦球的中下部或中部偏下，同时身体重心应向前移动；击球后，手臂立即放松，随势前送，迅速还原。

搓转与不转球

动作特点：尽可能用相近的手法搓出加转与不转的球，为抢攻创造机会。动作要点：慢搓或快搓均可搓加转球或不转球，搓加转球，手腕加速用力向前下方切球，用球拍的下半部摩擦球；搓不转球时，手腕向前用力，用球拍的上半部或中部碰撞球。

搓球技术练习步骤

（1）按照搓球动作结构，做台下徒手模仿练习；

（2）自己向球台抛球，当球弹起后将球搓过去；

（3）发下旋球，双方正、反手对搓直线、斜线、多点搓球；

（4）先练慢搓，后练快搓、摆短；先练加转搓，后练搓不转；先练一般角度，再练长、短搓和左、右两大角搓；先练下旋搓，再练侧旋搓；先练搓球，再结合进攻。

注意事项

（1）搓球动作不宜过大，发力要集中，要多用前臂和手腕；

（2）搓球虽然移动范围较小，但一定要做到每球必动，击球到位，这样不仅能提高搓球质量，还能随时起动进攻；

（3）练习搓球，一方面要认识到它是一项为进攻服务的过渡技术；另一方面要认识到，只有提高搓球质量，才能达到主动过渡，真正为进攻服务。

（六）弧圈球技术

弧圈球技术特点和分类

弧圈球是以旋转为主要特征的进攻性技术，它弧线曲度大，落台后前冲力大，攻击力强。是乒乓球比赛中进攻得分的主要手段，如图 14 ~ 图 17 所示 。

弧圈球技术可分为正手弧圈球技术和反手弧圈球技术。根据弧圈球技术的旋转特征，可将弧圈球技术分为加转弧圈球、前冲弧圈球和侧旋弧圈球。

图 14

图 15

图 16

图 17

正手拉弧圈球

动作特点：站位稍远，动作大，速度稍慢，弧线曲度大，落台后前冲并向下滑落；一般用于拉下旋球。

动作要点：两脚左右开立，稍大于攻球时距离，右脚在后，身体重心较低；执拍手沉肩垂臂，引拍至身体后下方，拍面稍前倾，身体重心移至右脚；大臂带动前臂向前上方挥拍，逐渐加快挥拍速度；根据来球旋转程度控制好拍形角度并找准击球时间；身体重心向左脚移动；拍触球时，右脚蹬地转体向左侧转动，迅速收缩前臂，发力要以腰、手为主，在来球下降期击球的中部或中上部;拉球后,球拍随势挥至头部高度,身体重心移至左脚上。

提示：拉加转弧圈球要调整好重心，以便于下一次进攻；拉前冲弧圈球发力方向是向前为主略带向上，击球时，拍面的前倾角度比拉加转弧圈球大。

反手拉弧圈球

动作特点：动作小、突然性强、具有一定的攻击力，是主动上手的有效技术。

动作要点：两脚平行或左脚稍后，准备击球时，身体重心下降，右肩下沉，球拍向下后方引至大腿内侧，球拍适当前倾，肘关节略向前顶出，持拍手要适当放松，手腕稍外展；球拍向上前方挥动，击球点在腹前方，触球时，身体向前方顶起，前臂以肘关节为轴，快速发力带动手腕的扭动发力；摩擦球的中下部，拉球的高点，迅速还原。

提示：重视两脚蹬踏用力和身体迎前击球动作；加强手臂、腰、腿间的协调发力，尤其是前臂的快速收缩。此外，要加强中台和中远台反手拉的相持能力。

弧圈球技术练习步骤

（1）原地徒手模仿练习和移动徒手模仿练习；

（2）一人发球，一人练拉弧圈球，一发一拉练习；

（3）推、带、对拉弧圈球练习；

（4）拉加转弧圈球与前冲弧圈球相结合的练习；

（5）二人对搓，一人搓中拉弧圈练习；

（6）结合其他技术练习拉弧圈球，如发球抢拉、接发球抢拉、拉攻中结合弧圈球、拉弧圈球结合扣杀等。

注意事项

（1）拉球时要强调，击球的作用力线一定要远离球心加大力臂才能增大击球的上旋力度；

（2）拉球时出现拉漏或碰拍边的情况，主要是因为拍面过于垂直，击球时间太晚球已下降，加上直接向上用力而没有往前，造成拍面向上而球向下落平行错过；

（3）要注意把上臂、前臂、手腕、腰与腿的力量集中使用在击球的一刹那，拉完后要迅速还原，做好下一次击球的准备。

（4）拉弧圈球时，必须加快步法移动，及时到位，尤其是直握拍正手单面拉者更为重要。

（七）削球技术

技术特点

削球是削攻型打法的一项主要技术，它是通过旋转变化和落点的变化来控制对方，使对方直接失误或为自己制造进攻机会。旋转的差别是削球攻型打法争取主动的关键，削扣杀球、追身球和弧圈球是削球手应该掌握的重要技术。

削球技术主要包括正、反手削加转弧圈球、削前冲弧圈球、削追身球。

提示：击球时手腕不要太放松，手腕相对固定。

削球技术练习步骤

（1）按照削球动作结构做原地徒手模仿练习和结合步法徒手模仿练习；

（2）用正（反）手削斜线、直线、中间球练习；

（3）一方拉两条直线，另一方正手和反手削两条斜线，轮换进行；

（4）全台前、后、左、右走动中削球；

（5）按以上步骤，先练削一般攻球，再练削弧圈球；

（6）在稳健的基础上，按以上练习方法，结合转与不转削球、长短走动中削球及削中反攻练习。

注意事项

（1）削球站位远，回接时移动范围大，因此要注意上肢动作的应用，更应加强步法的移动，只有削球到位才能提高削球质量、才能随时伺机反攻；

（2）削球技术的动作结构要求更为严格，不得有半点含糊，如削加转或前冲弧圈球，击球时间必须是下降后期，不能过早抢削，拍面绝对不能过于后仰，不然会直接失分；

（3）削球时不但要注意上肢动作和步法移动，同时还应注意腰、膝、重心移动等辅助力量的协调配合。

（八）发球技术

技术特点

乒乓球的发球技术是一项重要的技术。发球者可以按自己的主观意志站在任何位置，发出任何线路、落点、旋转、弧线的球；通过发球可以直接得分，或与自己下一板击球紧密结合争取主动；还能起到控制对方和破坏对方进攻的作用，如图 18～图 21 所示 。

图 18

图 19

图 20

图 21

发球技术分类

发球技术分为正（反）手平击发球、正（反）手不转发球、正（反）手侧旋发球、正（反）手上旋发球、正（反）手下旋发球、正（反）手侧上旋发球、正（反）手侧下旋发球、逆旋转发球和下蹲式发球等。

发球技术练习步骤

（1）按照发球的几个步骤做台下徒手模仿练习；

（2）双方上台进行一对一发球练习；

（3）先练发斜线，再练发直线，先不要求发球落点，再要求发定点球；

（4）先练单一性能的旋转发球，再练用相似手法发出两种不同性能的球。

注意事项

（1）发球要在技术动作全面的基础上突出“精”的要求。初学者首先要掌握全面的发球技术，还要根据自己的风格打法选择一两种技术精、质量高的发球。既要防止发球单调，又要防止全面而不精的偏向。

（2）发球要配套。将已掌握的发球技术配套使用，效果更好。例如，发侧上旋球与侧下旋配合成套，发长球与短球配套，发转与不转球配套等。

（3）发球要善变。发球时应当把旋转、力量、落点、速度分别结合起来变化运用。要掌握以旋转、落点变化为主的各种发球，还要掌握以速度、落点结合旋转变化的急长球和轻短球。

（4）发球动作要相似。为了取得更好的发球效果，必须要做到发球动作相似，而发出的球性能却不同，用以迷惑对方。

（5）发球的目的是为了抢攻。发球除了达到直接得分的目的外，还要为抢攻服务。

（6）发球要有针对性。除了要求发与自己风格打法配套的球外，还要针对对方的技术优缺点，决定自己应采用的发球方法。

二、乒乓球基本战术

（一）发球抢攻战术

发球抢攻是我国直板快攻打法的“杀手锏”，是力争主动、先发制人的主要战术。各种类型打法的运动员都普遍采用发球抢攻来抢占每个回合的上风。发球战术运用的效果主要取决于发球的质量和第三板进攻的能力。

发球抢攻战术因个人的打法不同而不同，大致的配套战术主要有以下几种：

· 急球与轻球结合落点变化进行抢攻；
· 上旋或下旋结合落点变化进行抢攻；
· 侧上、下旋结合落点变化进行抢攻；
· 转与不转结合落点变化进行抢攻；
· 急球与侧上、下旋相结合进行抢攻。

（二）接发球战术

接发球战术与发球抢攻战术同样重要，在某种意义上讲，接发球水平的高低可以反映运动员的实战能力以及各项基本技术的应用程度。事实上，接发球者只是暂时处在被控制状态，如果你破坏了发球者的抢攻意图或者为他制造了障碍，降低了对方抢攻的质量，也就意味着已经脱离被控制状态，变被动为主动了。控制与反控制是辩证的统一。常用的接发球战术主要有：

· 用拉球、快拨或推挡回击，争取形成对攻的相持局面；

· 用快搓摆短回接，使对方难以发力抢攻；

· 用削球或搓球的旋转、落点变化来控制对方，以造成对方击球失误，或形成相持局面；

（4）接发球抢攻，这是比较积极、凶狠的回接方法。

（三）搓攻战术

搓攻战术是进攻型打法的辅助战术之一，主要利用搓球旋转的变化和落点的变化为抢攻创造机会。这一战术在基层比赛中被普遍采用。搓攻战术也是削球型打法争取主动的主要战术之一。常用的搓球战术有：

· 搓不同落点进行突击；

· 搓转与不转结合落点变化进行突击；

· 搓拉结合落点变化进行突击；

· 搓削结合落点变化进行突击。

（四）对攻战术

对攻战术是进攻型打法在相持阶段常用的一种重要战术。快攻类打法主要依靠反手推挡（或反手攻球）和正手攻球（或正手拉弧圈球）的技术，充分发挥快速多变的特点来调动对方。常用的对攻战术有以下几种：

· 紧逼对方反手，伺机抢攻或侧身抢攻、抢拉；

· 压左突右；

· 调右压左；

· 攻两大角；

· 攻追身球；

· 变化击球节奏，加力推和减力挡结合，发力攻、拉与轻打轻拉结合，也可造成对手的被动局面；

· 改变球的旋转性质，如加力推后、推下旋，又如正手攻球后，退至中远台削一板对方往往来不及反应，可直接得分或创造机会球。

（五）拉攻战术

拉攻战术是以攻为主的选手对付削球的主要战术。为了发挥拉攻的战术效果，首先要具备连续拉的能力，并有线路、落点、旋转、轻重等变化，其次要有拉中突击和连续扣杀的能力。常用的拉攻战术主要有：

· 攻两角；

· 攻追身；

· 长短结合；

· 转与不转或轻重结合；

· 攻防结合。

（六）削中反攻战术

我国乒坛名将陈新华和第 43 届世乒赛男单冠军丁松成功地运用削中反攻的战术创造了辉煌，令欧洲选手手足失措，无以应对。这种战术主要靠稳健的削球技术，限制对方的进攻能力，为自己的反攻创造有利条件。它不仅增强了削球技术的生命力，也促进了攻防之间的积极转化。常用的削中反攻战术主要有：

· 削转与不转球，伺机反攻；

· 削长短球，伺机反攻；

· 逼两大角，伺机反攻；

· 交叉削两大角，突击对方弱点。

（七）削、挡、攻结合战术

挡、攻、削兼施是攻守结合型打法的一项综合性战术，尤以直拍攻守结合型运动员运用较多。常用的挡、攻、削结合战术主要有：

· 挡后变削，进行反攻；

· 削后变挡或拱球，伺机反攻；

· 攻后变挡或削球，伺机再攻。

第三节　乒乓球比赛规则

一、场地器材

球台的上层表面叫作比赛台面，应为与水平面平行的长方形，长 2.74 米，宽 1.525 米，高 0.76 米。比赛台面可用任何材料制成，应具有一致的弹性，即当标准球从离台面 30 厘米高处落至台面时，弹起高度应约为 23 厘米。球网应悬挂在一根绳子上，绳子两端系在高 15.25 厘米的直立网柱上，网柱外缘离边线外缘的距离为 15.25 厘米。

二、规则及应用

（一）合法发球

· 发球时，球应放在不执拍手的手掌上，手掌张开和伸平。球应是静止的，在发球方的端线之后，比赛台面的水平面之上。

· 发球员须用手把球几乎垂直地向上抛起，不得使球旋转，并使球在离开不执拍手的手掌之后上升不少于 16 厘米，球从下降到被击出前不能碰到任何物体。

· 当球从抛起的最高点下降时，发球员方可击球，使球首先触及本方台区，然后越过或绕过球网装置，再触及接发球员的台区。在双打中，球应先后触及发球员和接发球员的右半区。

· 从抛球前球静止的最后一瞬间到击球时为止，球和球拍应在比赛台面的水平面之上。

· 击球时，球应在发球方的端线之后，但不能超过发球员身体（手臂、头和腿除外）离端线最远的部分。

· 运动员发球时，应让裁判员或副裁判员看清他是否按照合法发球的规定发球。

① 如果裁判员怀疑发球员某个发球动作的正确性，并且他或者副裁判员都不能确信该发球动作不合法，当此现象在一场比赛中第一次出现时，则裁判员可以警告发球员而不予判罚。② 在同一场比赛中，如果发球员或其双打同伴发球动作的正确性再次受到怀疑时，不管是否出于同样的原因，均判接发球方得一分。③ 无论是否第一次，只要发球员明显没有按照合法发球的规定发球，他将被判失一分，无须警告。

· 运动员因身体伤病而不能严格遵守合法发球的某些规定时，可由裁判员做出免予执行的决定，但须在赛前向裁判员说明。

（二）比赛次序

在单打中，首先由发球员合法发球，再由接发球员合法还击，然后两者交替合法还击。

在双打中，首先由发球员合法发球，再由接发球员合法还击，然后由发球员的同伴合法还击，再由接发球员的同伴合法还击，此后，运动员按此次序轮流合法还击。

（三）重发球

出现下列情况应判令其重发球：

· 如果发球员发出的球，在越过或绕过球网装置时，触及球网装置，此后被接发球员或其同伴阻挡；

· 如果接发球员或其同伴未准备好时，球已发出，而且接发球员或其同伴均没有企图击球；

· 由于发生了运动员无法控制的干扰，而使运动员未能合法发球、合法还击或遵守规则；

· 裁判员或副裁判员要求暂停比赛；

· 在双打时，运动员错发球，错接球。

可以在下列情况下暂停比赛：

· 由于要纠正发球、接发球次序或方位错误；

· 由于要实行轮换发球法；

· 由于警告或处罚运动员；

· 由于比赛环境受到干扰，以致该回合结果有可能受到影响。

（四）一分

除被判重发球的回合，下列情况运动员得 1 分：

· 对方运动员未能合法发球；

· 对方运动员未能合法还击；

· 运动员在发球或还击后，对方运动员在击球前，球触及了除球网装置以外的任何东西；

· 对方击球后，该球越过本方端线而没有触及本方台区；

· 对方阻挡；

· 对方连击；

· 对方用不符合条款的拍面击球；

· 对方运动员或他穿戴的任何东西使球台移动；

· 对方运动员或他穿戴的任何东西触及球网装置；

· 对方运动员不执拍手触及比赛台面；

· 双打时，对方运动员击球次序错误；

· 执行轮换发球法时，接发球运动员或其双打同伴，包括接发球一击，完成了 13 次合法还击。

（五）一局比赛

在一局比赛中，先得 11 分的一方为胜方，10 分平后，先多得 2 分的一方为胜方。

（六）一场比赛

一场比赛应采用五局三胜制或七局四胜制。

一场比赛应连续进行，但在局与局之间，任何一名运动员都有权要求不超过两分钟的休息时间。

（七）发球、接发球和方位的选择

· 发球、接发球和站台方位应由抽签来决定，中签者可以选择先发球或先接发球，或选择站在某个方位。

· 当一方运动员选择了先发球或先接发球，或选择先在某一方后，另一方运动员应有另一个选择的权力。

· 在获得每 2 分之后，接发球方即成为发球方，以此类推，直至该局比赛结束，或者直至双方比分都达到 10 分或实行轮换发球法，这时，发球和接发次序仍然不变，但每人只轮发一分球。

· 在双打的第一局比赛中，先发球方确定第一发球员，再由先接发球方确定第一接发球员，在以后的各局比赛中，第一发球员确定后，第一接发球员应是前一局发球给他的运动员。

· 在双打中，每次换发球时，前面的接发球员应成为发球员，前面的发球员的同伴应成为接发球员。

· 一局中首先发球的一方，在该场下一局应首先接发球。在双打决胜局中，当一方先得 5 分时，接发球方应交换接发球次序。

· 一局中，在某一方位比赛的一方，在该场下一局应换到另一方位。在决胜局中，一方先得 5 分时，双方应交换方位。

（八）轮换发球法

· 如果一局比赛进行到 10 分钟时仍未结束（双方都已获得至少 9 分时除外），或者在此之前任何时间应双方运动员要求，应实行轮换发球法。

· 当时限到时，球仍处于比赛状态，裁判员应立即暂停比赛。由被暂停回合的发球员发球，继续比赛。

· 当时限到时，球未处于比赛状态，应由前一回合的接发球员发球，继续比赛。

· 此后，每个运动员都轮发 1 分球，直至该局结束。如果接发球方进行了 13 次合法还击，则判发球方失 1 分。

· 轮换发球法一经实行，或一局比赛进行了 10 分钟，该场比赛剩余的各局必须实行轮换发球法。

（九）比赛条件

· 赛区空间应不小于长 14 米、宽 7 米、高 5 米。

· 赛区应由 75 厘米高的同一深色的挡板围起，与相邻的赛区及观众隔开。

· 在世界级比赛和奥林匹克比赛中，从比赛台面高度测得的照明度不得低于 1000 勒克斯，且整个比赛台面照度均匀，赛区其他地方的照明度不得低于 500 勒克斯；其他比赛中，比赛台面的照明度不得低于 600 勒克斯，且整个比赛照明度均匀，赛区其他地方的照明度不得低于 400 勒克斯。

· 使用多张球台时的照明水平应是一致的，比赛大厅的背景照明不得高于比赛区域的最低照明度。

· 光源距离地面不得少于 5 米。

· 场地四周一般应为暗色，不应有明亮光源，或从窗户等透过未加遮盖的日光。

· 地板不能颜色太浅或反光强烈或打滑，而且表面不得为砖、水泥或石头；在世界级比赛和奥林匹克比赛中，地板应为木制或国际乒联批准的某品牌和种类的可移动塑胶地板。

（十）报分

· 当一结束比赛状态时，或在情况允许时，裁判员应立即报分。

· 报分时，裁判员应首先报下一回合即将发球一方的得分数，然后报对方的得分数。

· 一局比赛开始和交换发球员时，裁判员在报完比分后，应报出下一回合发球员的姓名，并用手势指明发球方。

· 一局比赛结束时，裁判员应先报胜方运动员的姓名，随后报胜方得分数，最后报负方的得分数。

· 裁判员除报分外，还可以用手势表示他的判决。当判得分时，裁判员可将靠近得分方的手举至齐肩高；当出于某种原因，回合应被判为重发球时，裁判员可以将手高举过头表示该回合结束。

· 报分，以及在实行轮换发球法时的报数，裁判员应使用英语或双方运动员及裁判员均能接受的任何其他语言。

· 应使用机械或电子设备显示比分，使运动员和观众都能看清楚。

· 当运动员因不良行为受正式警告后，应在记分牌上该运动员得分处放置一个黄牌。

（十一）团体赛形式

· 五场三胜制（五场单打）

每队由3名运动员组成（两队运动序号分别为：A、B、C和X、Y、Z，下同）。

比赛顺序是：

① A–X

② B–Y

③ C–Z

④ A–Y

⑤ B–X

· 五场三胜制（四场单打和一场双打）

每队由2名、3名或4名运动员组成（两队运动序号分别为：A、B、C和X、Y、Z，下同）。

比赛顺序是：

① A–X

② B–Y

③ 双打

④ A–Y

⑤ B–X

· 七场四胜制（六场单打和一场双打）

每队由3名运动员组成（两队运动序号分别为：A、B、C和X、Y、Z，下同）。

比赛顺序是：

① A–X

② B–Y

③ C–Z

④ 双打

⑤ A–X

⑥ C–Y

⑦ B–Z

· 九场五胜制（九场单打）

每队由3名、4名或5名队员组成（两队运动序号分别为：A、B、C和X、Y、Z，下同）。

比赛顺序是：

① A–X

② B–Y

③ C–Z

④ B–X

⑤ A–Z

⑥ C–Y

⑦ B–Z

⑧ C–X

⑨ A–Y

（十二）团体比赛程序

· 所有出场运动员应依据团体报名表参赛。

· 团体比赛前由抽签的中签者优先选择序号 A、B、C 或 X、Y、Z。由队长将该队名单提交给裁判长或其代理人，并确定每一名单打运动员的一个字母所代表的相应位置。

· 双打比赛的配对不必立即提交，直到前一场单打比赛结束时提交即可。

· 需要连场的运动员有资格在连场的比赛之间有最多 5 分钟的休息时间。

· 所有比赛场次采用五局三胜制。

· 当一个队赢得足够多数场次时，则视为一次团体比赛结束。

思考题

1. 乒乓球运动是哪年进入的哪一届奥运会？
2. 乒乓球的推挡球、攻球、搓球、弧圈球、削球技术的动作特点是什么？
3. 乒乓球都有哪些战术？在比赛中如何具体应用？
4. 说一说乒乓球正规比赛场地的规定有哪些。

第八章　羽毛球运动

☑ 主要知识点

本章介绍羽毛球运动的起源及羽毛球运动的锻炼价值、羽毛球基本技术和战术、羽毛球比赛规则和羽毛球基础训练方法。

◇**学习目标：** 了解羽毛球运动和羽毛球锻炼的价值，掌握羽毛球一系列的击球动作要领、步法要领、战术意识等，掌握羽毛球比赛规则，掌握羽毛球训练计划、了解如何进行羽毛球训练。

◇**重要概念：** 羽毛球　握拍　发球　接发球　击球　步法　单双打意识等　计分规则　区域规则　单双打发球规则等　杀上网　杀吊结合

◇**重要环节：** 掌握概念　夯实基础　学习　实践　体验

第一节　羽毛球运动概述

一、羽毛球运动的起源

羽毛球运动的起源众说纷纭，主要的说法有以下几种。

起源于日本

相传羽毛球最早出现于14～15世纪的日本，球拍是木制的，球用樱桃核插上羽毛制成。这种球由于球托是樱桃核，太重，球飞行速度太快，使得球的羽毛极易损坏，加之球的造价太高，所以使该项运动流行了一阵子就慢慢消失了。

出现在印度

大约在18世纪时，印度普那省出现了一种与早年的日本羽毛球极相似的游戏，球用直径约6厘米的圆形硬纸板制作，中间插羽毛而成（类似我国的毽子），手持板是木质的，玩法是两人相对站着，手执木板来回击球。

诞生在英国

1870 年，英国出现了用羽毛、软木做的球和穿弦的球拍。1873 年，英国公爵鲍弗特在格拉斯哥郡伯明顿镇的庄园里进行了一次羽毛球游戏表演。从此，羽毛球运动便逐渐开展起来，“伯明顿”即成了羽毛球的名字，英文的写法是 Badminton。那时的活动场地是葫芦形，两头宽中间窄，窄处挂网，直至 1901 年才改成长方形。

二、羽毛球运动的特点与作用

羽毛球运动作为一项体育运动和娱乐活动受到了广泛欢迎，并得以发展，因为它具有以下特点。

羽毛球运动是一种全身性运动项目

无论是进行有规则的羽毛球比赛还是作为一般性的健身活动，都要在场地上不停地进行脚步移动、跳跃、转体、挥拍，合理地运用各种击球技术和步法将球在场上往返对击，这会加快锻炼者全身的血液循环，增强心血管系统和呼吸系统的功能，增大上肢、下肢和腰部肌肉的力量。

简便性

（1）不受场地的限制

羽毛球活动对设备的基本要求比较简单，只需两个球拍、一个球和一条绳索即可。正规比赛场地面积仅 65 ~ 82 平方米，长 13.40 米，宽 6.1 米（双打）或 5.18 米（单打），平时进行羽毛球活动只要在平整的空地上就可以了。在风不大的情况下，可以在户外进行活动，只要把球网架起来，就可以在一定长度和宽度的空地上画上几条线，双方对练。因此它不仅可以在正规的室内运动场进行，也可以在公园、生活小区等处广泛地开展。

（2）集体、个人皆宜

羽毛球运动既可单兵作战，又可集体会战。单人对练时，练习者可以随心所欲地打出任何路线、任何远度、任何力量、任何速度或任何落点的球来；集体会战则可以使练习者养成协调配合的习惯，培养集体主义精神。

羽毛球运动游戏性较强，运动量可大可小

身强力壮的年轻人可以将球打得又刁又重，拼尽全力扑救任何来球，尽情散发自己的青春气息；年老体弱的练习者可以把球轻轻地击来打去，根据自己的要求来变换击球节奏，从而达到锻炼身体、延年益寿的功效，既活动了身体，又娱乐了心情。不同年龄、不同性别以及不同体质的人都能在羽毛球运动中找到乐趣。

可调节运动时间

羽毛球运动适合于男女老幼，运动量可根据个人年龄、体质、运动水平和场地环境的

特点而定。青少年可作为促进生长发育、提高身体机能的有效手段进行锻炼，运动量宜为中等强度，活动时间以 40～50 分钟为宜。

三、羽毛球运动的锻炼价值

娱乐性

（1）自娱性。羽毛球作为一种娱乐活动，参与者在球的对击过程中，通过不停地奔跑和身体的变化，努力把球击到对方的场地。每当击球者在击出一个好球或赢得一分时都能使自己兴奋并感到一种成功的喜悦。同时球的飞翔又有快慢、轻重、高低、远近、狠巧、飘转等变化，使这种运动本身充满了乐趣。

（2）观赏性。由于羽毛球运动技术的千变万化，羽毛球运动有很高的观赏性。如猛虎下山一样的上网技术，蛟龙出水一样的跳起击球，身如满弓似的扣杀，犀牛望月似的抢扑救球，进攻时的高屋建瓴、势如破竹，防守时的绵绵细雨、固若金汤。一切都在展示着羽毛球运动的力与美，使观赏者像吟读一首动人的诗，或如浏览一幅悦目的画，令人心旷神怡，流连忘返。

完善眼球功能

眼科专家研究发现，在打球过程中，眼睛须快速追随羽毛球的来去，这对 5～9 岁的孩子的眼球功能完善有意想不到的好处。当羽毛球高速飞行时，人的睫状肌收缩、眼球内的晶状体悬韧带松弛，晶状体依自身弹性曲度变大，折光度增大，从而看清来球方向；当回球远去时，则刚好相反，睫状肌放松，连接晶状体的悬韧带紧张，晶状体变得扁平，保证看清远处的羽毛球。

增强体质，丰富思想

经常打羽毛球，可以增强体质，可以煅炼人体的灵敏性和协调性，提高动作的速度和上、下肢的活动能力，增进内脏器官的功能，使身体得到全面的发展。而且从事羽毛球运动不仅有益于身体的健康，有效地提高人的体质，而且还有助于培养人们勇敢顽强、机智灵活、沉着果断的优良品质和作风，提高自身修养和素质，丰富人的思想，使人产生新的灵感和想法。

增强意志品质

羽毛球比赛每局的 21 分就好比是日常生活中的 21 天，在同强大的“对手”进行艰苦的拉锯战时，就如同是在与日常生活中的困难做着艰苦斗争。在对一个人来讲显得宽大、对两个人来说又显得狭窄的场地内，既能体会到丧失权利的痛苦，又能感受到经过努力赢得权利、战胜困难的喜悦。

第二节　羽毛球基本技战术

一、基本技术

（一）正手握拍技术

以下介绍的所有基本技术均以右手握拍者为例，左手持拍者则反之。一切在身体右侧的正手正拍面击球及头顶后场击球都采用正手握拍法，正手握拍技术的动作要领是：

（1）先用左手握住球拍的中杆，使拍框与地面垂直；

（2）张开右手，使虎口对准拍柄斜棱左上的第二条棱线，此时眼睛从左至右可同时看见四条棱线，然后用近似握手的方法握住拍柄，拇指和食指贴在拍柄两侧的宽面上，其余的三指自然握住拍柄，如图 1 所示；

（3）拍柄与掌心不要握紧，手心空出，应留有空隙，发力时才要握紧，如图 2 所示，握拍的位置可视各人的情况而定，一般情况下，以球拍柄端靠近手掌的小鱼际为宜。

图 1

图 2

（二）反手握拍技术

一切在身体左侧的反手反拍面击球都采用反手握拍法，反手握拍技术的动作要领是：

（1）在正手握拍的基础上，将球拍柄稍向外旋，拇指顶贴在拍柄第一斜棱旁的宽面上，也可将大拇指放在第一、第二斜棱之间的小窄面上，食指稍向下靠；

（2）击球时，靠食指以后的三指紧握拍柄，同时拇指前顶发力击球。

（三）发球技术

发球技术可分为正手球和反手球技术。一般来说，发球包括发网前球、发平球和高球发平，其中发平球和发网前球均可采用正手发球法。基本的发球技术有：发高远球、高球发平、发平球和发网前球。

发高远球

所谓高远球是把球发的又高又远，使球向对方后场上方飞去，球的飞行路线与地面形成角度要大于 45°，使球在对方场区底线附近垂直下落，如图 3 所示。

图 3

正手发平高球

正手发平高球的姿势、动作与发正手高远球一样，只是发力方向和击球点不同。发平高球时，球运行的抛物线不大，使球迅速地越过对方场区空中而落到底线附近，球在空中的路线和地面形成的仰角是 45° 左右。

正手发网前球

发网前球就是把球发到对方发球区内的前发球线附近，球拍触球时，拍面从右向左斜切击球，使球刚好越网而过，落在对方前发球线附近。

反手发网前球

反手发网前球就是运用反手发球技术把球发至对方发球区内前发球线附近，击球时球拍由后向前推送击球，使球运行的弧线最高点略高于网顶，球拍触球时，拍面成切削式击球，使球落到对方场区的前发球线附近，如图 4 所示。

图 4

（四）接发球技术

发球与接发球是一对矛盾。发球方想方设法发出各种不同路线的球，以此来控制对方；接发球方则后发制人，来达到反控制的目的。

接发球的站位

不论是单打还是双打，都应选择一个合理的接发球站位。一般情况下，单打的接发球站位离前发球线约 1.5 米处；在右发球区应站在靠中线的位置，在左发球区则站在中间稍偏边线的位置，主要防备对方发球攻击反手部位。

接发球的准备姿势

单打接发球应左脚在前，右脚在后，侧身对网，重心在前脚，后脚脚跟稍提起，收腹含胸，持拍于右身前，两眼注视对方，如图 5 所示。

双打接发球准备姿势基本同单打，但重心可随意放在任何一只脚上，球拍高举在肩上，注意力要高度集中，如图 6 所示。

图 5

图 6

（五）击球技术

高远球

用较高的弧线把球击到对方底线附近，以削弱对方的进攻威力，消耗对方的体力称为高远球，如图 7 所示。

图 7

吊球

把对方击来的球，从后场轻巧地还击到对方网前地区，叫吊球。它是调动对方，打乱对方阵脚、配合战术的一种击球技术，如图 8 所示。

图 8

杀球

杀球是把对方打过来的高球，尽量在高的击球点上用力扣压下去。这种球力量大、速度快，主要包括正手杀球、反手杀球和绕头杀球三种技术，其中正手杀球，如图 9 所示。

图 9

放网前球

放网前球是将对方的吊球或网前球，用球拍轻轻一托，使球一过网顶就朝下坠落，如图 10 所示。

图 10

搓球

搓球是放网前球技术的一种发展。击球点大约与肩同高时，利用“搓”“切”“挑”

的动作，切击球托底部，使球改变在空中的正常运行轨道，产生沿横轴翻滚或纵轴旋转越过网顶。

推球

推球是与网前假动作相配合，在引诱对手上网时，突然将球快速推到后场底角，如图 11 所示。

图 11

勾球

勾球是在网前回击对角线的球。它和搓球、推球结合起来运用，常能达到声东击西的效果，如图 12 所示。

图 12

扑球

扑球是双打中常用的一项进攻技术。当对方发网前球或回击网前球，球越过网顶时，弧度较高，即迅速上步在网前举拍扑杀，如图 13 所示。

图 13

挑高球

挑高球是把对方击来的吊球或网前球挑高，回击到对方后场去。这是在比较被动的情况下，采取的一项防守性技术，如图 14 所示。

图 14

抽球

抽球是击球平飞过网的一种打法。抽击时，击球点在肩部以下的两侧，是下手击球速度较快的一项进攻技术，常用于双打，如图 15 所示。

图 15

接杀球

接杀球是转守为攻的打法，分为挡网前球、抽后场球和挑高球。

（六）步法

羽毛球运动中有“三分技术，七分步法”的说法。步法是羽毛球运动的“灵魂”，快速准确的步法使运动员在比赛中游刃有余。根据击球的需要，步法大致分为三类：一是上网步法、二是中场步法、三是后场步法。

羽毛球步法中常运用并步、垫步、交叉步、单足跳步、跨步、蹬步、腾跳步等。（以下步法介绍均以右手为例）

上网步法

上网步法是指从场地中央位置向网前移动的步法。上网步法可以分成正手上网步法、反手上网步法和蹬跳上网扑球步法三种。为了便于随时起动，准备姿势应为两脚稍前后开立。右前左后，轮换弹动，以便随时调整身体的重心。

上网步法具体由跨步、垫步、蹬步组合而成。

（1）跨步

当判断来球是网前时，两脚轻轻向上弹跳将重心调至右脚，左脚迅速蹬地向前迈出一步，当左脚刚着地时，右脚加速蹬地向前跨出，左腿用力使右脚向前大跨一步，着地时，以右脚跟、脚掌外侧的顺序着地。上体前倾，右腿成弓箭步，前腿用力缓冲，制动住身体，如图 16 所示。

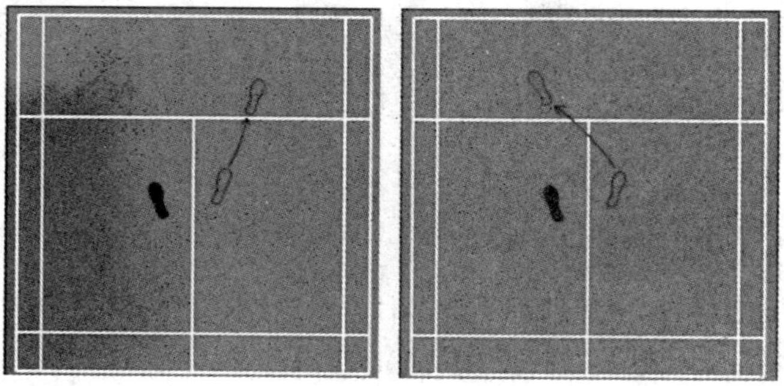

图 16

（2）垫步

当判断来球是网前球时，两脚轻轻上跳将重心调至左脚，右脚迅速向来球方向迈出一步，紧接着左脚迅速跟上右脚并用力蹬地使右脚向前迈出一大步。脚跟、脚掌外侧先着地，然后全脚着地立即缓冲，右腿成弓箭步，制动住身体，保持下一次击球的正确姿势，如图 17 所示。

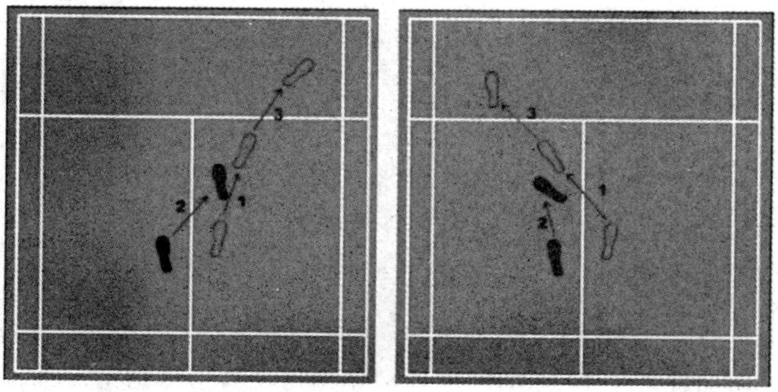

图 17

（3）蹬步

蹬步用于离网较近，击球员争取高点击球时采用。其动作要领为：当判断来球是网前球时，两脚轻跳将重心调至左脚，同时左脚用力蹬地，右脚向来球方向大步跨出，使身体迅速向来球方向移动，击完球后，右脚先着地，左脚紧跟着地，并迅速制动，返回球场中心位置（也可以根据当时的具体情况调整身体的位置），如图 18 所示。

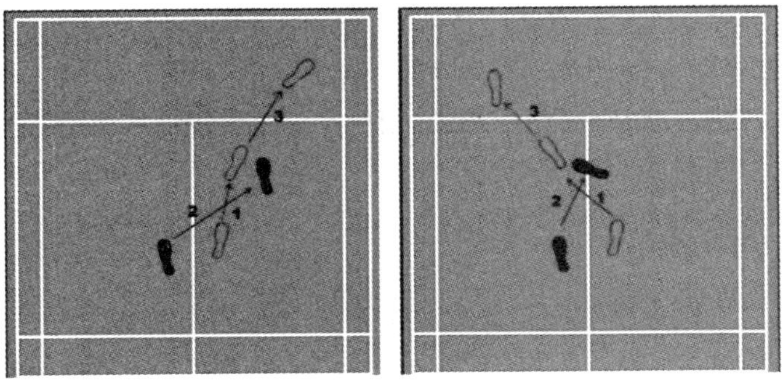

如图 18

退后场步法

退后场步法是指从中心位置后退到底线的步法。

退后场步法是羽毛球步法中最常用的，又是难度较大的步法动作，因人的解剖、生理结构所决定，所以向前总比向后移动容易些。特别是向左场区底线后退，对灵活性和协调性的要求更高。

（1）正手退后场击球步法

交叉步。这种步法的特点是移动范围大，所以回击端线附近的球多用这种步法。其动作要领是：当判断来球是后场球时，两脚向上轻跳将重心调至右脚，紧接着右脚蹬地，身体右转，右脚向来球方向迈出一步；随着右脚的着地、左脚经体后交叉移至右脚外侧；然后右脚迅速向后再移动一步，当右脚着地时，迅速向上蹬，使击球点增高，同时左脚向身后伸出，完成击球，如图 19 所示。

（2）反手退后场击球步法

① 两步移动退后场击球步法。这种步法适用于反手击距身体较近的来球。其动作要领为：当判断来球为后场球，并且距身体较近时，两脚轻跳，重心移至右脚，右脚蹬地上体右转，左脚向来球方向迈出一步，同时，右脚迅速经体前向来球方向移动一大步，右脚着地时，出手击球，如图 20 所示。

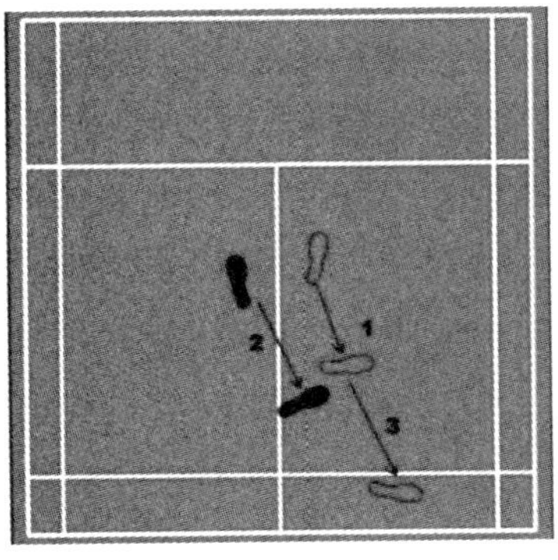

图 19

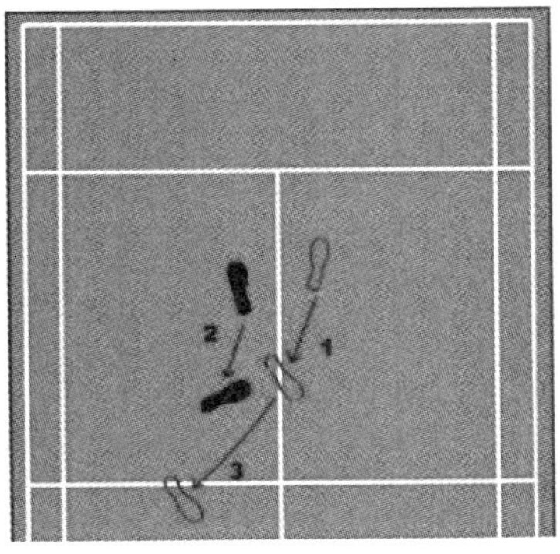

图 20

② 多步移动退后场击球步法。当来球距身体较远时，多采用这种步法移动，其动作

要领为：当判断来球是反手位，并距身体较远时，两脚轻跳，重心移至右脚，右脚蹬地转体，同时经体前向来球方向迈出一步，此时背对球网，左脚向前移动一步，右脚再移动一步，右脚着地时，挥拍击球；右脚着地最好用脚掌外侧着地，因这样便于身体由左向右转动，协助用力击球，如图 21 所示。

中场左右横动击球步法

左右横动主要是还击中场球（包括上手击球和下手击球）时所使用的步法。左右横动大致有两种方法。

（1）跨步。当来球距身体较近时，可采用这种方法。其动作要领为：当来球在右侧距身体较近时，两脚向上轻跳，将重心调至左脚，左脚用力蹬地，使右脚向来球方向跨出一大步，右脚着地时右腿成弓箭步，身体前倾，前倾幅度大小要根据来球高度而定，如图 22 所示。

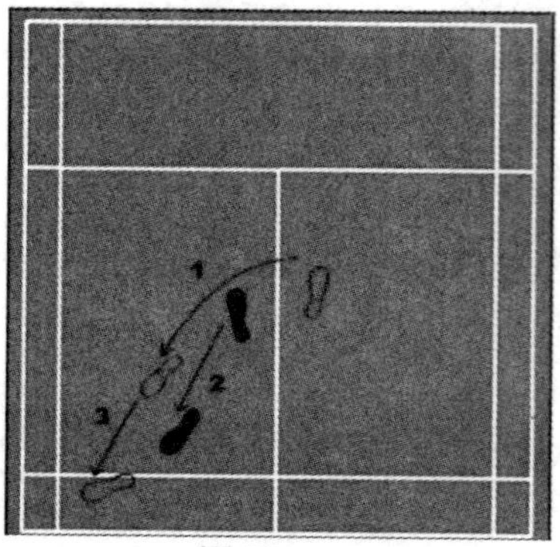

图 21

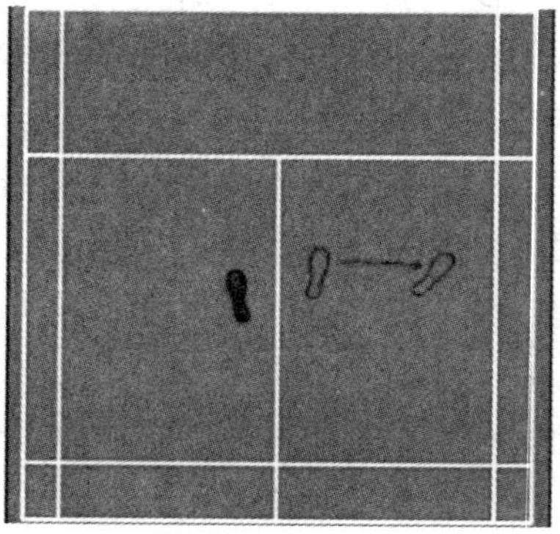

图 22

（2）垫步。当来球距身体较远时，采用这种步法移动，其动作要领为：两脚轻跳使重心落在右脚，左脚向右脚并一步，左脚一着地就用力向右蹬，使右脚迅速向右跨出一大步，右脚着地后腿成弓箭步，身体前倾，出手击球，如图 23 所示。

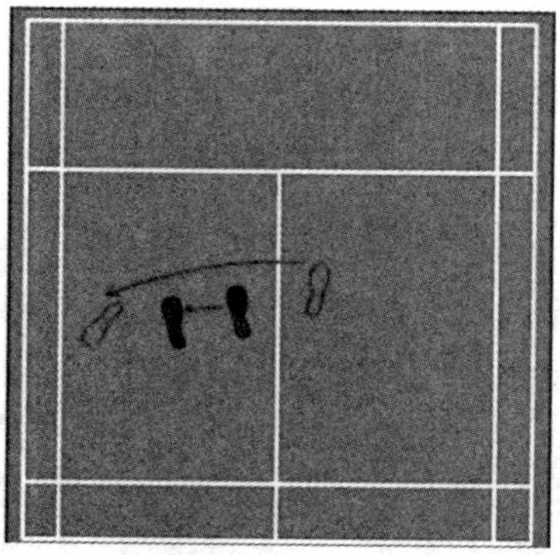

图 23

二、基本战术

（一）羽毛球单打基本战术

一个球员掌握的技术越全面、熟练、正确和实用，那么他的战术的运用和实现也就越有保证。因此，战术必须建立在熟练和正确地掌握一定数量和质量的技术动作的前提下，伺机在一定的时间和空间条件下，合理地、灵活地组合运用才能实现。

所以，就技术和战术的关系而言，技术是战术的基础，是组成战术所必不可少的基本要素。先进的技术必然促进战术的发展和变化，而战术的不断变化和发展，同样也反过来促进原有技术的更新与发展。

控后突前战术

控后突前战术采用后场的高远球和平高球，网前的推球和挑球等技术，重复压对方后场两角，造成对方被动，然后伺机采用杀球、吊球、搓球、勾对角球等技术攻击对方空当。此战术用来对付后场技战术进攻能力相对较弱者和后退步法慢或击球后急于上网的球员较为有效。

控制网前抢点突击战术

控制网前抢点突击战术通过运用各种技术主动抢先放网，或迫使对方先放网再凭借自己良好的网前手法，灵活运用搓、推、勾球技术，造成对方网前直接失误，或抓住其被动击球的有利时机进行中后场的杀、劈、吊球和网前的扑球得分。

拉开突击战术

拉开突击战术先以快速而准确的落点控制对方场区 4 个角落，迫使对方前后左右地来回奔跑，当对方来不及回中心位置或身体失去平衡时，抓住空当和其弱点进行突击。这种战术通常用来对付步法移动较慢、灵活性和体力较差的球员。

发球抢攻战术

发球抢攻战术以发网前球或平快球为主，限制对方进攻，迫使对方出高球。然后运用杀球和吊球攻击对方的弱点或空当。发球抢攻战术主要用于对付防守技能较差或后场进攻技能相对较强的对手，从而为自己创造更多的进攻机会。

重复球战术

重复球战术通过自身出球的节奏变化和良好的击球动作一致性，针对对方队员的某一个技术薄弱点，或击球后回中心位置较快的特点，重复地将球攻击到对方场上的某一区域。如运用“重复压后场”战术来对付后场移动较慢或技术相对较差的对手；运用“重复压头顶”来攻击对方反手区还击薄弱的对手；运用“重复放网”来控制网前击球后习惯后退较多，缺乏封网意识的对手。

（二）羽毛球双打基本战术

攻人战术

攻人战术是双打比赛中常用的一种战术，在对方两名队员技术水平不平衡时，一般都采用这种战术，即使对付两名技术水平相差不大的对手时也可灵活运用。先通过将球下压或控制前场取得进攻机会，然后集中力量“二打一”，避其所长，攻其所短。

攻中路战术

攻中路战术是将球击到对方两名队员站位之间的空隙，从而造成对方经常出现争抢回击，或相互让球漏接等错误的一种战术，尤其是针对一些配合不够默契的对手，此战术比较有效。当对方采用前后站位时，可将球击到对方中场两侧边线处，而在对方分边左右站位防守时，则可利用杀球、吊球等技术攻击对方的中路。

压后场拉开反击战术

压后场拉开反击战术通常用来对付后场扣杀能力较差的对手，也可结合将对方的弱者调到后场的战术使用。此战术是用平高球、平推球、接杀球接吊抽球、挑后场球等技术，把对方一名队员紧逼在底线两角间来回移动击球，并迫使其回击出质量不高的球，然后抓住有利时机反击。如在此过程中，对方处于前场的同伴欲后撤援助，则可伺机攻击网前空当或对其打追身球。

前场打点封压进攻战术

前场打点封压进攻战术要求打法比较积极，前半场技术要好，步伐移动要快，两名队员配合默契。该战术主要通过前半场积极抢点放网、推拨半场、平抽平挡和接杀球挡网跟进等技术，迫使对方被动起高球，从而有利于自己一方后压前封进攻得分。

第三节　羽毛球竞赛规则简介

一、计分规则

羽毛球比赛单打和双打每局均为 21 分。

二、区域规则

· 单打打球及发球：靠内侧边线及靠外侧端线。
· 双打打球：靠外侧边线及靠外侧端线。
· 双打发球：靠外侧边线及靠内侧端线。

三、发球规则

· 发球过程中，球拍击中球时，整个球要低于发球员的腰部。

· 发球方失分时对方获得发球权。

四、单打规则

· 发球方得分为偶数（含 0 分）时，应在右发球区发球。

· 发球方得分为奇数时，应在左发球区发球。

五、双打规则

· 只有对角区域接发球员才能接发球。

· 发球方得分时，发球员与同伴交换发球区，并由此发球员继续发球。

· 一方获得发球权时，若本方得分为偶数（含 0 分），则由右发球区球员发球，否则由左发球区球员发球。

· 一局的胜方可在下一局先发球。

六、补充说明

双打时，运动员只有在本方发球得分时才交换发球区。再无其他互换发球区的情况。

第四节 羽毛球基础训练

一、综合练习

把羽毛球的单一基本技术（包括手法和步法）结合起来进行练习称为综合练习。这种练习方法的特点是通过一定的套路配合，把手法与步法、进攻与防守等技术在前场和后场有机地结合在一起，从而提高基本技术在比赛中的实效性。

在进行综合练习时，最初应将移动路线和击球落点固定下来，以便于掌握综合技术，然后再过渡到不固定移动路线和击球落点上练习。下面分别介绍几种练习方法：

吊上网练习

吊上网练习是将对方发（击）来的后场高球吊到对方网前，然后从后场移动至网前，以各种网前击球技术还击对方回来的网前球称吊上网。

直线吊上网搓球练习

直线吊上网搓球练习是甲在右半场（左半场）底线将球直线吊至乙方网前，乙将来球击回到甲的前场区，甲移动上网把乙方击回来的网前球搓回乙方网前，然后乙再将球挑到甲的后场底线，甲再退至后场吊球后上网搓球，如此循环练习。

斜线吊上网搓球或勾球练习

斜线吊上网搓或勾球练习是甲在正手（或左后场）底线将球斜线吊至乙方的右（左）前场区，乙将甲方的吊球击回到甲方的左（右）前场区，甲上网搓球或勾球，乙再将球挑回甲方的右（左）底线，甲再退至后场吊斜线球后上网搓球或勾球。如此循环练习。

二、杀上网练习

杀上网练习是甲将乙方发（击）来的后场高球扣杀至乙方场区内，并从后场移动至前场，以各种网前击球技术还击对方放回的网前球称杀上网。

杀上网练习方法可参照吊上网练习，所不同的是将吊球改为杀球。杀上网球初期练习时也应先行固定路线和落点。

三、吊、杀上网练习

吊、杀上网练习是一种将吊球和杀球结合使用，然后上网做各种网前击球动作的练习。关于半场吊、杀上网练习，具体可结合上述综合练习。

四、攻守综合练习

攻守综合练习包括半场打半场攻守练习和全场打全场攻守练习两种。

半场打半场攻守练习

半场打半场攻守练习是利用场地的半边，甲方以高远球、平高球、杀球或吊球来进攻乙方，乙方则主要以高远球和挡球、放网前球来防守。这样，乙方为甲方提供了进攻的机会，而乙方也能在甲方的进攻下，进行各种防守的练习。

当场地较少时，可四人同时练习，这是经常运用的一种练习手段。

全场打全场攻守练习

全场打全场攻守练习的要求和方法同上，只是练习在全场打全场攻守。

思考题

1. 羽毛球运动是在哪里诞生的？
2. 羽毛球运动的特点是什么？
3. 羽毛球训练可以锻炼身体的哪些机能？
4. 结合实际，思考正确的握拍方式对击球有何影响。
5. 结合杀、吊、高远球的发力方式，谈谈动作一致性对羽毛球战术的影响。
6. 简述羽毛球后场高远球的发力方法。

第九章 网球运动

☑ 主要知识点

本章介绍网球运动的起源和发展，并对国际网球机构和重大赛事做了简单介绍，重点阐述了网球握拍方法、正反手击球、发球和网前截击等各项技术及练习方法，同时对网球规则进行了简单说明。

◇**学习目标：** 通过学习和练习，能够基本掌握网球的基本知识和规则。熟练掌握网球正反手击球及发球技术，并能够在实战中灵活运用。

◇**重要概念：** 网球基本知识　正反手击球　发球　基本技战术　网球竞赛规则

◇**重要环节：** 掌握概念　夯实基础　学习　体验　实践

第一节 网球运动简介

一、网球运动起源

网球运动起源于12世纪法国传教士在教堂回廊里用手掌击球的游戏。14世纪中叶，这种室内活动传入英国。当时的球外壳为布制，内核为毛发等物，英国人将这种球称为Tennis（网球）。16～17世纪是法国和英国宫廷从事网球活动的兴盛时期。

网球是由二或四名运动员用球拍往返击球的一项运动，在具有较强的竞技性的同时又具有较强的观赏性、娱乐性和参与性，是仅次于足球运动的世界第二大球类运动项目。

网球运动是集速度、力量、韵律、美感于一体的，能充分展现人体运动美的一项高雅的运动。同时，在网球运动竞赛中，比赛双方相互尊重，礼貌有加；观众观看比赛时也彬彬有礼，尽显贵族风度。将网球运动称之为贵族运动，当之无愧！

近年来，网球运动已经在全国广泛开展起来，参加运动的人数迅猛增加，一个前所未有的“网球热”正在中国形成。

二、国际网球组织机构

国际网球联合会（ITF）

ITF 成立于 1913 年 3 月 1 日，总部设在伦敦。中国网球协会于 1980 年成为该组织的正式会员。国际网球联合会是世界网球组织的最高权力机构，其主要职责是：负责有关网球比赛的一切事物；负责制定网球规则；为发展中国家的网球教练开设培训班；推进各国网球协会搞好本地区网球运动的普及；提高人们对网球运动的兴趣，促进世界网球运动的发展。

世界男子职业网球协会（ATP）

ATP 成立于 1972 年。其主要任务是协调职业运动员与赛事之间的伙伴关系，并负责组织和管理职业选手的积分、排名、奖金的分配，以及制定比赛规则和给予或取消选手的参赛资格等各项工作。ATP 每年所举办的主要大赛有：四大公开赛、大师赛、黄金巡回赛、国际巡回赛等 80 个左右的赛事，分别在六大洲的 34 个国家举行。

国际女子职业网球协会（WTA）

WTA 成立于 1973 年。其主要任务是组织职业选手的各种比赛，主要是 WTA 巡回赛，管理职业选手的积分、排名、奖金分配等。WTA 负责的比赛有：WTA 年终总决赛、四大公开赛、巡回赛等 60 个左右的赛事。

三、国际重大网球赛事

四大网球公开赛

温布尔登网球锦标赛、法国网球公开赛、美国网球公开赛和澳大利亚网球公开赛，被称为世界四大网球公开赛。它是每年一届的最为重要的世界性网球单项赛事。世界各地选手均把获得四大公开赛的桂冠视为最高荣誉。

网球运动员在一个赛季里，获得四大公开赛的冠军，称为“大满贯”获得者，若获得四大公开赛全部冠军者，称“全满贯”获得者。

（1）温布尔登网球公开赛

温布尔登网球公开赛是“四大满贯”中历史最为悠久的赛事。1877 年举行第一届，只有男子单打项目。1879 年，增加男子双打赛。1884 年，设立了女子单打项目，又过了 29 年，女子双打和混合双打才走进温布尔登，所以目前的温布尔登共设有男子单打、女子单打、男子双打、女子双打和混合双打 5 个单项的比赛。温布尔登网球锦标赛每年 6 月份的最后一周开始，场地属于快速天然草坪。

（2）美国网球公开赛

首届美国网球公开赛于 1881 年在罗德岛新港举行。1968 年被列为四大公开赛之一，在每年的 8 月至 9 月举办，它是四大公开赛中最后一站的比赛，场地属于中速硬地。

（3）法国网球公开赛

法国网球公开赛始于 1891 年，比赛设在罗兰・加洛斯，每年 5 月底到 6 月初进行。它是四大公开赛中的第二站比赛，场地属于慢速红土。

（4）澳大利亚网球公开赛

澳大利亚网球公开赛是四大公开赛中历史最短的赛事。1905 年开始，比赛地点在澳大利亚的第二大城市墨尔本，每年 1 月底到 2 月初进行，这是四大公开赛最早的一站比赛。1968 年，才被列为四大公开赛之一，场地属于快速硬地。

戴维斯杯赛

戴维斯杯赛是每年一度的世界男子网球团体赛,1900 年第一届比赛在美国波士顿举办。

联合会杯赛

联合会杯赛是每年一度的世界女子网球团体赛，它是 1963 年为庆祝国际网联成立 50 周年而创办的。

霍普曼杯赛

霍普曼杯赛是世界混合网球团体赛，1988 年举办了第一届，以后每年举行一次，1996 年霍普曼杯被国际网联正式承认为官方的世界混合团体赛。

第二节　网球基本技战术

一、网球基本技术

（一）握拍法

在所有的网球技术中，最基本的就是握拍法，它能直接影响球拍面接触球的角度，握拍的方法与击球动作有着密切的关系，不同的握拍法产生不同的击球效果和打法。

大陆式握拍

这种握拍法还被称为“榔头”式握拍法，因为采用这种握拍法时，食指根部压在与拍面水平的平面上，拍面的角度几乎与地面垂直，所以你仿佛在用拍框的侧面钉钉子一样，如图 1 所示。大陆式握拍法适合用来击打任何类型的球，但在发球、截击球、过顶球、削球以及防守球时采用这种握拍法效果更好。

东方式正手握拍

这里介绍一个正确采用东方式握拍的窍门：将手平放在拍弦上，然后下滑到拍柄根部抓握；或者把球拍平放在桌面上，闭上眼，将球拍拿起。从技术的角度讲，东方式正手握拍就是先以大陆式握拍法持拍，然后逆时针方向（左手握拍的选手需顺时针方向转动）旋转球拍，直到食指的根部压到下一个接触的斜面为止，如图 2 所示。

半西方式正手握拍

以东方式握拍，然后逆时针方向（左手握拍的选手需顺时针方向旋转）旋转球拍，使食指根部压在下一条拍棱上，如图 3 所示。在职业网球巡回赛中，底线力量型选手多采用这种握拍法。

西方式正手握拍

在半西方式握拍的基础上，逆时针方向（左手握拍的选手需顺时针转动）转动拍面，使食指根部接触到下一个平面，这种握拍就是完全的西方式握拍法。喜欢打强烈上旋球的土场选手多采用这种握拍法，如图 4 所示。

东方式单手反手握拍

以大陆式握拍开始，顺时针旋转球拍（左手持拍的选手需逆时针），使食指根部压在上一个斜面，便形成东方式反手握拍，如图 5 所示。

双手反手握拍

双手反手握拍是使拍面处于大陆式和东方式反手握拍的中间位置，然后用另一只手以东方式正手握拍法放在持拍手的前方，如图 6 所示。

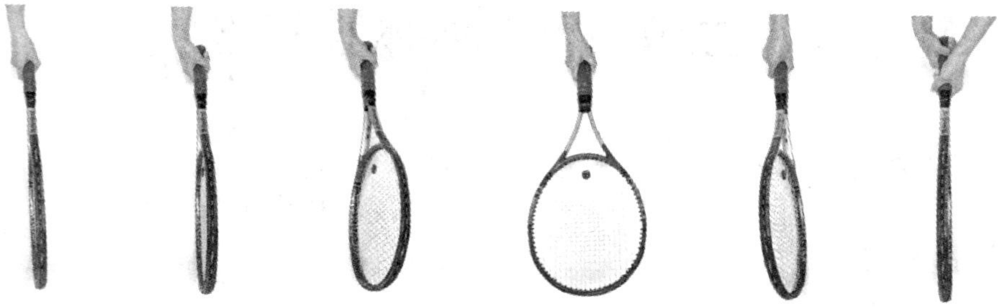

图 1　图 2　图 3　图 4　图 5　图 6

（二）正手抽击球

准备姿势

面对球网，两脚分开与肩同宽，身体前倾，双膝微屈，重心置于前脚掌上，以右手握拍为例，左手轻托拍颈，拍面垂直地面并指向对方，注意力集中准备迎接来球，如图 7 所示。

后摆动作

当发现对方击球朝正拍来时，就开始向后拉拍，转髋的同时开始转动双肩，带动拍子向后引，成弧形做后摆动作；或直接向后拉拍，肘关节弯曲并稍抬起（注意手臂不要伸直），与此同时，左手向前伸出，以保持身体平衡。

击球时的步法

击球步法分为“关闭式”和“开放式”两种。“关闭式”步法是在球拍做后摆动作的同时右脚向后转，约与底线平行，左脚向右斜前方45° 方向迈出，如图8所示。“开放式”步法是在球拍向后引做后摆动作的同时，双脚基本与底线平行，只是需要较多的转体动作相配合，如图9所示。这两种击球步法，它们击球前的重心都在右脚上，随着击球和动作的随挥，重心转向左脚。

击球动作

从拍子后摆进入向前挥动时，一定要降低拍头向前迎击球，借助转髋和腰的快速短促扭转，利用离心力大力摆动身体并立即挥出球拍。此时应紧握球拍固定手腕，肘关节微屈，开放式步法击球点在右脚的侧前方，关闭式步法击球点在左脚尖的前方，如图10所示。

随挥动作

击球后随挥动作的去向意味着球的去向。击球后，球拍沿着球飞行的方向继续向上挥动，肘关节向前上方跟进前伸，转体动作也由后摆时的侧身对网转向正面对网，拍子随挥至左肩上方结束，动作放松，如图11所示，同时马上还原到准备回击下一次来球的状态。

图7

图8

图9

图10

图11

（三）反手抽击球

单手反拍抽击球

（1）握拍与准备姿势：东方式反拍握拍法，准备动作与底线正拍准备动作相同；当判断出对方来球方向是反拍时，握拍由东方式正拍或东西方混合式正拍握拍法转换成东方反拍握拍法，如图12所示。

（2）后摆动作：左手轻托球拍的颈部，转动双肩，右肩侧身对网，几乎是背对球网，同时右脚向左侧前方约45°跨出，全身自然放松，注意力集中，握拍手肘关节弯曲并贴近身体，如图13所示。

（3）击球动作：要把球打得既凶又准，必须要向前迎击球，击球点在轴心脚右脚的侧前方，单手握拍反拍击球点在右脚的侧前方，力争打上升球，因为上升球比下降球有较快的速度和较大的力量可以借助，所以回击球的速度也比较快；当向前挥拍击球时，朝着球网一鼓作气地回身转腰，拍面垂直于地面，肘关节稍屈并外转展，手腕锁紧，并由下向上方奋力挥出，在将要击球时刻，身体重心由后脚移向前脚，使身体重心顺畅地移到击球中去，如图 14 所示。

（4）随挥动作：由于腰的扭转，击球后使身体面向球网；为了控制球，跟进动作时球拍应向上挥到肩或头的高度，同时保持身体平衡并准备下一拍的击球，如图 15 所示。

双手反拍抽击球

（1）握拍与准备姿势：准备动作与底线正拍准备动作相同，两手都是东方式握拍法；如果是右手握拍者，右手以东方式反手握法握拍，手掌根靠近球拍柄的端部，左手以东方式正手握法握在右手的上方，如图 16 所示。

（2）后摆动作：侧身转肩背朝球网，向后充分引拍，以获得充分的击球力量，右脚向前跨出，身体重心在左脚，后引动作靠近身体腰部，如图 17 所示。

（3）击球动作：击球时回身扭腰，球拍由后下向前上方挥出，拍面垂直，出球的中部或中部偏下，使球产生上旋，击球点在右脚侧前方，利用双臂的伸展来增加击球的力量，身体重心移向右脚，如图 18 所示。

（4）随挥动作：击球后面向球网，随挥动作由后下向前上击球，动作在肩部结束，如图 19 所示。

图 12

图 13

图 14

图 15

图 16

图 17

图 18

图 19

（四）发球

握拍法

网球运动发球的握拍法包括大陆式和东方式反拍握拍法两种。

准备姿势

全身放松，侧身站立在端线外中场标记旁边，左肩对着左边网柱，面向右边网柱，两脚分开约同肩宽，左脚与端线约成 45° 角，右脚约与端线平行，重心在左脚上。左手持球轻托球拍在腰部，拍头指向前方，如图 20 所示。

抛球与后摆

抛球与后摆拉拍动作是同步开始的，持球手拇指、食指和中指三指轻轻托住球，掌心向上。当球拍向下向后引拍时，持球手同时下降至右腿处，紧接着当球拍从身后向头上方做大弧度形摆动，身体做转体、屈膝、展肩时，持球手柔和地在身前左脚前上举，直至伸高及头顶。抛球动作要协调、平稳，将球送至最高点再离开手指抛向空中，此时右肘向后外展约同肩高，拍头指向天空，左侧腰、胯成弓形状，身体重心随着抛球开始先移向右脚，然后平稳地开始前移。此时肩与球网成直角，如图 21 所示。

击球动作

当左手抛出球时，球拍继续向上摆起，这时握拍手的肘关节放松，可以使向前转动的身体和右肩自动地令手臂产生一个完美的绕圈。当球下降至击球点时，迅速向上挥拍击球，左脚上蹬，使手臂和身体充分伸展，当身体向前上方伸展击球时，肩、手臂已经回转，双肩与球网平行。挥拍击球时，持拍手腕带动小臂有一个旋内的“鞭打”动作，这就是发球发力的关键动作，也是其他诸如重心前移、蹬腿、转体、挥拍等力量聚集的总和，如图 22 所示。

随挥动作

球发出后，身体向场内倾斜，保持连续的完整的向前上方伸展的随挥动作。球拍挥至身体的左侧，重心移向前方，做到完全自然地跟进并保持身体平衡，如图 23 所示。

图 20

图 21

图 22

图 23

（五）接发球

准备姿势

当对方发球前，可以膝盖弯曲，两腿叉开；当对方抛球准备击球时，可以重心升起，两脚快速交替跳动，并判断来球，迎前回击。

站位

接发球站位要根据对方的发球水平和自己的接发球水平、习惯、场地快慢和战术需要来确定，一般应站在对方能发到内外角的中角线上，接第一发球时站位稍后些，接第二发球时站位略前。

接发球的关键

快速灵敏的判断、反应和充分的准备。当接击球点在身体前面的发球时，在判明来球的方向后，立即向后转动双肩，马上向前迎击来球。接大力平击发球时，大多向左侧身用反拍顶击球。用正拍侧身抢攻需要有更快、更早的动作。迎上去顶击球时，要紧握球拍，手腕保持固定，使拍面正对来球，身体的向前动作加上发球者的球速将提供所有接发球者所需要的力量。

（六）截击球

正手截击

（1）准备姿势：持拍于体前，拍头高于持拍手臂及球网；站位最理想的是站在发球区内，离发球线 30 ~ 60 厘米，跨立中线处；两脚自然地分开站立，面向球网，膝微屈，如图 24 所示。

（2）挥拍击球：挥拍动作短暂而有力，是快打动作；球拍后引时手腕微屈，幅度不得过肩，拍面略敞开，当向前挥动球拍时恢复上翘，使拍面平直击球，击球瞬间手腕必须紧固有力，击球点保持在身前；在截击中，眼不离球，如图 25 所示。

（3）撞击随挥：截击球不需要使劲回臂向前，而只是向前“捅”；拍弦对着击出的球，沿着这个方向撞击出去；截击动作越简单越好，如图 26 所示。

反手截击

（1）准备姿势：球拍执于身前，拍头指向前上方，两脚分开站立比肩稍宽，双膝微屈，身体稍成蹲伏状，如图 27 所示。

图 24

图 25

图 26

图 27

（2）挥拍击球：当球来时，用非执拍手将球拍稍向后拉，双膝弯曲，身体重心前移，如图 28 所示；执拍手手腕向上、拍头上翘，眼睛始终盯住球；截击时手腕绷紧，手臂伸直；

拍头与手臂向前下方做短截击球时要协调一致，如图 29 所示。

图 28

图 29

（七）切削球

正手切削球

判断来球，后摆动作小，球拍引至肩上，拍面略开，随着球拍向前随挥，在击球瞬间，拍面几乎是垂直于地面。击球点在身体的侧前方，击球时身体重心随挥拍动作一起向前，同时步法也相应跟上。

反手切削球

削球动作的后摆是持拍手借助转肩侧身向后上方摆拍，拍头约与头同高，持拍手肘关节微屈并靠近身体。右脚向前上方跨出，重心在左脚。击球点同样在右脚的侧前方。当向前挥拍击球时，朝着球网回身转腰，肘关节外展，手臂伸直，手腕紧固，身体重心由左脚移到右脚，膝关节微屈。击球时拍面要微展开（后仰），球拍由后上向前下方挥动做切削动作，击球点在球的中部或中下部。击球后球拍的随挥动作应由下稍微向上成弧形挥动到肩或头部的高度并面向球网。

（八）高压球

高压球的动作与发球动作相似，握拍也与发球握拍相同。当对方挑高球时，应立即侧身转体并用短促的垫步向后退，同时侧身，持拍手上举至头部位向后引拍，重心在两脚前脚掌上，后腿弯曲，随时准备扣杀。准备击球时，非持拍手上举指向来球的方向和高度，击球与发球时击球一样，击球点在右眼前上方。

（九）挑高球

· 准备姿势：与正、反手击球动作一样，尽可能使挑高球的突然性增大，以获得最佳效果；击球过程中精力高度集中，忘掉对方在网前的威胁。

· 挥拍击球：击球过程中手腕绷紧，拍面与球接触是进攻性挑高球技术的关键，球面应在球底部后 1/4 处，并把球向上击入空中，使之越过对方的球拍，越过对方的头部。

· 随挥动作：击球后，球拍应充分送出，以保证球能越过对方球拍，继续做随挥动作，直到拍子在空中对着球飞行方向为止。

（十）网球基本步法

网球步法基本分为两类：正手击球步法和反手击球步法，在实践中常运用交叉步、滑步、跳步、跨步、蹬步、碎步调整等综合步法。

二、网球基本战术

（一）网球单打战术

发球战术

发球不受对方支配，可通过力量、速度和准确性达到得分目的；针对对方弱点，攻其薄弱环节；利用不同的发球方式，随球上网截击；运用相似手法，发不同性能的球，使对方不易捉摸；利用外界自然条件（如风向、阳光、硬地和草地等）发球，给对方接发球制造困难。

接发球战术

接发球时站位：站在对方可能把球发到的角度的角分线上；当对方发向外或向内旋转的球时，要靠近旋转方向一点；此外，应尽量站在底线内半米左右处，压制对方，自己上网。

接发球击球方法：一般采用平击抽球，将球回击到对方底线两角，也可运用旋转使球旋向两边线外，造成对方左右奔跑，或运用切削球打到近网两角，或运用挑高球挑过发球上网者头顶等。

底线对攻战术

以进攻型打法为前提，用快速力量、准确、凶狠取胜对方，使看来是防守性的打法具有攻击性。常用的有逼右攻左、逼左攻右，攻击对方弱点或打对方不喜欢打的球。

上网战术

指在发球或接发球后，冲到离网较近的位置，不等对方回击的球落地便进行空中截击或高压的一种战术。

上网时机：多用于第一次发球；发上旋球后，借球在空中飞行时间长，对方难以回击之机上网截击；若抽击球后上网，则出球要斜、要深、要重，或接近中央地带。

上网站位：尽可能站到距离网约 2 米处；近网则进攻威胁性大，封网角度小，防守控制面积大，此时，站位应在对方可能的击球角度的分角线上。

（二）网球双打战术

密切协作、默契配合

密切协作、默契配合是双打战术最突出的特点，也是双打战术成功取胜的关键。“默契配合”是建立在两人相互了解和信任的基础上，紧密合作、互创条件、扬长避短、相辅相成，在场上有呼有应、相互鼓励，即使失利，两人合作也是愉快、融洽的。

攻人战术

这是双打比赛中常用的一种战术。在对方两名队员技术水平不平衡时，一般都采用这种战术。即使对付两名球员技术水平相差不大的对手时也可灵活运用。先通过将球下压或控制前场取得进攻机会，然后集中力量“二打一”，避其所长，攻其所短。

攻中路战术

将球击到对方两名队员站位之间的空隙，从而造成对方经常出现争抢回击，或相互让球漏接等错误，尤其针对一些配合不够默契的对手比较行之有效。当对方前后站位时，可将球击到对方中场两侧边线处。而在对方分边左右站位防守时，则可利用杀球、吊球等技术攻击对方的中路。

第三节　网球比赛规则简介

网球场地按材质可分为草地、土地、硬地和塑胶场地。场地成长方形，边线长 23.77 米，单打底线宽 8.23 米，双打底线宽 10.97 米。用球网将全场横隔为两个等区，网柱高 1.07 米，球网中央高 0.914 米。全场除底线可宽至 10 厘米，其他各线宽度在 2.5 ~ 5 厘米，所有的线应该是同一颜色。

球场固定物包括网、网柱、中心带、绳或钢丝绳、网边白布，还包括球场周围的挡网、看台、固定的或可移动的座椅及占有人，场地周围上空的设备以及裁判员等。

球为白色或黄色，直径是 6.35 ~ 6.67 厘米；重量是 56.7 ~ 58.5 克；弹力为从 2.54 米的高处自由落下时，能在混凝土地面上弹起 1.35 ~ 1.47 米。

一、单打比赛规则

发球员与接球员

运动员应各自站在球网的一边，先发球的运动员叫作发球员，另一边的运动员叫作接球员。

场地和发球的选择

场地、发球、接发球的权利由裁判员掷硬币来决定。掷币获胜的一方可以选择或要求对方选择。

发球与发球员的位置

发球员在发球前应先站在端线后、中点和边线的假定延长线之间的区域里，用手将球向空中任何方向抛起，在球接触地面以前，用球拍击球（仅能用一只手的运动员，可用球拍将球抛起）。球拍与球接触时，即算完成球的发送。

每局开始，先从右区端线后发球，得或失一分后，应换到左区发球。发出的球应从网上越过，落到对角的对方发球区前的方格内，或其周围的线上。

第二次发球

发球员未击中球，或发出的球在落地前触及固定物（球网、中心带和网边白布除外），或违反发球站位规定时，应在原发球位置上进行第二次发球。

发球次序

第一局比赛结束，接球员成为发球员，发球动作成为接球动作。以后每局终了，均依次互相交换，直至比赛结束。

交换场地

双方应在每盘的第1、第3、第5等单数局结束后，以及每盘结束双方局数之和为单数时，交换场地。在抢7分比赛中，双方分数相加，每6分更换一次场地。

失分

发生下列任何一种情况，均判失分。

（1）在球第二次着地前，未能还击过网；

（2）还击的球触及对方场区界线以外的地面、固定物或其他物件；

（3）还击空中球失败；

（4）故意用球拍触球超过一次；

（5）运动员的身体、球拍在发球期间触及球网；

（6）过网击球；

（7）抛拍击球；

（8）发球双失误；

（9）击球时人的身体触网。

胜一局

运动员每胜一球得一分，胜第一分记分15，胜第二分记分30，胜第三分记分40，先得4分者同时净胜对方至少2分为胜一局。当双方各得3分时，则为“平分”，一方先得1分时，为“该运动员占先”。“占先”后再得一分，才算胜一局，如继续“平分”，直到一方在“平分”后净胜两分结束该局。

胜一盘

一方先胜6局为胜1盘。双方各胜5局时，一方净胜2局为胜1盘。

决胜局（抢7局）

（1）先得7分者为胜该局及该盘（若分数为6平时，一方须净两分）。

（2）首先发球员发第 1 分球，对方发第 2、第 3 分球，然后轮流交替发两分球，直到比赛结束。

（3）第 1 分球在右区发，第 2 分球在左区发，第 3 分球在右区发。

（4）每 6 分球和决胜局结束都要交换场地。

最多盘数

一场比赛最多盘数是五盘，女子比赛最多盘数是三盘。

二、双打比赛规则

双打发球次序

每盘第一局开始时，由发球方决定由何人首先发球，对方则同样地在第 2 局开始时决定由何人首先发球。第 3 局由第 1 局发球方的另一位球员发球。第 4 局由第 2 局发球方的另一位球员发球。以下各局均按此秩序发球。

双打接球次序

先接球的一方，应在第 1 局开始时，决定由何人先接发球，并在这盘单数局，继续先接发球。双方同样应在第 2 局开始时，决定由何人接发球，并在这盘的双数局中继续先接发球。他们的同伴应在每局中轮流接发球。

双打还击

接发球后，双方应轮流由其中任何一名队员还击。如运动员在其同队队员击球后，再以球拍触球，则判对方得分。

第四节　网球基础训练方法介绍

一、力量素质训练

网球运动的力量特点是以爆发力为主的肌肉活动，特别是手臂、髋、膝、腰腹部和背部的屈伸力。训练方法有以下几种：

· 杠铃训练：后深蹲、推举、卧推、三头肌杠铃等。

· 腹肌力量训练：仰卧起坐、团身仰卧起坐、团身转体仰卧起坐、腿交叉仰卧起坐、对角仰卧起坐等。

· 弹跳训练：原地跳、立定跳、起跳跑、深蹲跳、分腿跳等。

· 实心球训练：转体练习、模拟正反手动作抛球练习、肩上抛实心球练习等。

· 体重训练：利用自身体重训练方法有俯卧撑、指尖俯卧撑、拍手俯卧撑、单腿俯卧撑、单肩俯卧撑等。

二、速度素质训练

网球运动要求判断快、运动快、移动快、动作快等素质。速度训练方法有：单打边线折线跑、20～50米冲刺跑、小步跑、原地高抬腿练习、内外翻跑、后蹬跑、后踢跑等。

三、耐力素质训练

耐力是机体长时间活动中对抗疲劳的能力。训练方法有：持续跑、跳绳、放松跑、变速跑、加速跑、交叉跑等。

四、灵敏素质训练

灵敏是指在不损失身体平衡、力量、速度或身体控制情况下改变方向的能力。训练方法有：折返跑、侧跨步冲刺、侧向绕障碍、蛇形绕障碍跑、滚翻、跳绳、双脚三角跳等。

五、柔韧素质训练

柔韧性是指人体关节活动幅度的大小以及跨过关节的韧带、肌腱、肌肉、皮肤及其他组织的弹性和伸展能力。训练方法有：上下肢拉伸法、体前屈、仰卧躯体、绕臂、双人压肩、上下振臂、踢腿练习、弓步压腿、转腰等。

思考题

1. 网球运动有哪些特点？
2. 参与网球运动时要注意的礼仪有哪些？
3. 网球握拍法有哪几种，简述一种握拍法的动作要领。
4. 网球击球的动作结构由哪几部分组成？

第三篇

体育艺术

第十章　体育舞蹈运动

☑ 主要知识点

本章由三部分组成，包括体育舞蹈的基本知识、基本技术、竞赛形式及规则。

◇**学习目标：** 了解国内外体育舞蹈的发展状况，掌握体育舞蹈的常用知识，能够区分标准舞和拉丁舞的风格特点，熟练掌握四种舞的基本步法及简单套路，了解体育舞蹈的竞赛规则，掌握竞赛的裁判方法，学会竞赛的组织和记分方法，能组织小型的比赛。

◇**重要概念：** 交际舞　体育舞蹈　标准舞　拉丁舞　舞程线　舞姿　方位　角度　动作要领　竞赛规则　裁判法

◇**重要环节：** 了解体育舞蹈是如何发展成为一项国际竞技项目的；掌握基本术语、方位、角度，重点注意华尔兹舞的升降和伦巴舞的转胯技术；了解体育舞蹈的竞赛规则，明确组织、编排和记分方法。

第一节　体育舞蹈运动介绍

一、体育舞蹈简介

体育舞蹈也称“国际标准交际舞”，是体育运动项目之一。它是以男女为伴的一种步行式双人舞运动项目。体育舞蹈按竞赛项目可分成三类：标准舞、拉丁舞和团体舞，共十个舞种。其中，标准舞（Modern，也称摩登舞）包括华尔兹（Waltz）、维也纳华尔兹（Viennese waltz）、探戈（Tango）、狐步（Foxtrot）和快步（Quick step）五种舞，拉丁舞（Latin）包括伦巴（Rumba）、恰恰恰（Cha-cha-cha）、桑巴（Samba）、斗牛（Paisobopli）和牛仔（Jive）5 种舞，每个舞种均有各自的舞曲、舞步和风格。团体舞是标准舞或拉丁舞的混合舞，由 8 对选手组成，借助音乐引导，通过队形的变换，将 5 种舞蹈组合，从而编织出丰富多彩的图案，使音乐、舞姿、队形、图案和选手们的和谐配合融为一体，更加鲜明地表现出体育舞蹈的风格特点。

标准交际舞起源于古代土风舞，经历对舞、圈舞、行列舞、集体舞等演变过程，成为流传广泛的社交舞蹈。19世纪20年代后，英国皇家舞蹈教师协会对原“舞种”“舞步”“舞姿”等进行规范整理，制定比赛方法，逐步形成国际标准交际舞，并于1947年在德国柏林举行了第一届世界标准交际舞锦标赛。现已发展成艺术性高、技巧性强的竞技性体育项目。

二、体育舞蹈的基本知识

（一）基本术语

舞程线（简称 L.O.D）

沿舞池方向行进的路线叫舞程线，如图1所示。

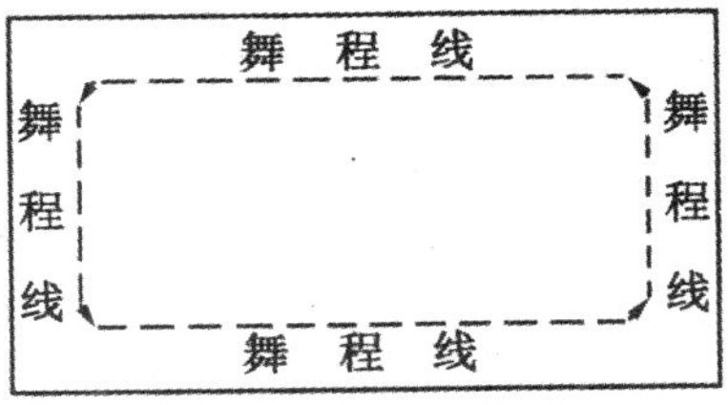

图 1

舞姿

泛指舞者跳舞的姿态。

(1) **合对位舞姿**（闭式舞姿）：“合”指男女双手握抱，“对”指男女面对面，泛指男女面对面双手扶握的身体位置。

(2) **侧行位舞姿**（简称 P. P）：指男士的右侧与女士的左侧身体贴靠，身体的另一侧略向外展开，成“V”字形的站立或行进的身体位置。

(3) **外侧位舞姿**（简称 O. P）：是指在摩登舞中，男女舞伴的一侧脚在舞伴同侧脚的外侧位置（右外侧或左外侧）行进所形成的身体位置。

反身动作（简称 C.B.M）

反身动作是指一侧脚前进或后退时，同侧肩和胯后让或前送，使身体与舞步形成反向配合的身体动作。

升降动作（起与伏）

升降动作是指在跳舞时身体上升与下降的动作，是在膝、踝、趾关节的屈和伸动作的转换中完成的。

倾斜动作（简称 B.S）

倾斜动作是指在跳一些舞步时，身体倾斜的动作，从形体上讲，是指肩的平衡线向左向右的倾斜，它与地面的水平线成三角斜线。

踌躇步

踌躇步是指前进暂时受阻的舞步或迈步时部分重心停留于一脚超过一拍的舞步。

锁步

锁步是指两脚前后交叉的舞步。

脚跟转

脚跟转是指向后迈出的脚的脚跟转。动作过程中，并上的脚必须与主力脚平行，旋转结束时身体重心移动至并上的那只脚。

脚跟轴转

脚跟轴转是指不变重心的单一脚跟旋转。

轴转

轴转是指一脚脚掌的旋转，另一脚处于或前或后的反身动作位置。

（二）角度、方位、赛场

旋转角度的认定

旋转时，每转 360° 为一周；旋转 45° 为 1/8 周；旋转 90° 为 1/4 周；旋转 135° 为 3/8 周；旋转 225° 为 5/8 周；旋转 315° 为 7/8 周。在记录旋转动作时，应先标明旋转的方向，即左转或右转，再标明角度。例如：左转 1/8, 如图 2 所示。

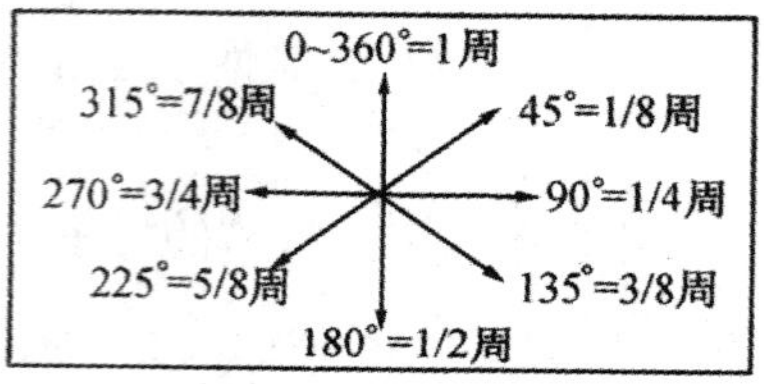

图 2

方位

为了舞蹈行进中能正确地辨别方位和检查旋转的角度，在舞场上需要规定一定的方位。根据国际惯例，乐队演奏台的一面为方位的基点，定为“1 点”，每向顺时针方向转动 45°，则变动一个方位，以此类推，2、3、4……，共有 8 个点。因此一个场地中的 4 个面为 1、3、5、7 点，4 个角为 2、4、6、8 点，如图 3 所示。

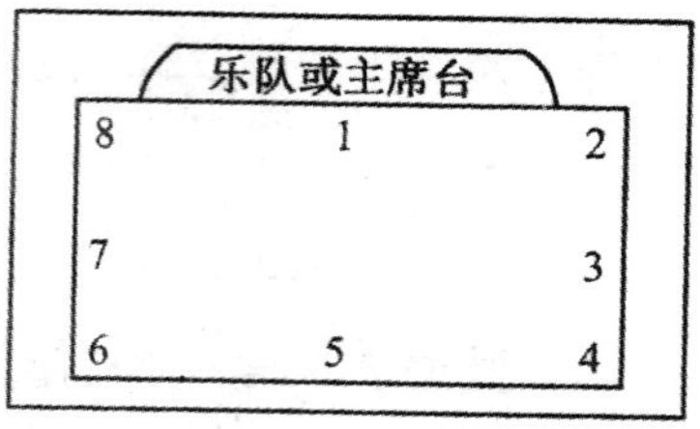

图 3

以上所谈方位，是在一个固定的位置时使用的。如果舞者按舞程线不断变换方位，向前移动，则要和舞程线（L.O.D.）发生联系。因此，规定了几条线来指示舞者每个舞步的行进方向。

在国际体育舞蹈中规定了 8 条线：1—面对舞程线，2—面斜壁线，3—面对壁线，4—背斜中央线，5—背对舞程线，6—背斜壁线，7—面对中央线，8—面斜中央线，如图 4 所示。

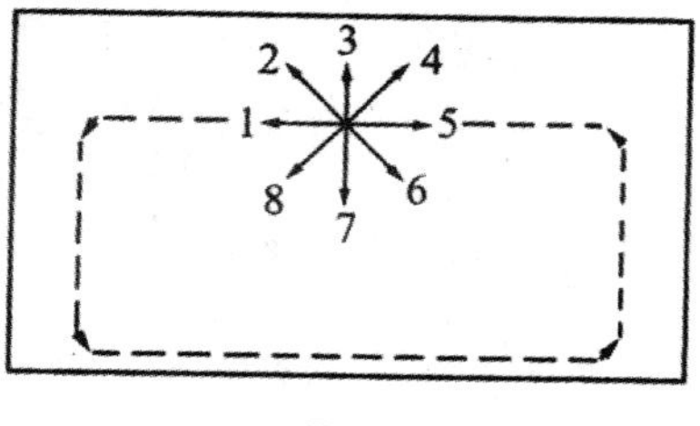

图 4

赛场

国际体育舞蹈比赛的场地应平整光滑，面积为

15 米 ×23 米。赛场长的两条边线叫 A 线，短的两条边线叫 B 线，如图 5 所示。选手所编套路应按两条线的长短不同适当安排动作，不断沿两条线按 L.O.D. 方向循序而进。

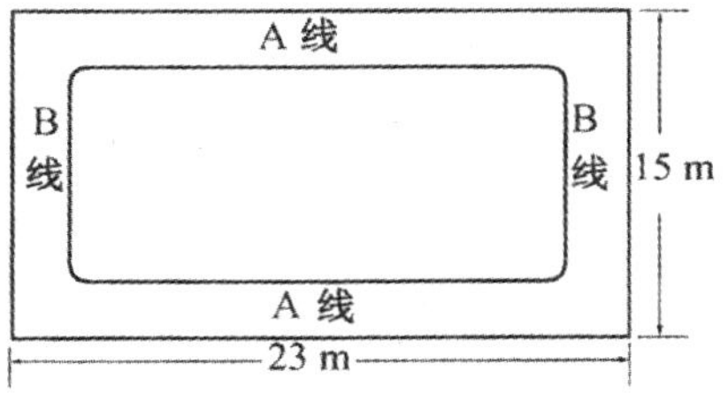

图 5

第二节　体育舞蹈的基本技术

一、标准舞

标准舞起源于欧洲（英、德、奥地利等国），音乐抒情优美，旋律感强；舞姿严谨、舞伴间相互制约，沿舞程线运动，为“游走型”舞；舞步方面，技术细腻规范，难度大；服饰较为讲究，要按照传统风格（礼服）着装，不得随意改变。

标准舞（摩登舞），又称现代舞，它包括华尔兹、探戈、狐步舞、快步舞和维也纳华尔兹。标准舞以其特有的准确、飘逸、自然的舞姿，表现出一种庄重典雅、华丽富贵、细腻严谨的风格。

（一）华尔兹、狐步、快步、维也纳华尔兹舞的标准握持

闭式舞姿（如图 6 所示）

（1）男、女舞伴的身体右侧正面相对，直立，两脚全脚掌着地并拢，挺胸立腰（女伴胸腰以上后仰 25°），收腹微提臀，两膝自然放松，各自独立保持重心。

（2）男伴左手与女伴右手掌心相握，虎口向上；女伴右手虎口张开，四指并拢轻置于男伴左手虎口上；男伴左前臂与上臂夹角为 135° 左右，左手高度与女伴右耳峰水平位齐。

（3）男伴右手五指并拢，轻置于女伴左肩胛骨下端，前臂与上臂夹角 75° 左右；女伴左手虎口张开轻置于男伴三角肌处，前臂附于男伴上臂。

（4）男、女舞伴身体右侧 1/2 微贴；男伴头部自然挺直，女伴头部略向左倾，互相从对方右肩上方向前看出。

散式舞姿（Prmenade Position，简称 P.P.）（如图 7 所示）

在闭式舞姿基础上，男伴向左略打开上体和头，女伴向右略打开上体和头，双方向同一方向看出，腰部以下同闭式舞姿。

外侧舞姿（如图 8 所示）

在闭式舞姿的基础上，男伴右足向女伴右外侧前进或男伴左足后退，带动女伴右足前进，形成外侧舞姿。

图 6

图 7

图 8

（1）右外侧前进：男伴右足向女伴身体右外侧前进，女伴左足后退，男女舞伴各做反身动作，腰胯部仍相靠，上身保持闭式舞姿不变。

（2）右外侧后退：女伴右足向男伴身体右外侧前进，男伴左足后退，男女舞伴各做反身动作，腰胯部仍相靠，上身保持闭式舞姿不变。

（二）探戈舞的标准握持

图 9

闭式舞姿（如图 9 所示）

（1）男、女舞伴身体的右侧正面相对，左脚在前，右脚在后，右脚前脚掌内侧并于左脚脚弓处，重心下沉，膝关节弯曲并松弛。

（2）男伴左手前臂内收，与大臂夹角接近 90°，女伴右手握男伴左手。男伴右手五指并拢，斜下轻置于女伴后背中间偏右侧部位（超过脊柱）；女伴左手虎口抵卡于男伴的右上臂外侧腋下。

（3）男、女伴身体右侧 1/3 微贴，接触部位从膝关节、胯部到腹部位置。

图 10

散式舞姿（P.P.）（如图 10 所示）

在闭式舞姿的基础上，男伴头部、上身向左拧转，胸部向外打开并带动女伴右拧。男女舞伴向同一方向，从相握的手臂上方向前看出。男伴重心在右脚，左脚拇趾内缘点地，膝关节内合，包住女伴右膝；女伴重心在左脚，右腿屈膝内扣，右脚拇趾内侧点地。

（三）华尔兹

华尔兹舞庄重典雅、华丽多彩，动作流畅起伏、婉转多变，舞姿飘逸洒脱，男伴气宇轩昂、女伴雍容大方。音乐 3/4 拍，30～32 小节 / 分，节奏鲜明。基本步法如下。

左足并换步（L.F.CLOSED CHANGE）

男士步法：第一步 [节拍是第 1 拍，简写为 1，下文以此类推]：方位是面向斜壁；步位是左脚前进；步法是脚跟先着地，再移重心至脚尖；升降过程是，结尾开始升；反身和倾斜动作情况为有轻微的反身动作。第二步［2］：面向斜壁，右脚横步稍前，脚尖着地，继续上升，向左倾斜。第三步［3］：面向斜壁，左脚并右脚，脚尖到脚跟，继续上升、结尾下降，向左倾斜。

女士步法：第一步［1］：背向斜壁，右脚后退，脚尖到脚跟，结尾开始升、足不升，有轻微反身动作。第二步［2］：背向斜壁，左脚横步稍退，脚尖，继续上升，向右倾斜。第三步［3］：背向斜壁，右脚并左脚，脚尖到脚跟，继续上升、结尾下降，向右倾斜。

方位是指在一个舞步结束时，双脚（并非身体）在舞池中所指示的方向。身体的位置有时也概括在方位中，在 P.P 位时身体和脚的转度不同，所以要分别叙述。

左足并换步第一～三步动作，如图 11～图 13 所示。

图 11　　图 12　　图 13

右转步［NATURAL TURN］

男士步法：第一步［1］：面向斜壁，右脚前进，脚尖到脚跟，结尾开始升，有反身动作，开始右转。第二步［2］：背向斜中央，左脚向侧，脚尖继续上升，向右倾斜，第一～二步转 1/4。第三步［3］：背向舞程线，右脚并左脚，脚尖到脚跟，继续上升、结尾下降，向右倾斜，第二～三步转 1/8。第四步［1］：背向舞程线，左脚后退，脚尖到脚跟，结尾开始升、足不升，有反身动作，继续向右转。第五步［2］：面向斜中央，右脚向侧，脚尖继续上升，向左倾斜，第四～五步转 1/4。第六步［3］：面向中央，左脚并右脚，脚尖到脚跟，继续上升、结尾下降，向左倾斜，第五～六步转 1/8。

女士步法：第一步［1］：背向斜壁，左脚后退，脚尖到脚跟，结尾开始升、足不升，有反身动作，开始右转。第二步［2］：面向斜中央，右脚向侧，脚尖继续上升，向左倾斜，第一～二步转 1/4。第三步［3］：面向舞程线，左脚并右脚，脚尖到脚跟，继续上升、结尾下降，向左倾斜，第二～三步转 1/8。第四步［1］：面向舞程线，右脚前进，脚尖到脚跟，结尾开始升，有反身动作，继续向右转。第五步［2］：背向中央，左脚向侧，脚尖继续上升，向右倾斜，第四～五转 1/4。第六步［3］：背向中央，右脚并左脚，脚尖到脚跟，继续上升，结尾下降，向右倾斜，第五～六步转 1/8。

右转步第一～六步动作，如图 14～图 19 所示。

图 14

图 15

图 16

图 17

图 18

图 19

右足并换步（R.F.CLOSED CHANGE）

男士步法：第一步［1］：面向斜中央，右脚前进，脚跟到脚尖，结尾开始升，有轻微反身动作。第二步［2］：面向斜中央，左脚横步稍前，脚尖继续上升，向右倾斜。第三步［3］：面向斜中央，右脚并左脚，脚尖到脚跟，继续上升、结尾下降，向右倾斜。

女士步法：第一步［1］：背向斜中央，左脚后退，脚尖到脚跟，结尾开始升、足不升，有轻微反身动作。第二步［2］：背向斜中央，右脚横步稍退，脚尖继续上升，向左倾斜。第三步［3］：背向斜中央，左脚并右脚，脚尖到脚跟，继续上升、结尾下降，向左倾斜。

右足并换步第一～三步动作，如图 20～图 22 所示。

图 20

图 21

图 22

左转步（REVERSE TURN）

男士步法：第一步［1］：面向斜中央，左脚前进，脚跟到脚尖，结尾开始升、有反身动作，开始左转。第二步［2］：背向斜壁，右脚向侧，脚尖继续上升，向左倾斜，第一～二步转 1/4。第三步［3］：背向舞程线，左脚并右脚，脚尖到脚跟，继续上升、结尾下降，向左倾斜，第二～三步转 1/8。第四步［1］：背向舞程线，右脚后退，脚尖到脚跟，结尾开始升、足不升，有反身动作，继续向左转。第五步［2］：面向墙壁，左脚向侧，脚尖继续上升，向右倾斜，第四～五步转 1/4。第六步［3］：面向斜壁，右脚并左脚，脚尖到脚跟，继续上升、结尾下降，向右倾斜，第五～六步转 1/8。

女士步法：第一步［1］：背向斜中央，右脚后退，脚尖到脚跟，结尾开始升、足不升，有反身动作，开始左转。第二步［2］：面向斜壁，左脚向侧，脚尖继续上升，向右倾斜，第一～二步转 1/4。第三步［3］：面向舞程线，右脚并左脚，脚尖到脚跟，继续上升、结尾下降，向右倾斜，第二～三步转 1/8。第四步［1］：面向舞程线，左脚前进，脚跟到脚尖，结尾开始升，有反身动作，继续向左转。第五步［2］：背向舞壁，右脚向侧，脚尖继续上升，向左倾斜，第四～五步转 1/4。第六步［3］：背向斜壁，左脚并右脚，脚尖到脚跟，继续上升、结尾下降，向左倾斜，第五～六步转 1/8。

左转步第一～六步动作，如图 23～图 28 所示。

图 23

图 24

图 25

图 26

图 27

图 28

拂步（也称叉形步）

男士步法：第一步［1］：面向斜壁，左脚前进，脚跟到脚尖，结尾开始升，有轻微反身动作。第二步［2］：面向斜壁，右脚横步稍前，脚尖继续上升，向左倾斜。第三步［3］：面向斜壁，左脚在侧行位置交叉于右脚后，脚尖到脚跟，保持上升、结尾下降，向左倾斜。

女士步法：第一步［1］：背向斜壁，右脚后退，脚尖到脚跟，结尾开始升、足不升。第二步［2］：指向斜中央，左脚斜退，脚尖继续上升，向右倾斜，第一～二步向右转 1/4，身体稍转。第三步［3］：面向斜中央，右脚在侧行位置交叉于左脚后，脚尖到脚跟，保持上升、结尾下降，向右倾斜，身体完成转动。

拂步第一～三步动作，如图 29～图 31 所示。

图 29

图 30

图 31

侧行追步（CHASSE FROM PROMENADE POSITION ）

男士步法：第一步[1]：沿着舞程线、面向斜壁，保持侧行位置右脚前进，脚跟到脚尖，结尾开始升。第二步［2–1/2］：面向斜壁，左脚横步稍前，脚尖继续上升，节奏是第二拍的前半拍。第三步［2–1/2］：面向斜壁，右脚并左脚，脚尖继续上升，节奏是第二拍的后半拍。第四步［3］：面向斜壁，左脚横步稍前，脚尖到脚跟，保持上升、结尾下降。

女士步法：第一步[1]：沿着舞程线、面向斜中央，保持侧行位置左脚前进，脚跟到脚尖，结尾开始升，有反身动作，开始左转。第二步［2–1/2］：背向舞壁，右脚向侧，脚尖继续上升，第一～二步转 1/8；节奏是第二拍的前半拍。第三步［2–1/2］：背向斜壁，左脚并右脚，脚尖继续上升，第二～三步转 1/8；节奏是第二拍的后半拍。第四步［3］：背向斜壁，右脚横步稍退，脚尖到脚跟，保持上升、结尾下降。

侧行追步第一～四步动作，如图 32～图 35 所示。

图 32

图 33

图 34

图 35

右旋转步（NATURAL SPIN TURN）

男士步法：第一～三步与右转步的第一～三步相同。第四步［1］：背向舞程线，左脚后退，脚尖到脚跟，有反身动作，开始右转。第五步［2］：面向新中央，右脚前进，脚跟到脚尖，结尾上升，有反身动作，第四～五步转 3/8。第六步［3］：背向新舞程线之斜中央，左脚横步稍退，脚尖到脚跟，保持上升、结尾下降，第五～六步转 1/4。

女士步法：第一～三步与右转步的第一～三步相同。第四步［1］：面向舞程线，右脚前进，脚跟到脚尖，有反身动作，开始右转。第五步［2］：背向新中央，左脚后退并稍向左侧，脚尖结尾上升，第四～五步转 3/8。第六步［3］：面向新舞程线之斜中央，右脚刷步经左脚斜进，脚尖到脚跟；保持上升、结尾下降，第五～六步转 1/4。

右旋转第一～六步动作，如图 36～图 41 所示；后接左转步第四～六步，如图 42～图 44 所示。

图 36

图 37

图 38

图 39

图 40

图 41

图 42

图 43

图 44

踌躇换步（HESITATION CHANGE）

男士步法：第一步[1]：背向舞程线，左脚后退，脚尖到脚跟，有反身动作，继续右转。第二步[2]：面向新舞程线之斜壁，右脚向侧小步（拉脚跟），先脚跟再到脚内缘和全脚，向左倾斜，第一～二步转 3/8。第三步[3]：面向斜壁，左脚并右脚但不置重量，脚尖内缘，向左倾斜。

女士步法：第一步[1]：面向舞程线，右脚前进，脚跟到脚尖，有反身动作，继续右转。第二步[2]：背向新斜壁，左脚向侧，脚尖到脚跟，向右倾斜，第一～二步转 3/8。第三步[3]：背向斜壁，右脚并左脚但不置重量，脚尖内缘，向右倾斜。

踌躇换步第一～三步动作，如图 45～47 所示。

图 45

图 46

图 47

华尔兹舞的套路练习与套路连接

——左足并换步［1、2、3］
——右转步［1、2、3、1、2、3］
——右足并换步［1、2、3］
——左转步［1、2、3、1、2、3］
——叉形步［1、2、3］
——侧行追步［1、2 & 3］
——右旋转步［1、2、3、1、2、3］
——左转步的 4~6 步［1、2、3］
——180° 左转步［1、2、3、1、2、3］
——左足并换步［1、2、3］
——180° 右转步的 1~3 步［1、2、3］
——踌躇换步［1、2、3］

（四）探戈

探戈舞刚劲挺拔、顿挫磊落、洒脱豪放、斜行横进、动静有致、沉稳机敏；音乐节奏为 2/4 拍，30 ~ 34 小节 / 分，以切分音为主，有附点和停顿，舞步节奏分慢［S］和快［Q］，“S”占 1 拍，“Q”占半拍。基本步法如下。

2 个常步（2 WALK）

图 48

图 49

男士步法：第一步：面向舞壁，左脚在反身动作位置中弧线前进，脚跟外缘到脚掌；有反身动作，左转 1/8。第二步［S］：面向斜壁，右侧身体引导，右脚横移前进，脚跟内侧到脚掌。

女士步法：第一步［S］：背向舞壁，右脚在反身动作位置中弧线后退，脚掌外缘到脚跟；有反身动作，左转 1/8。第二步［S］：背向斜壁，左侧身体引导，左脚横移后退，脚掌内缘到脚跟。

常步第一 ~ 二步动作，如图 48 和图 49 所示。

直行串步（PROGRESSIVE LINK）

男士步法：第一步：面向斜壁，在反身动作位置中左脚前进，有反身动作。第二步［Q］：面向斜壁，右脚向侧并在侧行位置中稍后退，右脚内缘与左脚脚掌内缘相接，身体稍右转。

女士步法：第一步［Q］：背向斜壁，在反身动作位置中右脚后退，脚掌到脚跟，有反身动作。第二步［Q］：背向斜壁，左脚向侧并在侧行位置中稍后退，脚掌到脚跟内缘、右脚脚掌内缘。

直行串步第一～二步动作，如图 50 和图 51 所示。

图 50

图 51

侧行连接步（PROMENADE LINK）

男士步法：第一步［S］：沿斜中央、脚尖面向斜壁，在侧行位置中左脚向侧，脚跟。第二步［Q］：沿斜中央、脚尖面向斜壁，右脚前进并交叉于反身动作位置与侧行位置中，脚跟。第三步［Q］：面向斜中央，左脚向侧小步，不置重量，脚掌内缘。

女士步法：第一步［S］：沿斜中央、背向斜壁，在侧行位置中右脚向侧，脚跟到脚尖。第二步［Q］：沿斜中央、背向斜壁，左脚前进并交叉于反身动作位置与侧行位置中，脚跟到脚掌后旋转，有反身动作。第三步［Q］：背向斜中央，右脚向侧小步、不置重量，右脚脚掌内缘，第二～三步左转 1/4。

侧行连接步第一～三步动作，如图 52～图 54 所示。

图 52

图 53

图 54

分式左转步（OPEN REVERSE TURN LADY OUTSIDE CLOSED FINISH）

图 55

图 56

图 57

图 58

图 59

图 60

男士步法：第一步［Q］：面向斜中央，在反身动作位置中左脚前进，脚跟到脚尖，有反身动作，开始左转。第二步［Q］：背向斜壁，右脚向侧，脚掌到脚跟，第一 ~ 二步转 1/4。第三步［S］：背向斜壁，顺着舞程线，在反身动作位置中左脚后退，脚掌到脚跟内侧，第四步［Q］：向左转 1/4 后背对斜中央，右脚后退，脚掌到脚跟，有反身动作。第五步［Q］：向左转 1/8 后指向舞壁，左脚向侧并稍前进，脚内缘。第六步［S］：面向舞壁，右脚并左脚并稍后退，全脚。

女士步法：第一步［Q］：背向斜中央，在反身动作位置中右脚后退，脚掌到脚跟，有反身动作，开始左传。第二步［Q］：面向斜壁，左脚向侧并稍前进，全脚，第一 ~ 二步转 1/4。第三步［S］：面向斜壁，顺着舞程线、在反身动作位置中右脚前进，脚跟。第四步［Q］：向左转 1/4 后，面向斜中央，左脚前进，脚跟，有反身动作。第五步［Q］：继续向左转 1/8 后背向舞壁，右脚向侧并稍后退，脚内缘。第六步［S］：背向舞壁，左脚并右脚并稍前进，全脚。

分式左转步第一 ~ 六步动作，如图 55 ~ 图 60 所示。

右摇转步（NATURAL ROCK TURN）

男士步法：第一步［S］：面向舞壁，在反身动作位置中左脚前进，脚跟到脚尖，有反身动作，左转 1/8。第二步［S］：面向斜壁，右侧身体引导、右脚前进，脚跟到脚尖，第二 ~ 四步间右转 1/4 。第三步［Q］：背向中央，左脚向侧并稍后退，脚掌到脚跟内缘，第四步［Q］：背向斜中央，重量向前移至右脚、右肩引导，脚掌到脚跟内缘。第五步［S］：背向斜中央，左脚小步后退、左肩引导，脚掌到脚跟内缘。第六步［Q］：面向舞壁，在反身动作位置中右脚后退，脚掌到脚跟，有反身动作，第六 ~ 七步间向左转 1/8。第七步［Q］：面向舞壁，左脚向侧并稍前进，脚之内缘。第八步［S］：面向舞壁，右脚并左脚稍后退，整脚。

女士步法：第一步［S］：背向舞壁，在反身动作位置中右脚后腿，脚尖，有反身动作。第二步［S］：背向斜壁，左脚后腿左肩引导，脚掌到脚跟内缘，第二 ~ 四步间向右转 1/4。第三步［Q］：面向中央，右脚前进并稍向右，脚跟。第四步［Q］：面向斜中央，左脚后退并稍向左、左肩引导，脚掌到脚跟内缘。第五步［S］：面向斜中央，右脚前进，右肩引导小步，脚跟。第六步［Q］：背向舞壁，在反身动作位置中左脚前进，脚跟到脚尖，有反身动作，第六 ~ 七步间向左转 1/8。第七步［Q］：背向舞壁，右脚向侧并稍后退，脚掌到脚跟内缘。第八步［S］：背向舞壁；左脚并右脚稍前进；整脚。

右摇转步第一～八步动作，如图 61～图 68 所示。

图 61

图 62

图 63

图 64

图 65

图 66

图 67

图 68

反抑制步（CONTRA CHECK END P.P.）

男士步法：第一步［S］：面向舞壁，在反身动作位置中左脚交叉于右脚前进一小步、重心在两脚之间，左脚先脚跟再脚掌而右脚先脚跟再脚掌，有反身动作。第二步［Q］：背向斜中央，重心回到右脚，脚掌到脚跟，右转 1/8。第三步［Q］：背向斜中央，左脚后退并向侧、不置重量，脚尖内缘。

女士步法：第一步［S］：背向舞壁，在反身动作位置中右脚交叉于左脚后退一小步、重心在两脚之间，右脚先脚尖再脚掌而左脚先整脚再至脚外缘，有反身动作。第二步［Q］：面向斜中央，重心回到左脚，脚跟到脚掌，右转 1/8。第三步［Q］：面向斜中央，右脚前进并向侧、不置重量，脚尖内缘。

图 69

图 70

反抑制步第一～三步动作，如图 69 和图 70 所示。

侧行至切音锁步（PROMENADE TO SYNCOPATED LOCK）

男士步法：第一步［S］：沿着斜壁，指向逆斜壁；在侧行位置中，左脚向侧；脚跟到脚尖。第二步［Q］：沿着斜壁、指向逆斜壁，右脚前进并交叉于反身动作位置与侧行位置中，脚跟到脚尖。第三步［Q］：沿着斜壁、指向逆斜壁，左脚向侧，脚跟到整脚，第三～四步间身体左转 1/8。第四步［S］：面向斜壁，右脚锁于左脚后，脚掌。

女士步法：第一步［S］：沿着斜壁、指向斜中央；在侧行位置中，右脚向侧；脚跟到脚尖。第二步［Q］：沿着斜壁、指向斜中央，左脚前进并交叉于反身动作位置与侧行位置中，脚跟到脚尖。第三步［Q］：沿着斜壁、指向斜中央，右脚向侧，脚跟到脚掌，第三～四步间左转 1/8。第四步［S］：背向斜壁，左脚锁于右脚前，脚掌。

侧行至切音锁步第一～四步动作，如图 71～图 74 所示。

图 71

图 72

图 73

图 74

扭转步（TWIST TURN）

男士步法：第一步［QQQQ］：面向新舞壁，重心在两脚之间、大腿内侧夹紧、身体向右拧转，右脚脚掌、左脚脚跟，右转 7/8。第二步［S］：面向新舞壁，左脚在侧行位置中向左侧一小步、不置重量，整右脚、左脚掌内缘。

图 75

图 76

女士步法：第一步［QQQQ］：背向新舞壁，在反身动作位置和外侧舞伴位置中，左脚前进、右脚前进、左脚继续前进、右脚继续前进；四步的步法全是先脚跟再脚掌，右转 7/8。第二步［S］：背向新舞壁，左脚向侧并稍后退、右脚在侧行位置中向侧一小步，不置重量，左脚脚跟到脚掌，再至整脚、右脚脚掌内缘。

扭转步第一～二步动作，如图 75 和图 76 所示。

侧行并步（CLOSED PROMENADE）

男士步法：第一步［S］：沿新舞程线，指向新斜壁；在侧行位置中，左脚向侧；脚跟到脚尖。第二步［Q］：沿新舞程线，指向新斜壁；右脚前进并交叉于反身动作位置与侧行位置中；脚跟到脚尖。第三步［Q］：指向新斜壁；左脚向侧并稍前进，脚之内缘。第四步［S］：面向新斜壁；右脚并左脚并稍后退，整脚。

女士步法：第一步［S］：沿新舞程线，指向新斜中央；在侧行位置中，右脚向侧；脚跟到脚尖。第二步［Q］：沿新舞程线，指向新斜中央；左脚前进并交叉于反身动作位置与侧行位置中；脚跟到脚尖。第三步［Q］：背向新斜壁；右脚向侧并稍后退，脚内缘。第四步［S］：背向新斜壁；左脚并右脚并稍前进，整脚。

侧行并步第一～四步动作，如图 77～图 80 所示。

图 77

图 78

图 79

图 80

西班牙拖步（Drag）

男士步法：第一步［Q］：面向新斜壁，左脚向侧一小步，脚内缘。第二步［Q］：面向新斜壁，右脚并左脚，脚掌。第三步［Q］：面向新斜壁，左脚向侧一小步，脚内缘。第四步［Q］：面向新斜壁，右脚并左脚，脚掌。第五步［SSSS］：［S］：顺着斜壁，指向逆斜中央，左肩引导，左脚向侧并稍前进一大步成弓步，脚掌内缘，有反身动作，右转 1/8。［S］：身体从反身动作还原，向右下方转头。［SS］：舞伴对视交流，右脚拉回至左脚旁，身体不升。第六步［S］：背向斜中央，重心移至右脚、左脚在侧行位置中向侧一小步，右脚脚掌到脚跟、左脚脚尖内缘。

女士步法：第一步［Q］：背向新斜壁，右脚向侧一小步，脚内缘。第二步［Q］：背向新斜壁，左脚并右脚，脚掌。第三步［Q］：背向新斜壁，右脚向侧一小步，脚内缘。第四步［Q］：背向新斜壁，左脚并右脚，脚掌。第五步［SSSS］：［S］：顺着斜壁、指向斜中央，右脚向侧并稍后退一大步成弓步，脚掌内缘，有反身动作，右转 1/8。［S］：身体从反身动作还原，向右上方转头，［SS］：舞伴对视交流，左脚拉回至右脚旁，身体不升。第六步［S］：面向斜中央，重心移至左脚、右脚在侧行位置中向侧一步，左脚脚掌到脚跟、右脚脚尖内缘。

西班牙拖步第一～五步动作，如图 81～图 87 所示，其中图 83 和图 84 重复图 81 和图 82。

图 81

图 82

图 83

图 84

图 85

图 86

图 87

西班牙拖步后重复侧行至切音锁步、扭转步和侧行并步。如图 88 ~ 图 97 所示。

图 88

图 89

图 90

图 91

图 92

图 93

图 94

图 95

图 96

图 97

探戈舞的套路练习与套路连接

——两个常步 [S、S]
——直行串步 [Q、Q]
——侧行连接步 [S、Q、Q]
——分式左转步 [Q、Q、S、Q、Q、S]
——右摇转步 [S、S、Q、Q、S、Q、Q、S]
——反抑制步 [S、Q、Q]
——侧行至切音锁步 [S、Q、Q、S]
——扭转步 [Q、Q、Q、Q、S]
——侧行并步 [S、Q、Q、S]
——西班牙拖步 [Q、Q、Q、Q、S、S、S、S、S]
——侧行至切音锁步 [S、Q、Q、S]
——扭转步 [Q、Q、Q、Q、S]
——侧行并步 [S、Q、Q、S]

二、拉丁舞

拉丁舞是流行于拉丁美洲的民间舞蹈，第二次世界大战以后，经过英国皇家交际舞教师协会的整理、改造，被纳入国际标准交际舞中，包括伦巴、恰恰恰、桑巴、斗牛和牛仔五种拉丁舞蹈。拉丁舞在很多方面与前面介绍的标准舞有着较大的区别，具体如下：拉丁舞起源于拉丁美洲（古巴、巴西、墨西哥等国）；音乐热情奔放，节奏感强；舞姿婀娜，舞伴间若即若离，无规定程式，多为“地位舞”或“方位舞”；舞步变化莫测，活泼，表演性强，易于激发观众的情绪；服饰较为随意，随“拉美”风情，突出“拉美”风格；风格是舞伴间多有感情交流，女伴为主要表现者。

（一）伦巴、恰恰恰、桑巴、牛仔舞的标准握持

闭式舞姿

拉丁舞闭式舞姿如图 98 所示：

(1) 男、女舞伴相对而立，身体稍前倾，头正直，两眼平视前方（看舞伴），男伴重心在右脚，女伴在左脚，另一脚其脚掌内侧着地。(2) 男伴左手与女伴右手相握，女伴右手虎口张开，四指并拢轻置于男伴的左手虎口并环握男伴左手大拇指根部，男伴左手四指轻握女伴右手掌背部，举至左肩膀，上臂略向内合，小臂与上臂约成 90° 夹角，右手置于女伴左肩胛骨下方，肘部平抬并使手臂成弧形。(3) 女伴将左臂轻置于男伴右臂上，左手虎口张开轻置于男伴三角肌处，掌心向下，形成松弛而协调的舞姿，如图 98 所示。

图 98

图 99

开式舞姿

男女舞伴相对而立，或单手相拉，或双手相拉，或不拉手，如图 99 所示。

（二）伦巴

伦巴舞起源于古巴，极富魅力的髋部摆动显示出舞态的柔媚；缠绵抒情的音乐伴奏，使其充满了浪漫的情调。动作特点：以胯部的转动带动腿和手臂的运动，在节奏中一张一弛。转胯的规律：伦巴舞的每一步移动之前都要先转胯，再出脚，先扭转反方向的胯，然后出脚移动，例如：左脚前进，右胯先向右后方向扭转，然后左脚再出脚前进。音乐节奏：一般是 4/4 拍，每分钟为 28 ~ 31 小节，重音在第 1 拍和第 3 拍，基本节奏为 2–3–4–1。下文方括号中表示每步的基本节奏。基本步法如下：

1 ~ 3 基本动作步（1~3 BASIC MOVEMENT）

男士步法：第一步 [2]：左脚向前，脚尖外传；脚掌平伏；向前抑制步。第二步 [3]：右脚原地，脚掌平伏；原地换重心。第三步 [4 ~1]：左脚并右脚，重心到左脚；脚掌平伏；交换重心。

女士步法：第一步［2］：右脚后退，脚掌平伏，后退走步。第二步［3］：左脚原地，脚掌平伏，原地换重心。第三步［4~1］：左转1/8后右脚前进，脚掌平伏。

动作提示：女士做第三步时，左手臂可垂直向上延伸，增加动作的优美度。

脚掌平伏：脚尖先接触地面，再换成前脚掌，逐渐降到脚跟。当脚移动时，绷直脚背，脚尖挤压地板，然后脚掌进一步挤压地板，脚跟放低，重心完全到达全脚。此时，非重心脚脚跟离开地面，脚背绷直。

1~3基本动作步的动作，如图100~图102所示。

图100

图101

图102

扇形步（FAN）

男士步法：第一步［2］：右脚后退，脚掌平伏，后退走步。第二步［3］：左脚原地，脚掌平伏，原地换重心。第三步［4~1］：左转1/4后右脚向侧稍前，脚掌平伏，向前走步转。

女士步法：第一步［2］：右转1/4后左脚前进，脚掌平伏，前进走步。第二步［3］：右脚前进，脚掌平伏，前进走步。第三步［4~1］：左转1/2后左脚向侧并稍后退成扇形位展开，脚掌平伏，后退走步转，继续左转1/8。

动作提示：在该舞步过程中，男伴左手与女伴右手始终相握。

扇形步第一~三步动作，如图103~图105所示。

图103

图104

图105

曲棍步（HOCKER STICK）

男士步法：第一步［2］：左脚前进，脚尖外传，脚掌平伏，向前抑制步。第二步［3］：右脚原地，脚掌平伏，重心回到右脚。第三步［4~1］：右转1/8后左脚并右脚，脚掌平伏，交换重心。第四步［2］：继续右转 1/8 后右脚后退，脚掌平伏，后退走步。第五步［3］：左脚原地，脚掌平伏，原地换重心。第六步［4~1］：右脚前进、脚掌平伏，前进走步。

女士步法：第一步［2］：右脚并向左脚，脚掌平伏，两脚并拢，交换重心，右转 1/8。第二步［3］：左脚前进，脚掌平伏；前进走步。第三步［4~1］：右脚前进；脚掌平伏，前进走步。第四步［2］：左转 1/8 后左脚前进，脚掌平伏；前进走步。第五步［3］：右脚前进后以右腿为轴左转 1/2，脚掌平伏，前进走步。第六步［4~1］：左脚后退，脚掌平伏，后退走步。

动作提示：整个舞步过程中，男伴左手始终与女伴右手相握，在 3、4 步时男伴左手上举、肘上抬，女伴肘前顶、右手上举，形成一个方形窗口。在女伴左转身时，男伴左手在上方向左推动，帮助女伴转动。

曲棍步第一～六步动作，如图 106～图 111 所示。

图 106　图 107　图 108　图 109　图 110　图 111

1～3 基本动作步（1～3 BASIC MOVEMENT）

男士步法：第一步［2］：左脚向前，脚尖外传；脚掌平伏，向前抑制步。第二步［3］：右脚原地，脚掌平伏，原地换重心。第三步［4～1］：左脚后退，重心到左脚；脚掌平伏，后退走步。

图 112　图 113　图 114

女士步法：第一步［2］：右脚后退，脚掌平伏，后退走步。第二步［3］：左脚原地，脚掌平伏，原地换重心。第三步［4～1］：右脚前进，脚掌平伏，前进走步。

1～3 基本步第一～三步动作，如图 112～图 114 所示。

6 后退走步（6 BLACK WALKS）

男士步法：第一步［2］：右脚后退，脚掌平伏，后退走步。第二步［3］：左脚后退，脚掌平伏，后退走步。第三步[4~1]：右脚后退，脚掌平伏，后退走步。第四步[2]：左脚后退，脚掌平伏，后退走步。第五步［3］：右脚后退，脚掌平伏，后退走步。第六步［4~1］：左脚后退，脚掌平伏，后退走步。

女士步法：第一步［2］：左脚前进，脚掌平伏，前进走步。第二步［3］：右脚前进，脚掌平伏，前进走步。第三步［4~1］：左脚前进，脚掌平伏，前进走步。第四步［2］：右脚前进，脚掌平伏，前进走步。第五步[3]：左脚前进，脚掌平伏，前进走步。第六步[4~1]：右脚前进，脚掌平伏，前进走步。

6 后退走步第一～六步动作，如图 115～图 120 所示。

图 115

图 116

图 117

图 118

图 119

图 120

臂下右转（UNDER ARM TURN TO RIGHT）

男士步法：第一步［2］：右脚后退，脚掌平伏，后退走步。第二步［3］：左脚原地，脚掌平伏，原地换重心。第三步［4~1］：左转 1/8 后右脚向侧，脚掌平伏，交换重心。

女士步法：第一步［2］：右转 1/8 后左脚前进，脚掌平伏，前进走步，继续右转 1/2。第二步［3］：右脚原地，脚掌平伏，原地换重心。第三步［4~1］：右转 3/8 后左脚向侧，脚掌平伏，交换重心。

动作提示：整个舞步过程中，男伴左手始终与女伴右手相握，在 1、2 步时男伴左手上举，女伴右手上举。在女伴右转身时，男伴左手在上方向前推动，帮助女伴转动。

臂下右转第一～三步动作，如图 121～图 123 所示。

图 121

图 122

图 123

纽约步（NEW YORK）

男士步法：第一步［2］：右转 1/4 后左脚在开式相对侧行位置前进，脚尖外旋，脚掌平伏；抑制前进走步。第二步［3］：右脚原地，脚掌平伏，原地换重心。第三步［4~1］：左转 1/4 后左脚向侧，脚掌平伏，侧向步。第四步［2］：左转 1/4 后右脚在开式相对侧行位置前进，脚尖外旋；脚掌平伏；抑制前进走步。第五步［3］：左脚原地，脚掌平伏，原地换重心。第六步［4~1］：右转 1/4 后右脚向侧，脚掌平伏，侧向步。

女士步法：第一步［2］：左转 1/4 后右脚在开式相对侧行位置前进，脚尖外传；脚掌平伏；抑制前进走步。第二步［3］：左脚原地，脚掌平伏，原地换重心。第三步［4~1］：右转 1/4 后，右脚向侧；脚掌平伏；侧向步。第四步［2］：右转 1/4 后左脚在开式相对侧行位置前进，脚尖外传；脚掌平伏；抑制前进走步。第五步［3］：右脚原地，脚掌平伏，原地换重心。第六步［4~1］：左转 1/4 后左脚向侧，脚掌平伏，侧向步。

动作提示：纽约步第七~九步重复第一~三步动作。舞步过程中，男女舞伴单手相握，在三、六、九步上换手。

纽约步第一~六步动作，如图 124~图 129 所示。

图 124

图 125

图 126

图 127

图 128

图 129

手对手（HAND TO HAND）

男士步法：第一步［2］：右转 1/4 后右脚在开式并退位置后退，脚掌平伏，后退走步。第二步［3］：左脚原地，脚掌平伏，原地换重心。第三步［4~1］：左转 1/4 后，右脚向侧，脚掌平伏，侧向步。第四步［2］：左转 1/4 后左脚在开式并退位置后退，脚掌平伏，后退走步。第五步［3］：右脚原地，脚掌平伏，原地换重心。第六步［4~1］：右转 1/4 后左脚向侧，脚掌平伏，侧向步。

女士步法：第一步［2］：左转 1/4 后左脚在开式并退位置后退，脚掌平伏，后退走步。第二步［3］：右脚原地，脚掌平伏，原地换重心。第三步［4~1］：右转 1/4 后左脚向侧，脚掌平伏，侧向步。第四步［2］：右转 1/4 后右脚在开式并退位置后退，脚掌平伏，后退走步。第五步［3］：左脚原地，脚掌平伏，原地换重心。第六步［4~1］：左转 1/4 后右脚向侧，脚掌平伏，侧向步。

动作提示：手对手第七~九步重复第一~三步动作。舞步过程中，男女舞伴单手相握，在第三、六、九步上换手。第九步手臂动作略有改变，男伴左手与女伴右手以掌相对，高度约在眉峰位，另一只手臂向侧延伸。

手对手舞步第一~九步动作，如图 130~图 138 所示。

图 130

图 131

图 132

图 133

图 134

图 135

图 136

图 137

图 138

定点转（SPOT TURN LEFT OR RIGHT）

男士步法：第一步［2］：右转 1/8 后左脚前进，脚掌平伏，前进走步。第二步［3］：右转 1/2 后右脚原地，脚掌平伏，原地换重心。第三步［4～1］：右转 3/8 后左脚向侧，脚掌平伏，侧向步。第四步［2］：左转 1/8 后右脚前进，脚掌平伏，前进走步。第五步［3］：左转 1/2 后左脚原地，脚掌平伏，原地换重心。第六步［4～1］：左转 3/8 后右脚向侧，脚掌平伏，侧向步。

女士步法：第一步［2］：左转 1/8 后右脚前进，脚掌平伏，前进走步。第二步［3］：左转 1/2 后左脚原地，脚掌平伏，原地换重心。第三步［4～1］：左转 3/8 后右脚向侧，脚掌平伏，侧向步。第四步［2］：右转 1/8 后左脚前进，脚掌平伏，前进走步。第五步［3］：右转 1/2 后右脚原地，脚掌平伏，原地换重心。第六步［4～1］：右转 3/8 后左脚向侧，脚掌平伏，侧向步。

动作提示：定点转舞步过程中，男女舞伴在第三步、第六步上以掌相对，其他步数时男女伴做单人手势。第六步变为闭式舞姿。

定点转第一～六步动作，如图 139～图 144 所示。后接基本步，如图 145～图 156 所示。

图 139

图 140

图 141

图 142

图 143

图 144

图 145

图 146

图 147

图 148

图 149

图 150

图 151

图 152

图 153

图 154

图 155

图 156

伦巴舞的套路练习与整套组合

——1～3 基本步 [2、3、4～1]

——扇形步 [2、3、4～1]

——曲棍步 [2、3、4～1，2、3、4～1]

——1～3 基本步 [2、3、4～1]

——6 后退走步 [2、3、4～1，2、3、4～1]

——臂下右转 [2、3、4～1]

——纽约步 [2、3、4～1，2、3、4～1]

——手对手 [2、3、4～1，2、3、4～1]

——定点转 [2、3、4～1，2、3、4～1]

——重复循环

（三）恰恰恰

恰恰恰是模仿企鹅姿态创编的舞蹈，由非洲传入拉美，并在古巴得到了很大的发展。恰恰恰的音乐欢快有趣，舞步非常有特点，4 拍跳 5 步 SSQQS [2、3、4 & 1]，其风格诙谐、花俏，热烈而外向。舞动中强调重心向下踩，胯部动作与伦巴舞相同，但要有力度，运步的规律是以胯部来带动脚步。音乐节奏是 4/4 拍，音乐速度为每分钟 28～32 小节，基本节奏为 [2、3、4 & 1]。基本步法如下：

左右追步

左追步（CHASSE TO LEFT）步法：

第一步［第 4 拍的上半拍］：左脚小步向左横一步，脚掌。

第二步［第 4 拍的下半拍］：右脚并左脚，脚掌。

第三步［第 1 拍］：左脚向左侧稍后横一步，脚掌平伏。

右追步（CHASSE TO RIGHT）步法：

第一步［4］：右脚小步向右横一步；脚掌。

第二步［&］：左脚并右脚；脚掌。

第三步［1］：右脚向右侧稍前横一步；脚掌平伏。

动作提示：在做追步时，第一步向侧移动，脚掌着地，稍屈膝；第二步双膝稍屈，脚跟稍提起，重心完全在脚掌上；第三步，一脚伸膝发力，将另一脚向侧推出去，脚掌着地，结束时两膝伸直，重心脚由脚掌变为全脚着地，非重心脚脚跟提起；转胯的规律与伦巴相同，先转胯，再出脚；扭转反方向的胯，然后出脚移动，例如，左脚前进，右胯先向右后方向扭转，然后左脚再出脚前进。

左追步动作，如图 157 ~ 图 159 所示，右追步动作，如图 160 ~ 图 162 所示。

图 157

图 158

图 159

图 160

图 161

图 162

前后锁步

前锁步（LOCK FORWARD）步法：

第一步［第 4 拍的上半拍］：右脚小步前进，脚掌平伏。

第二步［第 4 拍的下半拍］：左脚交叉在右脚后，脚掌。

第三步［第 1 拍］：右脚前进重心右脚，脚掌平伏。

后锁步（LOCK BACKWARD）步法：

第一步［4］：左脚小步稍侧后退一步，脚掌。

第二步［&］：右脚交叉在左脚前，脚掌。

第三步［1］：左脚后退重心左脚，脚掌平伏。

动作提示：前进锁步数“&”时，后脚尖放在靠近前脚跟稍外侧的位置，脚尖外转，前腿直膝，后腿稍屈；数“1”时，后腿伸膝发力，将另一脚推向前，前脚掌向前偏右着地。

后退锁步数“4”时，脚尖放在前脚跟垂直线稍外侧，直膝；数“&”时脚跟放在靠近后脚脚尖稍外侧，脚尖外转；数“1”时，前腿伸膝发力，将另一脚推向后，脚掌向后偏左着地。转胯的规律与伦巴相同。

前锁步动作，如图 163 ~ 图 165 所示，后锁步动作，如图 166 ~ 图 168 所示。

图 163

图 164

图 165

图 166

图 167

图 168

1 ~ 5 基本步（1 ~ 5 BASIC MOVEMENT）

男士步法：第一步［2］：左脚前进，右腿稍屈膝，重心在两腿中间偏前；脚掌平伏。第二步［3］：右脚原地，右腿伸直；脚掌平伏；原地换重心。第三 ~ 五步［4 & 1］：后锁步。

女士步法：第一步［2］：右脚后退，左腿伸直，重心后移；脚掌平伏；后退走步。第二步［3］：左脚原地，脚掌平伏，原地换重心。第三 ~ 五步［4 & 1］：左转 1/8 后做前锁步。

动作提示：本书中恰恰恰的基本动作套路与伦巴相同，因此下文不再每一个动作列图示意。恰恰恰所有动作的第一步和第二步与相对应名称的伦巴动作相同，第三 ~ 五步做追步或者锁步，如图 157 ~ 图 168 所示。

扇形步（FAN）

男士步法：第一步［2］：右脚后退，左腿伸直，重心后移；脚掌平伏；后退走步。第二步［3］：左脚原地，脚掌平伏，原地换重心。第三 ~ 五步［4 & 1］：左转 1/4 后做右追步。

女士步法：第一步［2］：右转 1/4 后，左脚前进；脚掌平伏；前进走步。第二步［3］：右脚前进，脚掌平伏，前进走步。第三 ~ 五步［4 & 1］：左转 1/2 后做后退锁步，同时左转 1/8。

动作提示：做该舞步过程中，男伴左手与女伴右手始终相握。

曲棍步（HOCKEY STICK）

男士步法：第一步［2］：左脚前进切克，脚掌平伏。第二步［3］：右脚原地，脚掌平伏，原地换重心。第三步［4］：右转 1/8 后左脚后退一步，脚掌。第四步［&］：右转 1/8 后重心迅速回到右脚，脚掌。第五步［1］：左脚并右脚，脚掌平伏。第六步［2］：右脚后退、左腿伸直，重心后移；脚掌平伏；后退走步。第七步［3］：左脚原地，脚掌平伏，原地换重心。第八 ~ 十步［4 & 1］：前锁步。

女士步法：第一步［2］：右脚并向左脚；脚掌平伏；两脚并拢，交换重心；同时右转

1/8。第二步［3］：左脚前进，脚掌平伏，前进走步。第三～五步［4 & 1］：前锁步。第六步［2］：左转 1/8 后左脚前进，脚掌平伏，前进走步。第七步［3］：右脚前进后，以右腿为轴左转 1/2；脚掌平伏；前进走步。第八～十步［4 & 1］：后锁步。

动作提示：整个舞步过程中，男伴左手始终与女伴右手相握，在第三～五步时男伴左手上举、肘上抬，女伴肘前顶、右手上举，形成一个方形窗口。在女伴左转身时，男伴左手在上方向左推动，帮助女伴转动。

切克（抑制步）动作要领：前脚打开 1/16；两膝相靠，后退膝盖与前腿腘窝相扣，前腿膝盖超直，后退膝盖弯曲；重心向前，移至两腿间。

1～2 基本步（1～2 BASIC MOVEMENT）

男士步法：第一步［2］：左脚前进，右腿稍屈膝，重心在两腿中间偏前；脚掌平伏。第二步［3］：右脚原地，右腿伸直；脚掌平伏；原地换重心。

女士步法：第一步［2］：右脚后退，左腿伸直，重心后移；脚掌平伏；后退走步。第二步［3］：左脚原地，脚掌平伏，原地换重心。

3 后退锁步（BACKWARD ×3）

男士步法：第一个［4 & 1］：左脚后锁步。第二个［4 & 1］：右脚后锁步。第三个［4 & 1］：左脚后锁步。

女士步法：第一个［4 & 1］：右脚前锁步。第二个［4 & 1］：左脚前锁步。第三个［4 & 1］：右脚前锁步。

臂下右转（UNDER ARM TURN TO RIGHT）

男士步法：第一步［2］：右脚后退，左腿伸直，重心后移；脚掌平伏；后退走步。第二步［3］：左脚原地，脚掌平伏，原地换重心。第三～五步［4 & 1］：左转 1/8 后做右追步。

女士步法：第一步［2］：右转 1/8 后左脚前进，脚掌平伏。第二步［3］：右转 1/2 后右脚原地，脚掌平伏，原地换重心。第三～五步［4 & 1］：右转 3/8 后做左追步。

动作提示：整个舞步过程中，男伴左手始终与女伴右手相握，在第一步、第二步时男伴左手上举，女伴右手上举。在女伴右转身时，男伴左手在上方向前推动，帮助女伴转动。

纽约步（NEW YORK）

男士步法：第一步［2］：右转 1/4 后左脚在开式相对侧行位置做切克，脚掌平伏，前进走步，右手臂斜上举。第二步［3］：右脚原地，脚掌平伏，原地换重心。第三～五步［4 & 1］：左转 1/4 后做左追步。第六步［2］：左转 1/4 后右脚在开式相对侧行位置做切克，脚掌平伏，前进走步，左手臂斜上举。第七步［3］：左脚原地，脚掌平伏，原地换重心。第八～十步［4 & 1］：右转 1/4 后做右追步。

女士步法：第一步［2］：左转 1/4 后右脚在开式相对侧行位置做切克，脚掌平伏，前进走步，左手臂斜上举。第二步［3］：左脚原地，脚掌平伏，原地换重心。第三～五步［4 & 1］：右转 1/4 后做右追步。第六步［2］：右转 1/4 后左脚在开式相对侧行位置做切克，脚掌平伏，前进走步，右手臂斜上举。第七步［3］：右脚原地，脚掌平伏，原地换重心。第八～十步［4 & 1］：左转 1/4 后做左追步。

动作提示：纽约步第十一～第十五步重复第一～第五步动作。舞步过程中，男女舞伴单手相握，在第六、第十一步上换手。

手对手（HAND TO HAND）

男士步法：第一步［2］：右转 1/4 后右脚在开式并退位置后退，脚掌平伏，后退走步。第二步［3］：左脚原地，脚掌平伏，原地换重心。第三～五步［4 & 1］：左转 1/4 后做右追步。第六步［2］：左转 1/4 后左脚在开式并退位置后退，脚掌平伏，后退走步。第七步［3］：右脚原地，脚掌平伏，原地换重心。第八～十步［4 & 1］：右转 1/4 后做左追步。

女士步法：第一步［2］：左转 1/4 后左脚在开式并退位置后退，脚掌平伏，后退走步。第二步［3］：右脚原地，脚掌平伏，原地换重心。第三～五步［4 & 1］：右转 1/4 后做左追步。第六步［2］：右转 1/4 后右脚在开式并退位置后退，脚掌平伏，后退走步。第七步［3］：左脚原地，脚掌平伏，原地换重心。第八～十步［4 & 1］：左转 1/4 后做右追步。

动作提示：手接手第十一～十五步重复第一～五步动作。舞步过程中，男女舞伴单手相握，在第一、六、十一步上换手。

定点转（SPOT TURN LEFT OR RIGHT）

男士步法：第一步［2］：右转 1/8 后左脚前进，脚掌平伏，前进走步。第二步［3］：右转 1/2 后右脚原地，脚掌平伏，原地换重心。第三～五步［4 & 1］：右转 3/8 后做左追步。第六步［2］：左转 1/8 后右脚前进，脚掌平伏，前进走步。第七步［3］：左转 1/2 后左脚原地，脚掌平伏，原地换重心。第八～十步［4 & 1］：左转 3/8 后做右追步。

女士步法：第一步［2］：左转 1/8 后右脚前进，脚掌平伏，前进走步。第二步［3］：左转 1/2 后左脚原地，脚掌平伏，原地换重心。第三～五步［4 & 1］：左转 3/8 后做右追步。第六步［2］：右转 1/8 后左脚前进，脚掌平伏，前进走步。第七步［3］：右转 1/2 后右脚原地，脚掌平伏，原地换重心。第八～十步［4 & 1］：右转 3/8 后做左追步。

动作提示：定点转舞步过程中，第 1、2 步时男伴右脚和女伴左脚原地不动；第 6、7 步时男伴左脚和女伴右脚原地不动，男女舞伴在第 2、7 步上分手做单人手势，其他步数时男伴左手与女伴右手相握，另一只手臂向侧延伸。

恰恰恰舞的套路练习与整套组合

——基本步［2、3、4 & 1］

——扇形步［2、3、4 & 1］

——曲棍步［2、3、4 & 1，2、3、4 & 1］

——1～2 基本步［2、3］

——3 后退锁步［4 & 1，4 & 1，4 & 1］

——臂下右转［2、3、4 & 1］

——纽约步［2、3、4 & 1，2、3、4 & 1，2、3、4 & 1］

——手对手［2、3、4 & 1，2、3、4 & 1，2、3、4 & 1］
——定点转［2、3、4 & 1，2、3、4 & 1］
——基本步［2、3、4 & 1，2、3、4 & 1］
——重复循环

第三节　体育舞蹈竞赛形式及规则

一、体育舞蹈竞赛形式

内容

体育舞蹈比赛分两个系列：标准舞系列和拉丁舞系列。每类舞包括 5 种舞。除此之外还有团体舞比赛。

特点

（1）主持人制。比赛自始自终是在主持人的控制下进行，主持人把握整个比赛的节奏。

（2）比赛与表演相结合。赛中、赛后可穿插国内外优秀选手表演，这样既丰富比赛内容、增加比赛亮点，又可给选手、裁判员、记分组充足的准备时间和休息时间。

（3）淘汰制与顺位法相结合。预赛与半决赛采用淘汰制比赛方式，决赛采用顺位法确定单项和全能比赛的名次。

体育舞蹈竞赛的记分方法

体育舞蹈竞赛的记分方法按顺位法进行，即决赛时通过顺位排列的方法计算出单项和全能名次。

二、体育舞蹈竞赛规则

比赛场地

赛场的地面应平整、光滑。比赛场地长 23 米，宽 15 米，标准舞及拉丁舞中桑巴舞、斗牛舞按逆时针方向运行，交换舞程线时应过中心线。

比赛服装和仪容

标准舞，男选手穿燕尾服，头发长度不得超过衣领，女选手穿不过脚踝的长裙。拉丁舞服装应有拉美风格，男女选手服装必须搭配协调，男选手不得佩戴头饰，女选手穿露背短裙。

评判内容

（1）时值和基本节奏。“时值”是指每一个舞步的时间值正好与音乐合拍，“基本节奏”是指舞步在规定的时间内完成并且保持舞步之间正确的时间关系。裁判必须确定选手是否按时值和基本节奏进行表演。

选手的时值和基本节奏错误时，其舞蹈分数必须是最低。这种错误不能通过其他评判内容的良好表现来弥补。

（2）身体线条。“身体线条”是指两位选手在运动中身体各部位构成的整体效果。身体线条应表现优美的舞姿，包括手臂线条、背部协调、肩部线条、胯部线条（骨盆姿势）、腿部线条、颈部和头部线条、右侧和左侧线条。

（3）整体动作。裁判必须确定选手是否准确掌握该舞蹈的风格特点，并且评估选手动作的起伏、倾斜和平衡；在良好的控制和平衡情况下，动作幅度越大，评分越高。在拉丁舞中，必须评估每种舞蹈典型的胯部动作。

（4）节奏表现力。裁判必须评估选手的舞蹈节奏表现力，这反映出选手对舞蹈节奏的感受、理解和适应能力。但若表演与节奏不合，应按“违反时值和基本节奏”处理。

（5）步法技巧。裁判必须正确评估选手舞步，评价内容有对每一步脚各个部位（脚掌、脚跟、脚趾）的要求、对脚步移动的控制和艺术表现力。

思考题

1. 体育舞蹈是如何发展成为一项国际竞技项目的？
2. 华尔兹舞步中，侧行追步是怎样进行的？节奏如何把握？
3. 谈谈华尔兹与伦巴这两种舞蹈在风格特点、音乐节奏、舞步形式上的区别。
4. 试编一组伦巴舞小组合，并尝试熟练掌握。
5. 试分析恰恰恰前后锁步动作的技术要求。
6. 体育舞蹈竞赛的特点有哪些？

第十一章　健美操运动

☑ 主要知识点

本章由 4 部分组成，介绍了健美操运动概述、健美操动作及步法组合、健美操创编、健美操体能训练和竞赛规则。

◇**学习目标：** 了解国内外健美操发展状况，掌握健美操常用知识，能够记住健美操动作、步法及音乐等特点，掌握健美操创编及体能训练方法，了解健美操竞赛规则等，形成终身体育锻炼意识。

◇**重要概念：** 健美操　健美操分类　特点　动作要领　创编　体能训练　竞赛规则裁判法

◇**重要环节：** 重点了解健美操的健身价值、运动与锻炼方式及竞赛规则，学会创编方法。

第一节　健美操运动概述

一、健美操的兴起与发展

健美操是从 20 世纪 60 年代末开始，伴随着人类文明的发展而兴起的一项新兴的体育运动项目。它融体操、音乐、舞蹈于一体，以有氧运动为基础，以健、力、美为主要特征，通过徒手、手持轻器械和在专门器械上进行的健美操练习，达到健身、健美、健心的目的，并具有竞技性、娱乐性和观赏性。而在 20 世纪 80 年代初，随着遍及全球的健身热和休闲娱乐体育的发展，健美操以其强大的生命力风靡世界，经历了从服务于大众健身需求的现代健身健美操的诞生到高水平竞技健美操的出现的飞速发展过程。

二、健美操的分类与特点

（一）健美操的分类

健身健美操

健美操也称为有氧健身操。它以健身为目的，通过在有氧供能的条件下，按照一定的顺序全面锻炼身体的各个部位来提高有氧代谢能力，增进健康，健美形体，焕发精神，娱乐身心。随着人们对健身娱乐的需求增强，多种时尚的有氧舞蹈出现了，如街舞（Hip-hop）、方克（Funk）、萨尔萨（Salsa），以及拉丁风格和爵士风格的有氧舞蹈等，进一步丰富了健身健美操的练习形式。

由于健身健美操动作简单易学、内容丰富多样，不受场地、性别、年龄、基础的限制，目前在学校里开展的健美操主要是健身健美操。

竞技健美操

竞技健美操其主要目的是“竞赛夺冠”，争取优异成绩。它有特定的竞赛规则和评分办法，其成套动作必须展示连续的动作组合、柔韧性和力量，并在综合运用 7 种基本步法的同时，高质量、完美地完成各类难度动作。

（二）健美操的特点

健身美体的时效性

健美操动作讲究健美大方，强调力度和弹性，趋向以不停顿地连续走、跑、跳，使练习者消耗过剩脂肪，增强肌肉力量，提高协调灵敏性，表现健美的体姿。

强烈的时代感与动律感

健美操动作素材多为富有时代感的现代舞蹈、时尚体操，其音乐多取材于迪斯科、爵士、摇滚等现代音乐。它的音乐更强调旋律的激昂振奋，节奏的鲜明强劲，更能体现出一种鲜明的动律感，充满青春活力，深受青年学生的喜爱。

高度的艺术性

健美操是一项追求健与美的运动项目。它的动作讲究力度和弹性，强调艺术性，可使练习者从中得到美的享受，提高审美意识和艺术修养。

广泛的适用性

健美操能够健身美体，符合现代人追求健美身心的需求。它的套路形式多样，节奏有快有慢，动作有难有易，运动负荷和强度的大小可以任意调节；对场地器材条件要求不高，练习起来简便安全，适合不同地区、不同条件的人群开展，所以具有广泛的适用性。

第二节　健美操的动作及其步法组合

一、健美操的基本动作

健美操的基本动作主要由下肢动作、上肢动作和躯干动作组成。下肢动作是健美操基本动作的主体部分，主要由各种形式的基本步法构成。健美操基本步法归结起来有踏步类、点地类、迈步类、抬腿类、跑跳类 5 种。下面介绍常用的基本步法。

（一）踏步类

技术要点：此类动作在下落时膝、踝关节有弹性地缓冲。

踏步（March）

动作做法：两脚原地依次抬起、依次落地，如图 1 和图 2 所示。

走步（Walk）

动作做法：迈步向前走时，脚跟先落地，过渡到全脚掌；向后走时则相反，如图 3 和图 4 所示。

一字步（Easy walk）

动作做法：一脚向前一步，另一脚并于前脚，然后依次还原，如图 5 ~ 图 8 所示。

图 1

图 2

图 3

图 4

图 5

图 6

图 7

图 8

V 字步（V-step）

动作做法：一脚向前侧方迈一步，另一脚随之向另一侧方迈一步，成两脚开立，屈膝，然后依次退回原位，如图 9 ~ 图 12 所示。

漫步（Mambo）

动作做法：一脚向前迈出，屈膝，重心随之前移，另一脚稍抬起，然后原地落下；或向后撤一步，重心后移，另一脚稍抬起，然后原地落下，如图 13 ~ 图 16 所示。

图 9

图 10

图 11

图 12

图 13

图 14

图 15

图 16

（二）点地类

技术要点：在整个动作过程中，膝盖要有弹性地屈伸，包括动作完毕时，两腿膝盖也应处于微屈状态。

脚尖点地（Tap）

动作做法：一脚稍屈膝站立，另一脚向前或向侧伸出，脚尖点地，然后还原到并腿姿势，如图 17 和图 18 所示。

脚跟点地（Heel）

动作做法：一脚稍屈膝站立，另一脚向前或向侧伸出，脚跟点地，然后还原到并腿姿势，如图 19 和图 20 所示。

（三）迈步类

技术要点：注意重心之间的转换和跟进。

并步（Step touch）

动作做法 ：一脚迈出，另一脚随之并拢屈膝点地；再向反方向迈步，如图 21 和图 22 所示。

图 17

图 18

图 19

图 20

图 21

图 22

迈步后屈腿（Step curl）

动作做法：一脚迈出一步，另一脚后屈，然后向反方向迈步，如图 23～图 26 所示。

迈步吸腿（Step knee）

动作做法：一脚迈出一步，另一腿屈膝抬起，然后向反方向迈步，如图 27 和图 28 所示。

图 23

图 24

图 25

图 26

图 27

图 28

侧交叉步（Grapevine）

动作做法：一脚向侧迈出一步，另一脚在其后交叉，随之再向侧迈出一步，另一脚并拢，屈膝点地，如图 29 ~ 图 32 所示。

图 29

图 30

图 31

图 32

（四）抬腿类

技术要点：要求支撑腿有控制地屈膝弹动，另一腿以各种形式抬起，同时收腹、立腰。

吸腿（Knee lift）

动作做法：一腿屈膝抬起，落下还原，如图 33 所示。

踢腿（Kick）

动作做法：一腿稍屈膝站立，另一腿抬起，然后还原，如图 34 所示。

摆腿（Leg lift）

动作做法：一腿稍屈膝站立，另一腿做摆动，然后还原成并步，如图 35 和图 36 所示。

弹踢（Skip）

动作做法：一脚站立（跳起），另一脚先向后屈，再向前下方弹踢，还原，如图 37 和图 38 所示。

图 33

图 34

图 35

图 36

图 37

图 38

（五）跑跳类

技术要点：要求支撑腿膝、踝弹动，跳起落地时屈膝缓冲，保持上体正直和稳定性。

吸腿跳（Knee lift jump）

动作做法：一腿屈膝抬起，落下还原，另一脚离开地面，向上跳起，如图 39 和图 40 所示。

开合跳（Jumping jack）

动作做法：由并腿跳起，分腿落地，再由分腿跳起，并腿落地，如图 41 和图 42 所示。

小马跳（Ponty）

动作做法：以右脚起跳为例。左脚蹬地跳起，同时右脚向侧迈步落地，随之左脚并右脚点地，随后反方向做一次，动作相同，方向相反，如图 43 所示。

后踢腿跑（Jogging）

动作做法：两脚依次经过腾空后，一脚落地，另一腿小腿后屈，两臂配合下肢前后摆动，如图 44 和图 45 所示。

图 39

图 40

图 41

图 42

图 43

图 44

图 45

二、健美操的步法组合

健美操的基本步法根据人体运动时对地面的冲击力大小分为无冲击力步法、低冲击力步法、高冲击力步法三大类。无冲击力步法动作是指两腿始终接触地面的动作，主要包括并腿和分腿类的动作；低冲击力步法动作是指在做动作时，一脚着地，另一脚离地的动作，主要包括踏步类、点地类、迈步类和抬腿类。高冲击力步法动作是指在做动作时，两脚都离地的动作，即平常所说的跑跳类动作。下面是一组低冲击力步法结合高冲击力步法的组合练习。

步法组合练习（四个八拍）

第一个八拍，如图 46 ~ 图 53 所示。

图 46　图 47　图 48　图 49　图 50　图 51　图 52　图 53

动作说明：1 ~ 4 拍右脚开始侧并步两次，成 L 型转，5 ~ 8 拍动作相同，但方向相反。双臂屈臂提拉 4 次。

第二个八拍，如图 54 ~ 图 59 所示。

动作说明：1 ~ 2 拍右脚向侧迈步，之后屈腿，3 ~ 4 拍左脚向侧迈步，之后屈腿，双臂前举后摆两次，5 ~ 6 拍右脚小马跳，左臂上举，7 ~ 8 拍动作同 5 ~ 6 拍，但方向相反。

图 54　图 55　图 56　图 57　图 58　图 59

第三个八拍，如图 60 ~ 图 67 所示。

动作说明：1 ~ 2 拍右脚向前上步吸腿，3 ~ 4 拍左脚后退还原，双臂前举后摆两次；5 ~ 6 拍右脚向侧前迈步跳起，左脚后摆，右臂侧上举，左臂侧下举；7 ~ 8 拍左脚向后 1/2 迈步，双臂后下举。

图 60　图 61　图 62　图 63　图 64　图 65　图 66　图 67

第四个八拍，如图 68～图 75 所示。

动作说明：1～4 拍左脚开始 V 字步，双臂依次侧前上举，之后击掌落下；5～8 拍开合跳两次，双臂依次侧上举，至胸前屈臂交叉，侧下举还原。

图 68　图 69　图 70　图 71　图 72　图 73　图 74　图 75

三、健美操的成套动作

健美操成套动作是在基本动作组合的基础上，在音乐的伴奏下，把基本动作完美地衔接起来形成一整套完整的动作。学生在掌握健美操基本动作组合的基础上，一般应掌握 1～2 套成套动作。我国推行的《全国健美操大众锻炼标准》中的等级规定套路是目前高校健美操教学中普遍采用的教学成套动作。可以参看由中国健美操协会审定的、张莹主编的《全国健美操大众锻炼标准》第三套图解与配套光盘进行学习。

第三节　健美操的创编

一套健美操是否能达到强身美体的功效取决于健美操本身的质量。创编者需要具备现代健美操的理论知识和丰富的健美操实践经验，同时还要具有一定的舞蹈、音乐、美学修养，还要了解当前健美操的发展动向。在学校的健美操教学中，教学者应思考怎样才能创编出成功的健美操，使练习者百练不厌，使观赏者赏心悦目，使参赛者尽情展现风采并获得胜利。

一、健美操造型的创编

健美操展现的是一种动态的人体健美造型，无论是健身健美操还是竞技健美操，在其开始和结束时往往都有瞬间的静态造型。那些健美、独特的造型不仅仅给人以开始和结束感，而且是体现该操艺术性、技巧水平、独特风格和创意的亮点部分，学习和欣赏这些造型会增强练习者对健美操的兴趣和审美意识。造型创编要遵循以下原则。

（一）塑造外观美原则

单个动作元素美

首先，要把握健美操项目的特点，选择健美、舒展、大方、有力度感的动作姿态。

其次，要体现表演者的性别、年龄及个人气质特点，如男子的造型要突出肌肉的力量感，女子的造型要展示健美的肌肤和女性的线条美。

此外，要体现时代特点。单人造型图例，如图 76 ~ 图 81 所示。

图 76

图 77

图 78

图 79

图 80

图 81

整体结构组合美

健美操造型更多的是集体造型，集体造型既要考虑单个人的动作元素美，又要体现出整体结构的均衡、对称及节奏的变化，包含着高低、正反、疏密、主次的对比。总之，集体造型只有遵循一定的美学理念来设计，才能获得美的组合效果。

（二）呈现内涵美原则

近些年来，健美操尤其是竞技健美操的创编提倡表现一定的主题，从而赋予健美操更丰富的艺术内涵。通过造型来绝妙地体现一定的主题，表达某种理念，营造特别的意境，给人带来美的联想。

二、健美操队形的创编

队形变化是健美操集体项目比赛和表演的重要内容之一，丰富多彩的队形和巧妙流畅的队形变化会令健美操表演更具观赏性。在比赛中，同一套规定动作操，由于队形创编设计不同，会产生截然不同的效果。因此，应遵循以下健美操队形创编原则。

（一）健美操队形设计原则

· 构图清晰：队形图案变化要迅速、线条要清晰，图案中的“各部分”要注意站位“内密外疏”。

· 丰富新颖：基本队形是有限的，但队形的不同组合会产生丰富多彩的变化。队形或对称的、或均衡的、或整体的、或几组队形相互呼应的，设计者应在队形的创新上下功夫。

· 对比鲜明：相邻的队形反差要大，这样表现出的队形图案之间才会有鲜明的变化。

· 变化流畅：队形之间的过渡要自然、连接要巧妙、转换要流畅。

· 显示动作：设计的队形是为了更好的展示成套动作的美，因此队形设计要与动作创编密切配合。

（二）健美操队形设计范例

健美操队形设计范例（6 人），如图 82 所示。

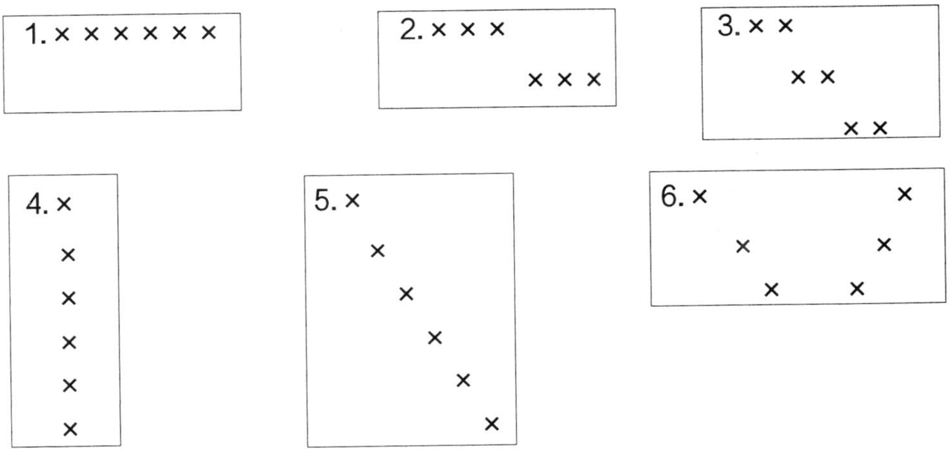

图 82　健美操队形设计范例

三、健美操套路的创编

本节着重介绍健美操套路创编。健美操的创编要有意识地选择对身体有良好影响和锻炼效果佳的动作，要根据健美操的特点和编操原则，针对锻炼者的生理和心理特点，编制出科学合理、锻炼效果明显、感染力强、易于推广的健美操。

（一）健美操套路创编的原则

健康性原则

健身健美操锻炼的目的是促进身心健康，因此练习手段和运动负荷设计都必须建立在运动科学理论基础上，保证练习者安全、健康，没有易受伤害动作。

针对性原则

健美操的编排应针对不同锻炼对象的年龄、性别、职业、文化程度、身体状况、运动能力、爱好以及生理和心理等特点，有所区别，因人而宜。

科学性原则

运动负荷应由小到大、由弱到强，科学合理安排运动负荷；成套动作结构合理，由准备、基本、结束三部分组成。

此外还应按照循序渐进的规律，实施从步法到手臂动作、从单个动作到组合动作，从原地动作到移动动作的合理编排。

（二）健美操的编排要素

· 动作要素包括头部、手部、手臂、躯干和腿部动作要素，而腿部动作是健美操动作设计的核心。所以先设计步法，后设计上肢动作，是健身健美操动作设计的特点。

· 空间要素主要包括动作空间和移动空间，表现在空间的方向、路线、方位的移动。在一套健身健美操编排中要根据练习者的水平，合理、灵活地运用不同的方向、各种线路以及方位的变化，避免方向单一，路线单调。

· 时间要素包括动作速度和持续时间，而动作速度和持续时间很大程度上决定着动作的难易程度和运动强度，并影响锻炼效果。

· 音乐要素是健美操的灵魂，健美操是音乐的形体再现，音乐直接影响身体的锻炼效果，激发情绪，增强表现力、感染力和号召力，启发创编构思。

四、健美操的创编过程

健身健美操的创编过程大致可概括为：构思总体方案 → 选择动作素材 → 选择与编辑音乐 → 建立基本结构 → 分段编排 → 成套整合 → 修改完善。

第四节　健美操的体能训练

健美操的体能包括力量、速度、耐力、柔韧性、协调性、平衡度等因素。体能分一般体能和专项体能，这里主要介绍一般体能的训练。

一、力量素质训练的基本方法和手段

（一）基本方法

相对力量

相对力量是指运动员单位体重所具有的最大力量，它要求运动员具有较大的克服自身体重的能力。相对力量的训练应安排大强度、多组数、少重复的练习，间歇时间一般为 2 ~ 3 分钟，但是，负荷强度越大，持续时间越长，组间间歇时间就应越长。

速度力量

速度力量是指肌肉在尽可能短的时间内发挥最大力量的能力。速度力量训练一般开始时采用小负荷、速度快的练习方法，之后可以逐步增加负荷强度。

力量耐力

力量耐力是指肌肉在静力性或动力性工作中长时间保持肌肉紧张用力而不降低工作效果的能力。健美操力量耐力训练内容主要为快速力量耐力和静力性力量耐力。在练习的初级阶段一般以力量耐力练习为主，以增加重复次数为主，一般采用小的负荷强度，多次重复的练习。

静力性力量

肌肉以等长收缩的形式使人体保持某一特定位置，或对抗固定不动的阻力练习形式称为静力性练习。在进行静力性力量练习时，要动员更多的肌肉参与工作，还应注意关节角度，选择能发挥最大肌力的角度，以取得最佳训练效果。

（二）主要练习手段

上肢力量练习

（1）俯卧撑练习：双臂、单臂、单腿、后举腿、立卧撑等。

（2）持哑铃练习：直臂前举、侧举、上举、后下举、腕屈伸等。

（3）支撑练习：半劈腿支撑、屈腿支撑、直角支撑等。

腰腹力量练习

（1）腹肌练习：仰卧起坐、两头起、仰卧举腿或可给一定的阻力完成等。

（2）背肌练习：俯卧抬上体、两头起背肌等。

（3）侧腰肌练习：仰卧转体起，俯卧转体起、侧卧起上体等。

下肢力量练习

（1）跳跃练习：连续蛙跳、台阶跳、跨步跳、单脚跳等。

（2）静力性力量练习：半蹲、负重半蹲、负重提踵等。

二、柔韧素质训练的基本方法和手段

（一）基本方法

柔韧素质是人体各肌肉、关节、韧带等组织的伸展活动能力和弹性的总称。发展柔韧素质练习的基本方法包括动力拉伸法和静力拉伸法两种方法。通常是把动力拉伸法和静力拉伸法相结合练习，如动力拉伸到一定程度后保持 10 秒钟左右的动作。柔韧练习是一个艰苦的过程，必须循序渐进，持之以恒，方可取得满意成绩。

（二）基本手段

肩、胸、腰部练习

（1）把杠体前屈压肩，帮助者向下按压练习者肩部，屈臂抱头肩后展等。

（2）体前屈手握脚踝、分腿体前屈手掌撑地等。

髋、腿部练习

（1）压腿练习：把杠直腿前、侧、后压等。

（2）劈叉：纵叉、横叉。

（3）踢腿：前、侧、后的踢腿等。

三、耐力素质训练的基本方法和手段

基本方法

耐力是指有机体长期工作抗疲劳的能力。根据健美操的特点，应主要发展有氧耐力。发展有氧耐力一般采用持续训练和间歇训练两种方法。持续训练法负荷量较大，持续时间较长，没有明显间歇，练习强度较小。间歇训练法每组练习负荷时间在 5 分钟左右，负荷强度中等，组间间歇时间短，在练习者未完全恢复时就进入下一组练习。

基本手段

（1）12 分钟长距离跑、3 分钟跳绳。

（2）3～5 分钟低冲击力步法结合高冲击力步法的组合循环练习。

四、协调素质训练的基本方法和手段

协调性是指运动员身体各部分在时间和空间上相互配合，合理有效地完成动作的能力。健美操练习者的协调性练习包括以下内容：

· 音乐节奏与动作协调训练方面：可以选择简单基本步法动作配合速度稍慢节奏感强的音乐进行训练，建立定型，使动作与音乐协调一致，在此基础上还可以选用不同节奏、不同风格的音乐练习同一组动作；

· 动作与空间感觉的训练方面：选择躯干的含、挺、振胸、身体波浪以及复杂有节奏变化的动作；

· 髋部前后、左右扭绕，以及脚步复杂变化的练习，还可进行同侧与异侧、上肢与下肢协调配合的动作进行练习。

第五节　健美操的比赛规则简介

健美操的比赛规则每四年修订一次，根据比赛的性质设定相应的比赛规则，健身健美操比赛是以健身为主要目的，而竞技健美操比赛则以夺冠和提高运动技术水平为目的，大家了解健美操的比赛规则，便于更好地理解和欣赏这项运动。

比赛项目和比赛时间

世界健美操锦标赛是健美操最高级别的比赛，它包括 5 个项目：男、女单人；混合双人；三人；集体 5 ~ 8 人。

竞技健美操成套动作的时间为1 分 45 秒，有加减 5 秒的宽容度。健身健美操的成套时间：2 分 30 秒至 3 分钟。

比赛场地

竞技健美操比赛要求赛台高 80 ~ 140 厘米，后面有背景遮挡，赛台不得小于 14 米 ×14 米。赛台地板必须是 12 米 ×12 米，并清楚地标出 7 米 ×7 米的单人、混双、三人的场地和 10 米 ×10 米的集体 6 人场地。标记带为 5 厘米宽，颜色为黑色或红色，包含在场地内。

比赛着装

参赛运动员必须着纯白色健美操鞋和袜子。女运动员着一件套带有肉色袜的比赛服，不允许穿两件套服装，头发必须固定在头上，可以化淡妆。男装不允许有长袖，禁止佩戴饰物。

比赛音乐

音乐要录在磁带或 CD 机的 A 面开头，一碟一曲，并清楚标明运动员的姓名、项目、国家和出场顺序。

裁判组成

正规比赛的裁判组由 14 人组成。其中艺术裁判 4 人，完成裁判 4 人，难度裁判 2 人，视线裁判 2 人，计时裁判 1 人，裁判长 1 人，而健身健美操没有难度裁判。

评分

健身健美操的满分通常为 20 分，其中艺术编排 10 分，动作完成 10 分。裁判主要对操化组合、队形变化、音乐选配、造型与配合、主题与高潮，以及成套动作的完美完成等进行评判。

竞技健美操艺术分为 10 分，由艺术裁判根据操化动作、难度动作、过度 / 连接和托举的成套创编、音乐的使用、操化组合、比赛场地的使用、表现力与同伴配合五项标准进行评判。每项 2 分，以 0.1 分递增。完成分是从 10 分起评，由完成裁判根据技术技巧、合拍与一致性给予评判，对每个完成错误给予减分。难度分由难度裁判使用 FIG 官方速记符号记录全部成套动作的难度动作，数出难度动作数量，按照加分的方法评分，从 0 分起评。最后得分为从总分（艺术分、完成分与难度分相加的和）中减去难度裁判、视线裁判和裁判长的减分。总分相等时，艺术分高者名次列前。

思考题

1. 健美操的基本步法有哪几类？
2. 创编健美操队形和动作套路有哪些原则？创编的步骤如何？
3. 谈谈健美操的健身及美学价值。

第十二章　啦啦操运动

☑ 主要知识点

本章介绍啦啦操运动的起源与发展、分类、概念及特征，详细介绍啦啦操的基本技术动作和全国花球啦啦操规定套路，简单介绍啦啦操竞赛评分规则。

◇**学习目标**：了解啦啦操的起源及技术特征；熟练掌握啦啦操基本技术动作和全国花球啦啦操规定套路；掌握啦啦操竞赛评分规则，形成终身体育锻炼意识。

◇**重要概念**：啦啦操及其分类　特点　动作要领　创编　体能训练　竞赛规则　裁判法

◇**重要环节**：重点了解啦啦操的健身和应用价值、运动与锻炼方式及竞赛规则，学会创编方法。

第一节　啦啦操运动概述

一、啦啦操运动的起源与发展

啦啦操原名 Cheer Leading。其中的“Cheer”，有振奋精神，提振士气的意思。啦啦操来源于 1877 年美国早期部落社会的仪式，为激励外出打仗或打猎的战士们，他们通常会举行一种仪式，仪式中有族人用欢呼、手舞足蹈的表演来鼓励战士，希望他们能凯旋。

啦啦操是体育运动中的一个新兴项目，发展于美国，遍布美国的 NBA、橄榄球、棒球、游泳、田径、摔跤等比赛现场，至今已经有 100 多年的历史。19 世纪 70 年代，第一个啦啦队俱乐部在普林斯顿大学成立。1898 年明尼苏达大学的学生约翰尼·坎贝尔在一次橄榄球比赛中站在最前面指挥大家一起喊口号，成为第一位啦啦队队长，也标志着啦啦队活动的正式诞生。

1998 年，国际啦啦队联合会在日本东京成立。2001 年 11 月，日本东京举办了首届世界啦啦队锦标赛，国际上正式将啦啦操确立为世界级竞技运动，目前，世界啦啦队锦标赛每两年举办一届。

2001 年 4 月，我国颁布实施了第一部《中国学生啦啦操竞赛评分规则（第一版）》；2001 年 9 月由中国学生健美操艺术体操协会主办了首届中国大学生啦啦操大赛，开创了中国啦啦操运动的里程碑；2006 年 6 月 IASCA 国际全明星啦啦队协会聘请徐中秋、邱建钢先生、赵媛媛、方娅女士担任 IASCA 成员，并负责组建 IASCA 国际全明星啦啦队协会中国总部。

我国自 2001 年引入啦啦操运动以来，由于这项运动特别富有激情、充满阳光、特别凝聚团队精神，同时也特别适合成长中的学生参与，因此很快受到大学生、中学生和小学生的追捧，越来越多的学校开始重视啦啦操运动，并把它作为一种校园文化来建设，用它来释放和减排学生的学习压力，进行成长期的心理和生理辅导，增强体质，收到了很好的效果。

二、啦啦操运动的分类

啦啦操运动依据展示场分为场地啦啦操和看台啦啦操。依据动作技术的类别，场地啦啦操分为舞蹈啦啦操和技巧啦啦操；依据队员是否手持轻器械，看台啦啦操分为徒手看台啦啦操和轻器械看台啦啦操。

三、啦啦操运动的概念

啦啦操，通常称为“啦啦队运动”“啦啦舞”或“场间活动操”。它是一项集竞技性、艺术性、观赏性和娱乐性为一体的运动项目，是有着广泛群众性的体育与艺术相结合的身体活动，被誉为最具广泛性和深入人心的群众性芭蕾艺术。

啦啦操是在音乐的衬托下，通过运动员完成高超的啦啦队特殊运动技巧并结合各种舞蹈动作，集中体现青春活力、健康向上的团队精神，并追求最高团队荣誉感的一项体育运动。

舞蹈啦啦操是指以舞蹈动作为主，以展示各种舞蹈技巧和元素并可结合道具为基本内容的团队竞赛项目。

技巧啦啦操是指以翻腾、托举、抛接、金字塔组合、舞蹈动作、过渡连接及口号等形式为基本内容的团队竞赛项目。

第二节　啦啦操运动特征

一、团队精神

团队精神是啦啦操运动有别于其他运动项目最显著的特征。它是通过口号、各种动作的配合、难度的展现以及不同队形的转换、运动员之间的相互协调配合来共同完成团队目标，营造相互信任的组织氛围，激励运动员高昂的斗志，提高团队整体的凝聚力；在啦啦操运动中，既强调团队完成动作的高度一致性，又重视运动员个体不同能力的展示，使每位队员在参与团队的配合中均能在不同位置扮演不同的重要角色，形成一种风险共担、利益共享的集体意识。这种团队精神包括：团队整体的运动能力、表演的激情、自信心、感染力、号召力、表演能力、默契配合等因素。

二、技术特征

啦啦操的技术特征体现在所有肢体动作的发力方式上，即通过短暂加速、制动定位来实现啦啦操特有的力度感，动作完成干净利落，具有清晰的开始和结束感。在运动过程中重心稳定、移动平稳、身体控制精准、位置准确。

第三节　啦啦操基本动作

一、基本动作

（一）32 个基本手臂动作（如组图 1 所示）

组图 1　啦啦操 32 个基本手臂动作

组图 1　啦啦操 32 个基本手臂动作（续）

（二）6 个基本下肢动作（如组图 2 所示）

立正站　军姿站　弓步站　侧弓步站　锁步站　吸腿站

组图 2　啦啦操基本下肢动作

二、基本动作的技术特征

（一）身体的外部特征

躯干

啦啦队队员在完成动作的过程中，应该保持身体挺拔，头部稍仰，颈椎、胸椎、腰椎在一条直线上，身体姿态展现出健康活力、自信和积极向上的精神面貌。

手臂动作

手臂的动作主要以肩关节为轴，手臂伸展应是直臂，弯曲应有一定的角度，手型多为握拳。要求完成动作清晰、有力，即在最短的时间内完成向下一个动作的转变，其转变过程不得有多余的无控制形态出现，手臂到达下一个动作所规定的位置时不能有明显的晃动现象，同时手臂动作应处于身体前方。手臂动作应在移动迅速、定点准确的基础上，以手指带动发力，选择最短的路线到达下一个动作。

步法

啦啦操的步法要求在短时间到达指定位置，每个步法清晰、有力，不需要有意识的缓冲。动作伸展时不要屈膝，屈膝时角度应有一定要求，膝关节与脚尖的方向始终保持一致。

（二）内部特征

啦啦操的基本动作内部特征包括发力、重心控制、停顿三个方面，具体表现在头部运动、四肢运动和移动中的重心控制上。

头部运动

在做头部运动时，头部放松，颈部发力，注意动作过程中的加速、最后的制动与定位。

四肢发力

在运动过程中，肌肉用力使手臂或腿部的动作加速，在完成动作转变的过程中不宜用力过猛致使动作整体视觉效果僵硬。正确的动作要领是有力而不僵硬，松弛而不松懈，在手臂肌肉发力时肩部肌肉放松，不可耸肩。

移动中的重心控制

人体的平衡是安全、流畅完成动作的基础。人体的重心在随着运动方向变化时，可利用肢体的伸展与收缩来调节身体的平衡使重心稳定，也可以利用肌肉的反作用力与肌肉收缩时产生的牵引力来保持重心的稳定。

第四节　全国啦啦操规定套路

组图 3　预备动作

下面介绍全国花球啦啦操的规定套路。

预备动作说明，如组图 3 所示。允许自编提示音后 4 小拍动作，要求做到迅捷、整齐、有创意，让人眼前一亮。

第一个八拍动作说明，如组图 4 所示。

组图 4　第一个八拍

手臂动作：1 拍上举成“V”字形，2 拍、4 拍成加油，3 拍手扶膝盖，5、6 拍成小斜“T”字形，7 拍直臂平举成“X”字形，8 拍成小“T”字形。

步法：1 拍、4～8 拍成军姿站，2 拍立正站，3 拍半蹲。

第二个八拍动作说明，如组图 5 所示。

组图 5 第二个八拍

手臂动作：1 拍成“K”字形，2 拍、4 拍上举成“V”字形，3 拍成侧“K”字形，5 拍成“R”字形，6 拍成旗兵 2，7 ~ 8 拍右手放于腰侧，左手上举于头斜上方。

步法：1 拍半蹲，2 拍、4 拍成立正站，3 拍弓步站，5 ~ 6 拍军姿站 ,7 ~ 8 拍后腿屈膝弓步。

第三个八拍动作说明，如图组 6 所示。

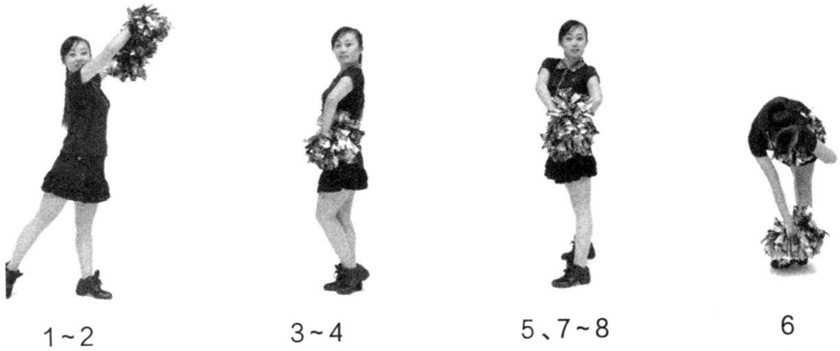

组图 6 第三个八拍

手臂动作：1~2 拍双手于头左前上方绕环，3 ~ 4 拍双臂于腰侧，6 拍左手触地，5 拍、7 ~ 8 拍左右手于左侧腰。

步法：1 ~ 2 拍向侧迈左脚上步，同时左转 45°，3 ~ 4 拍左脚点地，同时右转 135°，6 拍迈左脚，7~8 拍成军姿站。

第四个八拍动作说明，如组图 7 所示。

组图 7 第四个八拍

手臂动作：1 拍、4 拍下举成“V”字形，2 拍屈臂成“A”字形，3 拍成手臂前伸，5～6 拍斜举成“T”字形，7～8 拍成下“M”字形。

步法：1 拍向前迈右脚上步，2 拍左脚点地屈膝，3 拍后撤左脚成分腿，4 拍军姿站，同时左转 90°，5～6 拍半蹲，7～8 拍成立正站。

第五个八拍动作说明，如组图 8 所示。

1～2　3　4　5～6　7～8

组图 8　第五个八拍

手臂动作：1～2 拍、3 拍成“L”字形，4～8 拍成下“M”字形。

步法 ：1～2 拍左脚向前并步，3 拍右脚上步成弓步，4 拍立正站，5～6 拍、7～8 拍单脚小跳。

第六个八拍动作说明，如组图 9 所示。

1　2　3　4

5　6　7　8

组图 9　第六个八拍

手臂动作：1～4 拍成下“M”字形，5 拍成“K”字形，6～7 拍成侧“K”字形，8 拍成“T”字形。

步法：1拍左脚右侧前小踢，2拍左脚左侧小踢，3拍锁步，4拍侧踢腿，5～8拍成军姿站。

第七个八拍动作说明，如组图10所示。

1　2　3　4　5　6　7～8

组图10　第七个八拍

手臂动作：1～4拍下举成“H”字形，5拍上举成“V”字形，6拍屈臂成“A”字形，7～8拍下举成“V”字形。

步法：1～4拍向右转360°，5～8拍右脚向右侧迈步，左脚点地。

第八个八拍动作说明，如组图11所示。

1　2　3　4　5　6　7　8

组图11　第八个八拍

手臂动作：1拍上举成“H”字形，2拍成“T”字形，3拍屈臂成“A”字形，4拍成“L”字形，5～7拍成小“T”字形，8拍上举成“V”字形。

步法：1拍迈左脚上步，2拍踢右腿，3～4拍右腿在前成弓步，5～7拍左转体360°，8拍成军姿站。

第九个八拍动作说明，如组图12所示。

1　2　3　4　5　6　7～8

组图12　第九个八拍

手臂动作：1～3 拍侧上冲拳，4 拍下举成“H”字形，5～6 拍上举成“V”字形，向后绕环，7～8 拍成高冲拳。

步法：1～4 拍迈步向右转体 360°，5～8 拍成军姿站。

第十个八拍动作说明，如组图 13 所示。

组图 13　第十个八拍

手臂动作：1 拍双手屈臂成“X”字形，2 拍下举成“V”字形，3～4 拍、6 拍上举成“V”字形，5 拍向前绕环成下举成“X”字形，7～8 拍下举成“V”字形。

步法：1 拍右脚上步成弓步，2 拍立正站，3～4 拍军姿站，5 拍并脚半蹲，6 拍分腿跳，7～8 拍并脚半蹲。

第十一个八拍动作说明，如组图 14 所示。

组图 14　第十一个八拍

手臂动作：1～2 拍双臂高举成“X”字形绕圈，3 拍直臂平举成“X”字形，4 拍成“T”字形，5～6 拍屈臂成“A”字形，7 拍短剑，8 拍成高冲拳。

步法：1～4 拍向后退 3 步，5～6 拍并脚屈膝半蹲，7 拍右转 90° 同时后退，右脚半蹲，8 拍重心移到左腿，同时左腿直立。

第十二个八拍动作说明，如组图 15 所示。

组图 15　第十二个八拍

手臂动作：1～4 拍双臂交替成一手臂小弓箭，一手臂上举成“V”，5 拍右手屈臂成“A”字形，左手成下“M”字形，6～8 拍成侧下冲拳。

步法：1～4 拍左右脚依次踏步，5 拍右脚左前侧小踢，6～8 拍重心在右腿，左右腿屈膝半蹲分腿，7～8 拍胸部上下律动 2 次。

第十三个八拍动作说明，如组图 16 所示。

组图 16　第十三个八拍

手臂动作：1～2 拍两臂成小“T”字形，由左侧到右侧，3～4 拍向右侧摆胯 2 次，手臂向侧下冲拳，5～6 拍右手绕头成小“T”字形，7～8 拍双手扶膝盖。

步法：1～2 拍、7～8 拍分腿半蹲屈膝，3～6 拍军姿站。

第十四个八拍动作说明，如组图 17 所示。

组图 17　第十四个八拍

手臂动作：1～3 拍两臂屈臂成“A”字形，由右侧到中间到左侧，4 拍不动，5～7 拍成侧上冲拳，8 拍下举成“H”字形。

步法：1～4 拍屈膝分腿半蹲，5～8 拍左右脚依次踏步。

第十五个八拍动作说明，如组图 18 所示。

组图 18　第十五个八拍

手臂动作：1～4 拍左右手臂成小“T”字形，同时胸部上下律动 4 次，5 拍手臂前伸，6～7 拍上举成“L”字形，8 拍下举成“V”字形。

步法：1～5 拍屈膝分腿半蹲，6～8 拍军姿站。

第十六个八拍动作说明，如组图 19 所示。

1～2　3～4　5～6　7～8　过渡

组图 19　第十六个八拍

手臂动作：1～2 拍成下“M”字形，3～4 拍自己编排造型，5～8 拍右手由体前向胸前收，过渡低头，下举成“H”字形。

步法：1～2 拍重心在右腿，左右腿屈膝半蹲分腿，3～4 拍重心在左腿，左右腿屈膝半蹲分腿，5～8 拍军姿站，过渡左右脚依次踏步。

第十七个八拍动作说明，如组图 20 所示。

1　2　3　4　5～6　7～8

组图 20　第十七个八拍

手臂动作：1 拍下举成“L”字形，2 拍右手平举成“W”字形，3 拍左手举成“T”字形，4 拍平举成“W”字形，5~6 拍右侧前高举成“X”字形绕圈，7～8 拍左侧前高举成“X”字形绕圈。

步法：1～2 拍向侧迈右脚并步，3～4 拍向侧迈左脚并步，5～6 拍右脚向右侧迈步，直腿，重心在右腿上，7～8 拍左脚向左侧迈步，直腿，重心在左腿上。

第十八个八拍动作说明，如组图 21 所示。

1～2　3～4　5　6　7　8

组图 21　第十八个八拍

手臂动作：1～4 拍成下“M”字形，5 拍成小“T”字形，6～8 拍下举成“H”字形。

步法：1～2 拍右脚向右后方迈步，同时体转 45°，3～4 拍左脚向左后方迈步，同时体转 90°，5 拍上步提右腿，6～8 拍立正站。

第十九个八拍动作说明，如组图 22 所示。

组图 22　第十九个八拍

手臂动作：1 拍向右侧倒平举成“W”字形，2～3 拍上举成“L”字形，4～6 拍下举成“V”字形，花球触脚尖，7 拍手扶膝盖，8 拍下举成“H”字形。

步法：1 拍、7 拍屈膝分腿半蹲，2～6 拍军姿站，4～5 拍体前屈 90°，8 拍立正站。

第二十个八拍动作说明，如组图 23 所示。

组图 23　第二十个八拍

手臂动作：1～2 拍高举成“X”字形，3 拍成“T”字形，4 拍屈臂成“X”字形，5～6 拍下举成“V”字形，7～8 拍上举成“V”字形。

步法：1 拍、3 拍重心在左腿，左右腿屈膝半蹲分腿，2 拍、4 拍重心在右腿，左右腿屈膝半蹲分腿，5～6 拍成锁步，7～8 拍转体 360° 成军姿站。

第二十一个八拍动作说明，如组图 24 所示。

组图 24　第二十一个八拍

手臂动作：1~4拍双手在体后成下“M”字形，5~6拍成屈臂成“A”字形，7~8拍成“T”字形。

步法：1 ~ 4 拍左右腿依次踏步，5 ~ 8 拍立正站。

第二十二个八拍动作说明，如组图 25 所示。

组图 25　第二十二个八拍

手臂动作：1 ~ 8 拍成“T”字形。

步法：1 ~ 8 拍左右腿依次提腿踢腿。

第二十三个八拍动作说明，如组图 26 所示。

组图 26　第二十三个八拍

手臂动作：1 ~ 6 拍双臂依次下举成“V”字形到上举成“V”字形，7 拍屈臂成“A”字形，8 拍下举成“V”字形。

步法：1 ~ 6 拍左右脚依次向前走，7 拍立正站，8 拍屈膝半蹲分腿。

第二十四个八拍动作说明，如组图 27 所示。

组图 27　第二十四个八拍

手臂动作：1 ~ 4 拍双臂成左右大弓箭，依次交换摆动，5 ~ 8 拍下举成“V”字形，7 ~ 8 拍胸部上下律动 2 次。

步法：1 拍、3 拍向侧迈步分腿，2 拍、4 拍侧提腿，5～8 拍屈膝半蹲分腿。

第二十五个八拍动作说明，如组图 28 所示。

组图 28　第二十五个八拍

手臂动作：1～2 拍高冲拳，3～4 拍下举成“H”字形，同时放花球，5～6 拍高冲拳，同时左转 180°，7 拍下举成“H”字形，同时捡花球，8 拍成下“M”字形。

步法：1～2 拍左腿侧迈步，3～4 拍、7 拍体前屈 90°，5～6 拍迈右腿，8 拍重心在左腿，左右腿屈膝半蹲分腿。

第二十六个八拍动作说明，如组图 29 所示。

组图 29　第二十六个八拍

手臂动作：1～4 拍手臂依次斜下冲拳、上冲拳到高冲拳，5 拍成“T”字形，6 拍成屈臂“X”字形，7 拍高举成“X”字形，同时向后绕环，8 拍低头双手扶膝盖。

步法：1～4 拍左右脚向前依次走，5～7 拍军姿站，8 拍屈膝半蹲分腿。

第二十七个八拍动作说明，如组图 30 所示。

组图 30　第二十七个八拍

手臂动作：1拍双手扶膝盖，2拍下举成“H”字形，3拍成屈臂“A”字形，4拍、8拍直臂平举成“A”字形，5～7拍右手臂向后绕环360°。

步法：1拍屈膝半蹲分腿，2拍立正站，3~8拍左脚向侧迈步，右脚点地，重心在左腿上，同时左转90°。

第二十八个八拍动作说明，如组图31所示。

1　　2　　3　　4　　结束

组图31　第二十八个八拍

手臂动作：1拍下举成“V”字形，2拍屈臂成“A”字形，3拍下举成“L”字形，4拍平举成“W”字形，结束下举成“V”字形。

步法：1拍屈膝半蹲分腿，2拍立正站，3拍右腿上步成弓步，4拍提左腿左转180°，结束上体左转90°。

第五节　啦啦操竞赛评分规则简介

啦啦操的竞赛评分规则每四年修订一次，根据竞赛的性质设定相应的评分规则，大家了解啦啦操的评分规则，便于更好地理解和欣赏这项运动。

一、竞赛性质及种类

国际全明星啦啦队锦标赛和啦啦队世界杯赛是国际全明星啦啦队协会的正式比赛。除此之外还有锦标赛、世界杯、大奖赛、冠军赛、公开赛、挑战赛、分区赛、邀请赛、擂台赛等。

竞赛的项目包括规定套路、舞蹈自编套路、技巧自编套路。

二、成套音乐时间

规定套路成套动作时间是1分30秒，前后余10秒宽度。自编套路成套动作时间是2分30秒，前后余10秒宽度。

三、参赛人数

啦啦队比赛人数为6～30人（性别不限）。

四、比赛场地

啦啦队比赛赛台高80～100厘米，后面有背景遮挡，赛台不得小于14米 ×14米。

比赛场地可用体操板或地毯铺设，并清楚的标出13米 ×13米的比赛区域。标志带是5厘米宽的红色或白色带，标志带是场地的一部分。

五、比赛着装

技巧啦啦操比赛时女生穿连体式短裙、分体式背心与短裙；男生穿分体短袖及长裤、分体长袖及长裤，上衣长度不得露肚脐。技巧啦啦队必须穿白色轻便运动鞋和白色运动袜，禁止穿丝袜。

舞蹈啦啦操比赛时，女生除允许穿技巧啦啦操服装外，还可以穿分体短裤与长裤；男生穿着同技巧啦啦操比赛服装。舞蹈啦啦操可以穿舞蹈鞋或者爵士舞鞋，颜色不限，不可赤脚。

技巧啦啦操和舞蹈啦啦操都不得佩戴任何首饰，如耳环、手链、脚链、项链、戒指等。

六、比赛音乐

音乐要录在磁带或CD机的A面开头，一碟一曲，并清楚标明运动员的姓名、项目、国家和出场顺序。

七、评判员组成

总评判长（1人）、副总评判长（2人）、评判长（1人）、艺术评判员（3人）、完成评判员（3人）、难度评判员（2人）、视线评判员（2人）、计时评判员（1人）、记录长（1人）、记录员（2人）、检录长（1人）、检录员（2人）、放音员（1人）、播音员（2人）、保护员（3～4人）。

八、成套动作评分

（一）规定套路

成套动作的满分为100分，其中包括：成套动作（特定动作）编排50分、完成情况50分。

成套编排（50分）

（1）总体描述：成套动作必须与规定套路动作保持一致；在规定动作之外的自编动作要运用各种啦啦队基本手位、步法、跳步并结合其他舞蹈元素、道具、口号等元素创编，利用多种空间转换、方向与队形变换展示出啦啦操运动的项目特征和团队风采。

（2）评分因素：动作设计（10分）、主题与技术风格（10分）、过渡与连接（10分）、音乐运用（10分）、表演与包装（10分）。

完成情况（50分）

（1）总体描述：成套动作中所有动作都应正确完美完成，包括正确的身体姿态与手位、技术技巧、难度动作、道具运用、动作清晰度、动作力度、一致性、表现力、音乐合拍等内容，如未达到完美完成则根据实际完成情况进行减分。

（2）评分因素包括：技术技巧（30分）、一致性（10分）、合拍（10分）。

（二）自编套路

其中包括成套动作（特定动作）编排50分、完成情况50分和难度动作累计得分。

成套编排（50分）

（1）总体描述：成套动作必须根据音乐来设计，具有舞蹈啦啦操和技巧啦啦操各自的项目特征；要运用各种啦啦操基本手位、步法、跳步并结合其他舞蹈元素、道具、口号等元素创编，利用多种空间转换、方向与队形变换展示出啦啦操运动项目的特征和团队风采；舞蹈啦啦操可以出现具有舞蹈主题的托举造型，但不得超过两人高。

（2）评分因素包括：动作设计（10分）、主题与技术风格（10分）、过渡与连接（10分）、音乐运用（10分）、表演与包装（10分）。

① 舞蹈啦啦操特定动作：（每缺少1类特定动作减1分）。

a. 成套动作必须出现一组2×8拍的对比组合动作。b. 成套动作至少出现一组4×8拍啦啦操基本手位组合。c. 成套动作中队形变换不得少于5次。d. 成套动作中每个8拍必须出现1次方向变换。e. 成套动作中每4个8拍必须出现1次上下空间变换。f. 成套动作中必须集体出现一组至少6×8拍个性舞蹈动作组合。

② 技巧啦啦操特定动作：（每缺少1类特定动作减1分）。

a. 成套动作必须出现一组2×8拍的对比组合动作。b. 成套动作至少出现一组4×8拍啦啦操基本手位组合。c. 成套动作中队形变换不得少于5次。d. 成套动作中必须设计一组30秒口号，允许有上下5秒的宽度。e. 成套动作中必须出现一组原地跳跃组合动作。f. 成套动作中必须集体出现一组至少6×8拍个性舞蹈动作组合。

完成情况（50分）

（1）总体描述：成套动作中所有动作都应正确完美完成，包括正确的身体姿态与手位、技术技巧、难度动作、道具运用、动作清晰、动作力度、一致性、表现力、音乐合拍等内容，未达到完美完成则根据实际完成情况进行减分。

（2）评分因素包括：技术技巧（30分）、一致性（10分）、合拍（10分）。

难度动作（累计得分）

（1）舞蹈啦啦操难度动作分3类：平衡转体类、跳跃类、踢腿类。

（2）技巧啦啦操难度动作分4类：翻腾类、托举类、金字塔类、抛接类。

各类难度动作必须各出现1次，每缺少1类减1分，成套动作中最多可以做15个难度动作，每超过1个，减1分。

九、评分方法

比赛采用公开示分的方法。裁判员从套路的艺术编排、完成情况、难度选择及数量、总体表现等方面进行综合评价。每位裁判员的评分最小单位为小数点后1位，总分计算保留小数点后2位，最后得分保留小数点后2位。

总分是艺术分、难度分、完成分相加。

最后得分是总分减去裁判长减分和难度减分后的得分。若最后得分相同则名次并列，不减下一名次。

思考题

1. 简述舞蹈啦啦操和技巧啦啦操的区别。
2. 简述啦啦操的技术特征。
3. 舞蹈啦啦操和技巧啦啦操在评分中有哪些区别？

第十三章　形体训练

☑ 主要知识点

本章简单介绍形体训练的起源与发展、特点和原则；重点介绍形体训练中的基础训练和形体训练基本技术。

◇**学习目标：** 了解形体训练的起源、发展及形体训练的项目特点，重点了解形体训练中应遵循的原则，注重日常生活礼仪中的形体训练。通过学习详细了解身体各部位的基本姿态的练习方法，熟练掌握手臂的基本位置、站立的基本姿态、把杆动作的基本功练习方法、基本步法、手臂的基本动作和躯干的基本动作等，养成良好的健身习惯，形成终身体育锻炼的意识。

◇**重要概念：** 形体训练　柔软步　弹簧步　华尔兹步　手臂和躯干中的基本动作

◇**重要环节：** 重点了解形体训练的礼仪、美学及健身价值，掌握其运动与锻炼方式，学会自我锻炼。

第一节　形体训练概述

形体训练起源于芭蕾、舞蹈和体操的基本功训练，它是以人体学科为基础，通过徒手或器械练习，锻炼健康体魄，塑造优美形体，训练仪态仪表，培养道德品质的一个有目的、有计划的教学和锻炼过程。

一、形体训练的定义和特点

对于形体训练的定义，有狭义和广义之分，狭义的形体训练又称形体美训练。广义的形体训练认为，只要是有形体动作的训练就可以叫作形体训练。形体训练主要有以下特点：

· 形体训练的内容是根据大学生生理、心理的特点，依据动作形成的规律创编而成，练习者可根据自身的不同需求自行选择适宜的方法。

· 形体训练在内容上注重采用整体练习与分部位练习相结合的方法，既可以使肌肉的控制能力增强，又能培养正确的感知觉，锻炼身体的某部位或发展某项素质。

· 符合大学生追求美的愿望。

· 具有一定的艺术性要求。形体训练的动作要求准确、协调、幅度大、节奏感强、姿态优美，并要求在音乐伴奏下进行练习，无论是局部练习还是整体练习都应充分体现美的韵律、美的感觉。

· 可以培养人的内在气质。

二、形体训练的原则

· 目的性原则。形体训练是一项长期的任务，短期内不容易产生明显的变化，因此每一个练习阶段都应有明确的目的要求，这些要求应成为练习者预期达到的目的。

· 从实际出发的原则。根据练习者的不同年龄、不同性别、不同的身体基础、不同的练习水平，制定出相应的练习方案，选择出相应的练习内容。

· 坚持性原则。形体训练必须持之以恒，使形体训练中各种有效的方法对人体各部位产生持久的影响。

· 循序渐进原则。形体训练内容安排必须遵循由易到难、由简到繁、逐渐提高练习难度的原则。

· 全面性原则。形体训练应全面发展身体的各个部位、各种身体素质和基本能力，同时，把身体形态练习与内在气质的培养结合起来，使形体训练成为练习者提高综合素质的有效手段。

三、形体美的评价

形体美，也常称作个体美、个性美，包括人的体形美、姿态美和动作美。人的形体美应满足以下要求：均衡、对称、对比、曲线。人的形体美就其形成方式而言，可分为自然美和修饰美两种，这些美的要素构成了人体内外的一致美。

人体的姿态、动作、行为大多是后天形成的，可以通过形体训练培养其正确的动作姿态，使其身体各部位处于最合理的位置。

挺——站立时身体各部位要尽量舒展，挺胸抬头，下颌微回收，颈要直，髋、膝部不要弯曲。

直——站立时脊柱尽量和地面保持垂直。

高——站立时身体重心要尽量提高。

坐的仪态：坐要端正、舒展、大方。优美的坐姿取决于支点两侧的部位——腿和上体的姿势。

走路的仪态：以胸带动肩轴摆，提髋提膝小腿迈，跟落掌接趾推送，双眼平视背放松。

第二节　形体训练中的基础训练

一、身体的基本姿态

（一）上肢的基本姿态

基本手型

形体训练的基本手型为芭蕾手型，也称圆手。

从手腕到指尖为圆滑的弧线，后三指轻轻靠拢，食指和中指相错靠拢，大拇指与食指平行，并在一个平面上。

手臂的基本位置

第一位：两臂体前下垂，指尖相对，掌心稍向内，如图 1 所示。

第二位：两臂保持弧形前举（稍低于肩），掌心向内，如图 2 所示。

第三位：两臂保持弧形上举（稍偏前），掌心向内，如图 3 所示。

第四位：一臂上举，一臂前举，如图 4 所示。

第五位：一臂上举，一臂侧举，如图 5 所示。

第六位：一臂前举，一臂侧举，如图 6 所示。

第七位：两臂侧举（掌心向前下方），如图 7 所示。

图 1

图 2

图 3

图 4

图 5

图 6

图 7

（二）下肢的基本姿态

常用的基本脚位

并立：两脚靠拢，脚尖向前，如图 8 所示。

八字步（自然位）：脚跟相靠，两脚尖向斜前方成“八”字形，如图 9 所示。

丁字步：一脚跟靠在另一脚跟足弓处，成“丁”字形，如图 10 所示。

脚的基本位置

第一位：两脚跟紧靠在一直线上，脚尖向两侧，如图 11 所示。

第二位：两脚跟相距一脚的长度，脚尖向两侧，两脚成一直线，如图 12 所示。

第三位：一脚跟相叠在另一脚弓处，足尖向外张开，如图 13 所示。

第四位：两脚前后平行，保持一脚的距离，脚尖向两侧，如图 14 所示。

第五位：两脚前后平行相靠，脚尖向两侧，如图 15 所示。

图 8

图 9

图 10

图 11

图 12

图 13

图 14

图 15

二、把杆基本动作练习

把杆训练是指借助扶持把杆进行下肢基本动作的训练，是一种辅助身体形态训练的重要手段。把杆训练包括：擦地、蹲、小踢腿、小弹腿和控制等。扶把高度一般位于练习者腰部的水平位置。

（一）擦地

擦地是脚站在第一位或第五位的位置上，通过向前、侧、后方向的绷脚练习，锻炼踝关节、脚背的力量，训练腿部肌肉的动作，是整个腿部训练中的基础动作，如图 16 ~ 图 18 所示。

动作做法：练习者成第一位或第五位站立，双手或单手扶把，收臀收腹，后背夹紧。重心在主力腿上，动力腿保持正直，绷脚向前擦地，脚尖与主力腿在一条直线上。然后沿原路线收回。

图 16

图 17

图 18

（二）蹲

蹲是通过腿的屈伸练习训练腿的各部位肌肉，使之均衡发展，进行蹲的练习还能提高跟腱弹性以及膝关节的控制力。它可分为半蹲（如图 19 所示）和全蹲。

图 19

图 20

图 21

（三）小踢腿

动作做法：练习者成第一位或第五位站立，动力腿向前擦出后不停顿继续向空中踢出，在 25° 稍停，落地后脚尖前点地收回第五位。向侧、向后小踢腿动作相同，如图 20 和图 21 所示。

图 22

图 23

图 24

（四）小弹腿

动作做法：练习者成第五位站立，主力腿支撑，动力腿向侧擦地或离地，与地面成 25° 角，动力腿大腿不动，小腿快速收回，用脚击打主力腿的小腿前部，后小腿迅速向前弹出，控制在 25° 角，如图 22～图 24 所示。

图 25

（五）控制

动作做法：练习者以主力腿支撑，动力腿经擦地向前抬起，在 90° 角或尽量高的位置停顿一定时间再落下收回，如图 25 所示。

第三节　形体训练基本技术

一、基本步法

（一）柔软步

预备姿势：练习者自然站立，如图 26 所示。

动作做法：练习者左脚伸直向前下方伸出，脚面绷直，由脚尖自然过渡到全脚掌着地，同时重心落在左腿上；两脚交替进行练习，两臂前后自然摆动，如图 27 和图 28 所示。

图 26

图 27

图 28

动作要点：练习者由脚尖着地自然过渡到全脚掌着地，重心随之前移，抬头、挺胸、收腹、立腰。

（二）足尖步

预备姿势：练习者两脚提踵并立，如图 29 所示。

动作做法：练习者左脚向前下方伸出，同时膝关节、脚面绷直，由脚尖过渡到前脚掌着地支撑，同时重心前移，两脚交替行进练习，如图 30～图 32 所示。

动作要点：行进步幅均匀，重心上下起动不宜过大，收腹立腰，充分立踵。

图 29

图 30

图 31

图 32

（三）弹簧步

弹簧步包括向前弹簧步、向侧弹簧步、向前屈膝弹簧步以及跳弹簧步等，它是各种跑、跳以及单足立踵的基础动作。本节仅介绍向前弹簧步。

向前弹簧步的预备姿势：两脚提踵并立，如图 33 所示。

向前弹簧步的动作做法：1 拍：左脚向前迈出一步，由脚尖柔软地过渡到全脚掌着地，同时稍屈膝，重心移至左腿，右腿随之屈膝，自然放松，如图 34 所示。2 拍：左腿伸直提踵，同时右腿向前下方伸出，腿伸直，脚面绷直，稍向外旋，如图 35 所示。

图 33

图 34

图 35

向前弹簧步的动作要点：练习者由

脚尖柔和地过渡到全脚掌着地，同时腿有控制地稍屈膝，重心随之下降，上体直立，接着主力腿伸直并提踵，立腰、收腹、立上体，步幅不宜过大。

（四）华尔兹步

华尔兹步的特点是优美、流畅、轻盈，并在 3/4 拍的节奏中完成，包括向前华尔兹、向侧华尔兹、向后华尔兹、跑跳华尔兹以及转体华尔兹等。本节主要介绍向前华尔兹。

向前华尔兹步的预备姿势：练习者自然站立，如图 36 所示。

向前华尔兹步的动作做法：1 拍：左脚向前迈出做一次弹簧步，重心落在左腿上，身体稍向左倾，如图 37 所示。2～3 拍：右脚开始依次向前做两次足尖步，如图 38 和 图 39 所示。

动作要点：步幅不宜过大，步幅均等，动作起伏自然流畅、不停顿。

图 36

图 37

图 38

图 39

（五）变换步

变换步的特点是柔和、舒展、大方、动作变化多样，包括向前、向后、向侧、向后的普通变换步以及向前、向后、向侧、向后的举腿变换步，还包括跳的变换步及转体变换步等。本节主要介绍向前变换步。

向前变换步的预备姿势：练习者自然站立，如图 40 所示。

向前变换步的动作做法：1～2 拍：左脚向前迈出一步做柔软步，同时重心移至左腿上，右脚并于左腿侧，手臂成第一位，如图 41 和图 42 所示。3～4 拍：左脚再向前做一个柔软步，同时重心移至左腿上，右腿伸直脚尖后点地，脚面稍向外，右臂前平举，如图 43 和图 44 所示。

动作要点：练习者步幅不要过大，收腹、立腰、提髋、上体正直、移重心，连贯自然。

图 40

图 41

图 42

图 43

图 44

（六）波尔卡步

波尔卡步的特点是欢快活泼，它包括向前、向侧、向后以及前后点地波尔卡等。本节仅介绍向前波尔卡步。

向前波尔卡步的预备姿势：练习者自然站立，如图 45 所示。

向前波尔卡步的动作做法：节前拍，右脚小跳，重心落至右脚上并屈膝，同时左腿向前下方伸出。1～2 拍：左脚向前一个并步跳，同时重心移至左脚上，两臂左侧前下举，两腕相对，上体向左侧稍转体，如图 46～图 48 所示。3～4 拍：右脚向前一个并步跳，同时重心移至右腿上，两臂右侧前下举，身体右倾稍转体，如图 49 和图 50 所示。

向前波尔卡步的动作要点：节前拍小跳连接并步跳，要迅速而连贯，重心随之移动，上体随出脚的方向向左右倾，并稍转体。

图 45

图 46

图 47

图 48

图 49

图 50

二、手臂的基本动作

手臂的基本动作主要包括摆动、绕环及波浪。手臂基本动作的练习，可以发展学生的肩、肘、腕及指关节的灵活性、协调性、柔韧性，提高手臂动作的优美感及表现力，增加动作幅度，建立正确的肌肉感觉。

（一）手臂的摆动

手臂的摆动是以肩为轴做单臂或双臂的向前、向后、向上及同侧或不同侧的摆动练习等，其摆动范围一般不超过 180°。

两臂同时向前、向后摆动

以肩为轴带动手臂完成向前、向后的摆动动作，肩放松，手臂举起、落下要保持弧形，如图 51 和图 52 所示。

单臂或双臂同时向左、向右摆动

单臂或双臂同时向左侧摆动，接着向右侧摆动，如图 53 和图 54 所示。

两臂分别向前、向后摆动

一臂向前摆动的同时，另一臂向后摆动，两臂交替进行练习，如图 55 和图 56 所示。

两臂体前交叉摆动

两臂在体前同时向内摆动，再向外摆至侧举，掌心向下，如图 57 和图 58 所示。

动作要点：所有的手臂摆动都要做到肩放松下沉，以肩为轴，带动手臂自然摆动、举起、落下，手臂自然弯曲，保持弧形。

图 51

图 52

图 53

图 54

图 55

图 56

图 57

图 58

（二）手臂的绕环

手臂的绕环是指以手臂不同部位的关节为轴做 360° 或大于 360° 的圆形动作。以肩为轴的绕环称大绕环，以肘为轴的绕环称中绕环，以腕为轴的绕环称小绕环。

单臂或双臂依次地由前向后的大绕环

以肩为轴，由体前经上向后做单臂或双臂绕环动作，如图 59 ~ 图 61 所示。

图 59

图 60

图 61

两臂向内（外）大绕环

两臂向内（外）大绕环如图 62 ~ 图 64 所示。

图 62

图 63

图 64

两臂向左（右）大绕环

动作要点：练习者做大绕环时，手臂伸直，以肩为轴，大幅度向远方伸展；做中绕环时，大臂保持固定，肘关节放松绕环；做小绕环时，手臂保持固定，以腕为轴，放松绕环，身体保持正直，提髋，立腰。如图 65 ~ 图 68 所示。

图 65

图 66

图 67

图 68

三、躯干的基本动作

躯干的基本动作主要包括躯干弯曲、躯干摆动、躯干绕环、躯干波浪及全身波浪。躯干练习是增强胸、腰、髋的柔韧性、协调性、灵活性及控制能力的重要手段之一。

躯干弯曲练习

站姿的躯干向前、向侧、向后的弯曲。如图 69 ~ 图 71 所示。

动作做法：练习者以腰为轴，形成上体前屈、侧屈和后屈的动作。

动作要点：躯干弯曲时下肢重心保持平稳。

躯干摆动练习

（1）躯干前摆动练习，如图 72 和图 73 所示。

预备姿势：练习者双脚开立与肩同宽，两臂侧平举。

动作做法：练习者以腰为轴，上体前屈与腿部靠拢。

动作要点：前屈时挺胸抬头，以胸部带动上体前屈。

（2）躯干左右摆动练习，如图 74～图 76 所示。

预备姿势：练习者双脚开立与肩同宽，两臂侧平举。

动作做法：练习者以腰为轴，以胸部带动上体前屈，由右（左）向左（右）摆动。

动作要点：上体尽量前屈并大幅度向左、右摆动。

图 69

图 70

图 71

图 72

图 73

图 74

图 75

图 76

思考题

1. 手臂基本动作的练习方法有哪些？
2. 身体基本姿态练习包括哪几部分？
3. 躯干基本动作的练习方法有哪些？
4. 阐述形体训练中应遵循的原则。
5. 阐述日常生活中应注意哪些身体姿态训练。

第四篇

民传体育与搏击运动

第十四章　武　术

☑ 主要知识点

介绍武术项目的起源与发展和武术基本技术，并详细介绍初级三路拳和初级剑术两个武术套路。

◇**学习目标：** 掌握武术的基本功及基本套路，能运用所学套路进行身体锻炼，学会相应教学方法，树立正确的体育健身观念和终身体育意识。

◇**重要概念：** 中国武术　初级长拳　初级剑术

◇**重要环节：** 重点了解武术的基本知识、基本技术及健身价值，将精、气、神融入武术动作及武术套路中，学会自我锻炼、自我陶冶。

第一节　武术概述

武术是以技击为主要内容，以套路演练和搏斗对抗为运动形式，注重内外兼修的民族传统体育项目。武术在我国有悠久的历史，不仅是一种中国传统的体育运动形式，而且是一个完整的文化意识形态，其涵盖了中国古典哲学、伦理学、美学、医学等中国传统文化的各种成分和要素，渗透着中国传统文化的精髓。武术具有极其广泛的群众基础，是中华民族在长期社会实践中不断积累和丰富起来的一项宝贵的文化遗产，目前已得到了较好的传承与发展，并在全球范围内得到推广。

第二节　武术基本技术

一、手型

拳：四指卷曲，拇指放于中指与食指的第二关节处，如图 1 所示。

掌：四指并拢，拇指内扣，如图 2 所示。

勾：五手指指尖捏拢，屈腕，如图 3 所示。

图 1

图 2

图 3

二、步型

弓步：两脚前后开立，前脚脚尖朝前，前腿屈膝，大腿位置接近水平，膝关节投影落在脚背上，后腿膝关节伸直，脚尖内扣 45°，全脚掌着地，如图 4 所示。

马步：两脚左右开立（约为脚长的三倍），大腿屈蹲接近水平，脚尖朝前，重心放于两腿之间，如图 5 所示。

仆步：两脚左右开立，一腿屈蹲，大、小腿靠拢，身体重心放于屈蹲腿上，膝关节外展，全脚掌着地，另一腿伸直，脚尖内扣，如图 6 所示。

虚步：两脚前后开立，后脚脚尖外展 45°，后腿屈蹲接近水平，前腿微屈，前脚置于后脚正前方，脚面绷直，脚尖虚点地，如图 7 所示。

歇步：两脚交叉，屈膝全蹲，上脚脚尖外展，全脚掌着地，下脚脚尖着地，如图 8 所示。

图 4

图 5

图 6

图 7

图 8

三、压腿

正压腿：一脚脚跟放于肋木之上，勾脚尖，双手放于被压腿膝关节，双腿伸直，支撑腿脚尖朝前，上体向前做压振运动。

侧压腿：一脚脚跟放于肋木之上，勾脚尖，支撑腿脚尖朝一侧，双腿伸直，上体向被压腿方向做压振运动。

四、踢腿

正踢腿：两脚并立，双手立掌，两臂侧平举，左脚朝前迈半步，右脚勾脚尖向上踢至前额处，上体正直，不可摆动，双腿膝关节伸直，眼睛平视前方，双腿交换进行。

侧踢腿：两脚并立，双手立掌，两臂侧平举，左脚朝前迈半步，脚尖外展，右臂屈肘，右掌置于左胸前，左手向上摆动至头顶，掌心向上，同时侧身踢右腿，勾脚尖，右脚落地时，右掌朝前推掌，左掌落于体后，两臂前后举，成一直线。这一动作结束后，左脚经右脚前上一步重复上述动作。

外摆腿：两脚并立，双手立掌，两臂侧平举，左脚朝前迈半步，右脚勾脚尖向上踢至前额处，经面前向右上方摆动，直腿落在左腿旁，目视前方，左右腿交替进行。

里合腿：两脚并立，双手立掌，两臂侧平举，左脚朝前迈半步，右脚勾脚尖，经面前向左上方摆动，直腿落在左腿右侧，眼睛直视，左右腿交替进行。

弹腿：右腿屈膝提起，大腿与腰平，右脚绷直，提膝接近水平时，向前平踢，力达脚尖，左腿伸直，两眼平视，两腿交替进行。

蹬腿：与弹腿准备动作一致，在弹腿时勾脚尖，力达脚跟。

第三节　初级长拳第三路

初级长拳第三路分解练习动作及说明。

一、预备势

两脚并步站立，两臂垂于身体两侧，五指并拢贴靠腿外侧，眼向前平视，如图 9 所示。

虚步亮掌

右脚向右后方撤步成左弓步，同时右手向右斜前方砍掌，掌心向上，左手提掌至腰间，掌心向内。左手经右胸前斜上方穿掌至右手，右手向左下画圆至右肩上方，左手向左上方画圆至左后方，如图 10 所示。同时左弓步变换成左虚步，如图 11 所示。

并步对拳

右腿蹬直，左腿提膝，脚尖内扣，上肢姿势不变，双手向前穿掌，掌心向上，两臂与肩同宽。左脚向前落步，双手落至腿前，右脚上前一步，双手伸至头上方变拳，左脚靠近右脚，双手拳面相对落至小腹前，臂成弧形，左摆头。对拳、并步、摆头同时完成，如图 12 和图 13 所示。

图 9

图 10

图 11

图 12

图 13

二、第一段

弓步冲拳

左脚向左上一步，成半马步。左臂屈肘向左格档，拳眼向后，拳与肩同高；右拳收至腰侧，拳心向上，目视左拳；右腿蹬直成左弓步。左拳收至腰侧，拳心向上，右拳向前冲出，高与肩平，拳眼向上。目视右拳，如图 14 和图 15 所示。

弹腿冲拳

重心前移至左腿，右腿屈膝提起，脚面绷直，向前弹出伸直，高与腰平，右拳收至腰侧，拳心向上；左拳立拳向前冲出，目视前方，如图 16 所示。

马步冲拳

右脚向前落步，向左转体 90°，两腿下蹲成马步，左拳收至腰侧，右拳向前冲出，目视右拳，掌眼向上，如图 17 所示。

弓步冲拳

上体右转 90°，右脚尖外撇向斜前方，成半马步，右臂屈肘向右格档，拳眼向后，左腿蹬直成右弓步，右拳收至腰侧，拳心向上，左拳立拳向前冲出，目视左拳，如图 18 和图 19 所示。

弹腿冲拳

重心前移至右腿，左腿屈膝提起，脚面绷直，向前弹出伸直，高与腰平，左拳收至腰侧，拳心向上，右拳立拳向前冲出，目视前方，如图 20 所示。

大跃步前穿

左腿屈膝；右拳变掌内旋，以手背向下挂至左膝外侧，上体前倾，目视右手；左脚向前落步，两腿微屈，右腿屈膝向前提起，左腿立即蹬地向前跃出，两掌向前向上画孤摆起，目视左掌；右腿落地全蹲，左腿随即落地向前铲出成仆步，右掌变拳抱于腰侧，左掌由上向右、向下画弧成立掌，置于右胸前，掌心向外，目视左脚，如图 21 ~ 图 23 所示。

弓步击掌

右腿蹬直成左弓步，左掌经左脚面向后画弧至身后成勾手，勾尖向上，右拳由腰侧变掌向前击出，指尖向上，掌外沿向前，目视右掌，如图 24 所示。

马步架掌

重心移至两腿之间，左脚脚尖向里扣成马步，上体右转，同时左勾手变掌由后经左侧腰间从右臂内向前上穿出，两掌心向上，目视左手，右掌立于左胸前；左臂向左上屈肘抖腕，亮掌于头部左上方，掌心向前。目右转视，如图 25 所示。

图 14

图 15

图 16

图 17

图 18

图 19

图 20

图 21

图 22

图 23

图 24

图 25

三、第二段

虚步栽拳

右腿屈膝提起，向右后转体 180°，右掌由左胸前向下经右腿外侧画弧成勾手；右脚向右落地，重心移至右腿，下蹲成左虚步。左掌变拳下落于左膝，拳眼向里，拳心向后；右勾手变拳，屈肘架于头右上方，拳心向前，目视左方，如图 26 所示。

提膝穿掌

右腿稍伸直，右拳变掌收至腰侧、掌心向上，左拳变掌由下向左、向上画弧盖于头上方，掌心向前；右腿蹬直，左腿屈膝提起，脚尖内扣，同时右掌从腰侧经左掌背内向右前上方穿出，掌心向上，左掌收至右胸前成立掌，目视右掌，如图 27 所示。

仆步穿掌

左腿落地成仆步，同时左手经左腿穿至左脚上，掌心向外，两臂成一直线，目视左手，如图 28 所示。

虚步挑掌

右脚蹬地，重心前移成左弓步，右掌下降，左掌挑起，两臂成一直线；右脚向左前方上步，成右虚步。身体随上步左转 90°，左掌由前向上、向后画弧成立掌，右掌由后向下、向前上挑起成立掌，指尖与眼平，目视右掌，如图 29 所示。

马步击掌

右脚落实，脚尖外撇，重心稍升高并右移，左掌收至腰侧，右掌外旋一圈变拳收至腰间，左脚向前上一步，以右脚为轴向右后转体 180°，两腿下蹲成马步，左掌从腰间成立掌向左侧击出，右掌变拳收至腰侧，目视左掌，如图 30 所示。

图 26

图 27

图 28

图 29

图 30

叉步双摆掌

重心稍右移，同时两掌向下向右摆，掌指均向上，目视右掌；右脚向左腿后插步，前脚掌着地，两臂继续由右向上、向左摆，停于身体左侧，立掌，右掌停于左肘窝处，目随双掌转视，如图 31 所示。

弓步击掌

左腿后撤一步，成右弓步，右掌向下、向后伸直摆动，成勾手，勾尖向上；左掌成立掌向前推出，目视左掌，如图 32 所示。

转身踢腿马步盘肘

重心上移，左臂上挑，右脚略收，上体向左后方向转体 180°，左掌掌心向上，右勾手不动。两臂成自由泳状向前抡臂一周，结束后左掌掌心向上，右手勾尖向上，右臂伸直，右腿正踢腿，上体左转 90°，右腿落地后成马步，左拳收至腰间，拳心向上，右勾手变拳，右臂伸直，由体后向右、向前平摆，至体前时屈肘，肘尖向前，高与肩平，拳心向下，目视肘尖，如图 33 ~ 图 35 所示。

图 31　图 32　图 33　图 34　图 35

四、第三段

歇步抡砸拳

两腿伸直，双臂打开成一直线，拳心向上，上体向右后转体 180°，右臂向下、向后抡摆，左臂向上、向前随身体转动，两腿全蹲成歇步。左臂随身体下蹲向下平砸，拳心向上，右臂伸直向上举起，两拳心相对，目视左拳，如图 36 所示。

仆步亮掌

左脚由右腿后抽出上前一步，成右弓步；上体微向右转；左拳收至腰侧，右拳变掌向下经胸前向右横击掌，目视右掌；右脚蹬地，屈膝提起，向右落步，成仆步，上体右转。左拳变掌从右掌上向前穿出，掌心向上，右掌平收至左肘下；左掌向下、向后画弧成勾手，勾尖向上，右掌向右、向上画弧微屈，抖腕亮掌，掌心向前，头随右手转动，目视左方，如图 37 和 38 所示。

弓步劈拳

右腿蹬地立起；左腿收回并向左前方弧形上步；右掌变拳收至腰侧，左勾手变掌由下向前上经胸前向左做翻掌；右腿经左腿前方向左绕上步，成右弓步。左手向左平翻掌后向前挥摆，虎口朝前，掌心向上。在左手平翻掌的同时，右拳向后平摆，然后再向前向上做抡劈拳，拳高与耳平，拳心向上，左掌外旋，接扶右前臂，目视右拳，如图 39 所示。

换跳步弓步冲拳

重心后移，右脚稍向后移动；右拳变掌臂内旋以掌背向下画弧挂至右膝内侧；左掌背贴靠右肘外侧，掌指向前，目视右掌；右腿自然上抬，上体稍向左扭转，右掌挂至上体左侧，左掌伸向右腋下，目随右掌转视；右脚掌震脚，与此同时，左脚向前落步，成左弓步。右手由左向上、向前提起变拳收至腰侧，左掌伸直向下、向上、向前屈肘下按，掌心向下，右拳向前冲出，拳高与肩平，左掌藏于右腋下，掌背贴靠腋窝，目视右拳，如图 40 所示。

马步冲拳

上体右转 90°，两脚成马步。右拳收至腰侧，左掌变拳向左冲出，拳眼向上。目视左拳，如图 41 所示。

弓步下冲拳

右脚蹬直，左腿弯曲，上体稍向左转，成左弓步；左拳变掌向下经体前向上，架于头左上方，掌心向上；右拳自腰侧向左前斜下方冲出，目视右拳，如图 42 所示。

叉步亮掌侧踹腿

两手体前十字交叉左手在上，右脚向左腿后插步，前脚掌着地，左掌由体前向下、向后画弧成勾手，勾尖向上，右掌由前向右、向上画弧抖腕亮掌，掌心向前，目视左侧，重心移至右腿，左腿屈膝提起，向左上方猛力踹出，如图 43 和图 44 所示。

虚步挑拳

左脚落地；右掌变拳稍后移，左勾手变拳收至腰间，拳心向上，右脚向左前方上步，脚尖点地，重心落于左脚，成右虚步，右拳向下、向前画弧挂至右膝外侧，向前屈臂挑出，拳眼斜向上，拳与肩同高，目视右拳，如图 45 所示。

图 36

图 37

图 38

图 39

图 40

图 41

图 42

图 43

图 44

图 45

五、第四段

弓步顶肘

右脚踏实，右臂内旋向下直臂画弧，以拳背下挂至右膝内侧，两拳变掌向前、向上画弧至头上方，右脚震脚，左脚上步成左弓步，同时两臂向右、向下屈肘停于右胸前，左掌变拳，右掌推拳，左肘尖向前顶出，高与肩平，目视前方，如图 46 和图 47 所示。

转身左拍脚

以两脚前脚掌为轴向右后转体 180°，右臂向上、向右、向下画弧抡摆，同时左拳变掌向下、向后、向前上抡摆；左腿伸直向前上踢起，左掌变拳收至腰侧，右掌由体后向上、向前拍击左脚面，如图 48 所示。

右拍脚

左脚向前落地，右掌变拳收至腰间，左掌自头上方拍击右脚，如图 49 所示。

腾空飞脚

右脚落地，左脚向前摆起，右脚猛力蹬地跳起，身体形成腾空，同时右拳变掌向前、向上摆起，左掌心拍击右掌背，右手拍击右脚面，左掌由体前向后上举，如图 50 所示。

歇步下冲拳

左、右脚相继落地成右歇步，左掌变拳收至腰侧，身体右转 90°，右掌抓握、外旋变拳收至右侧腰间，左拳由腰侧向前下方冲出，拳心向下，目视左拳，如图 51 所示。

图 46　图 47　图 48　图 49　图 50　图 51

仆步抡劈拳

右臂伸直，左臂随身体重心升高向上摆起，以右脚前脚掌为轴，左腿屈膝提起，上体左转 270°，两臂成一直线，左下右上画立圆一周，左腿向后落一步，成右仆步。右拳由上向下抡劈，拳眼向上，左拳后上举，拳眼向上，目视右拳，如图 52 ~ 图 54 所示。

提膝挑掌

重心前移成右弓步，两拳变掌，左下右上画立圆。右臂伸直停于头上，掌心向左，指尖向上，左臂伸直停于身后成反勾手，勾尖向上，同时右腿屈膝提起，左腿挺膝伸直独立，目视前方，如图 55 所示。

提膝劈掌弓步冲拳

右掌猛劈伸向左下，左勾手变掌，屈臂向前停于右上臂内侧，掌心向外，目视右掌，右脚向右后落地，身体右转 90°，左腿蹬直成右弓步，同时左掌变拳，自腰侧向左前方冲出，目视左拳，如图 56 和图 57 所示。

图 52

图 53

图 54

图 55

图 56

图 57

六、结束动作

虚步亮掌

右脚扣于左膝后，两拳变掌，两臂右上左下屈肘交叉于身体左前方，目视右掌；右脚向右后落步，重心后移，右腿半蹲，上体稍右转。同时右掌向上、向右、向下画弧停于左腋下；左掌向左、向上画弧停于右臂上，两掌心左下右上，目视左掌；左脚尖稍向右移，右腿下蹲成左虚步，左臂伸直向左、向后画弧成反勾手；右臂伸直向下、向右、向上画弧，抖腕亮掌，掌心向前，目视左方，如图 58 ~ 图 60 所示。

并步拳

左腿后撤一步，同时两掌从两腰侧向前穿出伸直，掌心向上；右腿后撤一步，同时两臂分别向体后下摆；左脚后退半步向右脚并拢。两臂由后向上经体前屈臂下按，两掌变拳，停于腹前，拳心向下，拳面相对，目视左方。还原两臂自然下垂，目视正前方，如图 61 ~ 图 64 所示。

图 58

图 59

图 60

图 61

图 62

图 63

图 64

第四节　初级剑术

一、起势

动作要领：并步站立；左手持剑，右手成剑指，如图 65 所示。

开始时两臂微屈向身体两侧撑出，摆头目视左方，如图 66 所示。上身右转，右脚向右上一步成右弓步；左手持剑由左侧直臂向右侧画弧，至身前做反臂平举，如图 67 所示；左脚向右脚并步，左手持剑随之下落于身体左侧，右剑指向右侧平伸指出，如图 68 所示；然后左脚向左迈一步，右脚跟步并步站立，左手持剑落于左侧，右剑指向前平伸指出，如图 69 所示；左手持剑由右剑指上穿出，上身右转，右脚向后撤步，成左弓步，右剑指向后平指出，如图 70 所示；上身左转，重心落于右腿，成左虚步，左手持剑向胸前屈肘，右剑指也向胸前屈肘，两掌心相对，右手准备接剑，目视剑尖，如图 71 所示。

图 65

图 66

图 67

图 68

图 69

图 70

图 71

二、第一段

弓步直刺

左脚上半步成左弓步；右手接剑，左手成剑指；上身左转，右手持剑向身前平伸直刺，左剑指随之伸向身后平举，目视剑尖，如图 72 所示。

回身后劈

左脚不动，右脚向前上一步，膝略屈，脚尖外展，上身右转；右手持剑经头上向后劈，剑与肩平，左手剑指随之由下向前上做弧形绕环，至头顶上方，屈肘，掌心向上，目视剑尖，如图 73 所示。

弓步平抹

左脚向左前方上一步成左弓步；同时，左手剑指由胸前向下、向左、向上画弧，在头顶上方侧举，掌心向上，右手持剑随之向前平抹，剑尖稍向右斜，目视前方，如图 74 所示。

弓步左撩

上身左转，右手持剑由前向上、向后画弧，前臂贴靠腹部，手心向内，左手剑指附于右手腕；右腿提起，脚背绷直，然后向右前方落步成右弓步，同时，右手持剑向前反撩，目视剑尖，如图 75 所示。

图 72

图 73

图 74

图 75

提膝平斩

左脚向前上一步，右手手腕外旋，使剑向左绕至头部前上方，再用力向前平斩，同时右腿屈膝提起；左手剑指由下向左、向上画弧，屈肘，掌心向上，目视前方，如图 76 所示。

回身下刺

右脚向前落步，脚尖外撇，屈膝，左腿蹬地，两腿成交叉步，上身右转，右手持剑向后下方直刺，左手剑指先向身前的右手靠拢，在刺剑的同时向前上方伸直，两臂成一直线，目视剑尖，如图 77 所示。

挂剑直刺

左脚向前上步，右臂内旋，挂剑至身后，右腿屈膝提起，左手剑指屈肘附于右手腕处，同时以左脚前脚掌为轴，上体右转，右脚向身后跨一大步成右弓步，右手持剑向前直刺，剑尖与肩同高，左手剑指随之向后平伸，目视剑尖，如图 78 所示。

虚步架剑

右手持剑内旋，手心向外，右脚外撇，上身从右向后转，左脚向前收拢半步，两膝成交叉步，同时右臂屈肘，使剑架于头上方；左手剑指附于右手腕处，然后左脚向前进一步，成左虚步，左手剑指向前平伸指出，手心向下，目视剑指，如图 79 所示。

图 76

图 77

图 78

图 79

三、第二段

虚步平劈

上体右转，重心移于左腿，左脚脚跟内扣，右脚跟随之离地，成右虚步，同时右手持剑向下平劈，左手剑指随即向上，屈左肘，目视剑尖，如图 80 所示。

弓步下劈

重心前移，左脚向左前方上步成左弓步，左手剑指伸向右腋下，右手持剑向左画弧，向前下劈剑，然后剑指由右腋下经腹前向上绕环，至头顶上方，屈肘，掌心向上，目视剑尖，如图 81 所示。

带剑前点

收右脚至左脚内侧，脚尖点地，两腿屈膝略蹲，右手持剑向右耳际带回，左手剑指附于右手腕处，如图 82 所示；然后右脚向右前方跃一步，左脚随之跟进成丁步，右手持剑向前点击，左手剑指画弧至头上方，手心向上，目视剑尖，如图 83 所示。

提膝下截

左腿向后退一步后屈膝，右腿伸直，上身后仰，右臂外旋，手心向上，左腿屈膝提起，剑向右后上方画弧一周截剑，如图 84 所示，目视剑尖，如图 85 所示。

提膝直刺

左脚向前落地，脚尖外展成为交叉步，右臂外旋手心向上，屈肘，将剑收于体前，剑尖高与肩平，左手剑指按于剑柄上，如图 86 所示；然后右腿屈膝提起，左腿伸直站立，右手持剑向前立剑直刺，同时左手剑指向后平伸出，手心向下，目视剑尖，如图 87 所示。

回身平崩

右脚向前落步脚尖外展，上身向右后转成交叉步，两手收回至体前，左手剑指搭于右腕，右手持剑，臂外旋经胸前向右崩剑，手心向上，同时左手剑指向额部左上方侧举，目视剑尖，如图 88 所示。

歇步下劈

右脚蹬地起跳，左脚向左跃步横跨一步，落地后右腿在左腿后插步成歇步，右手持剑向上举起，并在形成歇步时向左下劈，剑尖与踝关节同高，左手剑指下按于右手腕，目视剑身，如图 89 所示。

提膝下点

两腿直立，以两脚前脚掌为轴，向右转体 180°，右手持剑贴于右臂，左腿屈膝提起，右腿直立，右手持剑向前下点剑，同时左手剑指画弧至头顶上方，手心向上，目视剑尖，如图 90 所示。

图 80

图 81

图 82

图 83

图 84

图 85

图 86

图 87

图 88

图 89

图 90

四、第三段

并步直刺

上体向左后方向转动，左脚落地，左手剑指向正前方指出，手心向下，右臂内旋剑尖指向前方，右脚跟步与左脚并拢，两膝屈蹲，同时右手持剑向前直刺，左手附于右手腕处，目视剑尖，如图 91 所示。

弓步上挑

右脚上步成右弓步，右手持剑直臂向上挑举，剑尖向上，手心向左，左手剑指仍向前平伸指出，手心向下，目视剑指，如图 92 所示。

歇步下劈

左脚向前上步，脚尖外撇，两腿歇步，同时右手持剑向前下劈，剑尖与踝关节同高，左手剑指屈肘附于右手腕内侧，目视剑身，如图 93 所示。

右截腕

两腿直立站起，上身右转，挪左脚成左虚步，右臂内旋，前段剑刃向前上方画弧翻转，右手持剑再向右后上方托起，左手剑指附于右手腕，两肘微屈，目视前方，如图 94 所示。

左截腕

左脚向前上半步，右脚随之向前上一步成右虚步，上身向左后转，同时右臂外旋，剑向左前上方画弧翻转，手心向上，剑身与地面平行，左手剑指离开右手腕，屈肘向上侧举，目视剑的前端，如图 95 所示。

跃步上挑

左脚向前上一步并蹬地，右脚向右侧跃步，落地后膝微屈，左脚从身后伸向右侧方成望月平衡式，右臂外旋使剑由右向左上画弧，剑到达右侧方时上挑，左手剑指横举于左额前上方，右手持剑由左胯向左上方屈肘横举，如图 96 所示。

仆步下压

左脚向左侧落步，成右仆步，右手持剑使剑尖向右收抱于胸前下方，手心向上；右膝伸直，上身立起，左手剑指按在右手腕上，右手持剑用剑身平面向下带压，剑尖斜向右上方，目视右前方，如图 97 所示。

提膝直刺

两腿直立站起，屈左膝，右腿挺直站立；同时，右手持剑向身前平伸直刺，左手剑指屈肘在左侧上举，目视剑尖，如图 98 所示。

图 91

图 92

图 93

图 94

图 95

图 96

图 97

图 98

五、第四段

弓步平劈

左脚向左后侧落一大步成左弓步，上身左转，右臂外旋，使剑的下刃翻转向上，向身前平劈，左手剑指随着右臂的运行由右向下，经左向上画弧至头上方，屈肘，掌心向上，目视剑尖，如图 99 所示。

回身后撩

右脚上一步，膝微屈；左脚随之离地，经右腿后小腿向上弯曲；上体右转，右手持剑随右脚上步而向后反撩，拇指一侧在下，掌心向外，左手剑指前伸成侧上举，目视剑尖，如图 100 所示。

歇步上崩

右脚蹬地，左脚向前跃步，落地时脚尖外展，右腿落在左腿下，成左歇步，上身随之向右后转，右手持剑直臂屈腕，使剑尖上崩；左手剑指随屈肘在头部左上方侧举，目视剑身，如图 101 所示。

弓步斜削

上体右转，右脚向前上步成右弓步，右手持剑臂外旋在转体的同时向左肋前收回，左手剑指按在剑柄上，然后右手持剑由后向前上方斜面弧形斜削，手心斜向上方，同时，左手剑指伸向后方，目视剑尖，如图 102 所示。

进步左撩

身体重心稍后移，右脚尖外展，上身向左转，左腿稍屈膝，右手持剑掌心向内，向左画弧，左手剑指搭右腕，上身向右后转；右手持剑反手向右前、向上画弧撩起，剑尖高与肩平，目视剑尖，如图 103 所示。

进步右撩

左脚踏实，脚尖外展，右脚上步成右虚步，右手持剑直臂向上、向右、向下画弧至前方，左手剑指随之由右肩，经前下方向后上方绕环，屈肘侧举于头部左上方，目视剑尖，如图 104 所示。

坐盘反撩

右脚轻挪，左脚从右腿后向右侧插步下坐，成坐盘式，右手持剑经上方，向左下方反手上撩至身体右后方，剑尖高过头顶，左手剑指随之经体前向下、向后、向上画弧至头上方，屈肘，掌心向上，目视剑尖，如图 105 所示。

转身云剑

右脚蹬地，两腿站起，两脚脚掌碾地，上身向左后转，手剑指附于右手腕处，如图 106 所示；右手持剑在头上方云剑一周，剑至身前时，右手手心向上、松把，使剑尖下垂，左手剑指放开，准备接剑，如图 107 所示；重心前移，左脚踏实，右腿伸直，上身前倾，目视左手，如图 108 所示。

图 99

图 100

图 101

图 102

图 103

图 104

图 105

图 106

图 107

图 108

六、收势

右手成剑指，左手接剑，反握住剑，柄向身体左侧下垂；右脚脚尖，内扣，屈膝略蹲，上身随之左转，左脚向前移步成左虚步，右手剑指随之由身后向上屈肘，侧举于头部右上方，手心向上，如图 109 所示；右腿伸直，右脚靠拢左脚，并步站立，右手剑指下落于身体右侧，手心向下，恢复成预备式，目视前方，如图 110 所示。

图 109

图 110

思考题

1. 简述武术的起源与发展过程。
2. 初级长拳第三路的套路中各动作的技击含义是什么？
3. 初级剑套路中的各动作的技击含义是什么？

第十五章　太　极

☑ 主要知识点

本章详细介绍了 24 式太极拳和 32 式太极剑两个套路。

◇**学习目标：** 掌握太极基本套路，能运用所学套路进行身体锻炼，树立正确的体育健身观念和终身体育意识。

◇**重要概念：** 中国武术　太极拳　太极剑

◇**重要环节：** 重点了解太极的基本知识、基本技术及健身价值，将精、气、神融入武术动作及武术套路中，学会自我锻炼、自我陶冶。

第一节　太极项目简介

一、概述

太极拳是综合了明代各家拳法，结合了古代的导引和吐纳之术，吸取了古典哲学的传统中医理论而形成的一种内外兼修、柔和、缓慢、轻灵的拳术。太极拳以掤、捋、挤、按、采、挒、肘、靠、进、退、顾、盼、定十三势为基本技法，其动作轻柔圆活，处处带有弧形，运动绵绵不断、势势相承，是一项集强身、健身、医疗、娱乐、防身于一体的运动项目，受到广大青年学生的喜爱。现流行的太极拳主要有陈氏、杨氏、孙氏、吴氏和武氏五大流派。

二、基本技术及要点

（一）技术动作

手型

拳：四指自然卷曲，拇指压于中指跟食指第二关节处，拳松握，如图 1 所示。

掌：拇指与四指分开，手指自然弯曲，如图 2 所示。

勾：五指指尖轻轻捏拢，屈腕，如图 3 所示。

图 1

图 2

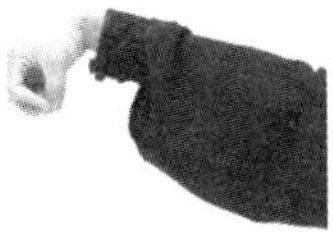
图 3

步型

方步：两脚前后开立，前脚脚尖朝前，前腿屈膝，大腿接近水平，膝关节投影落在脚背上，后腿膝关节伸直，脚尖内扣 45°，全脚掌着地。

仆步：两脚左右开立，一腿屈蹲，大、小腿靠拢，身体重心放于屈蹲腿上，膝关节外展，全脚掌着地，另一腿伸直，脚尖内扣。

虚步：两脚前后开立，后脚脚尖外展 45°，后腿屈蹲接近水平，前腿微屈，前脚置于后脚正前方，脚面绷直，脚尖虚点地。

（二）动作要领

虚领顶劲：要求头向上顶，但颈部肌肉不要僵直，头部动作应与身体位置和方向的转换协调一致。

沉肩坠肘：沉肩首须放松两肩关节，不使其耸起；进而有意识地舒展肩部肌肉和韧带，使两肩向下沉坠。坠肘是指除肘部须高于和平于肩部的动作外，肘尖都应垂朝下方。

舒指坐腕：舒指是将掌自然伸展，坐腕就是将腕关节向手背、虎口一侧自然屈起。

含胸实腹：胸部自然放松，有舒宽的感觉。练拳时深吸一口气，然后慢慢吐出，有“气沉丹田”之意。

松裆圆胯：两胯撑开，膝关节向里合，裆部自然撑圆。

三、基本功练习

太极步（以右弓步为例）

高弓步站立，后腿蹬直，双手掌心重叠置于腹前，两臂微屈，如图 4 所示。屈左膝，重心后移至左腿，右脚脚尖随重心后移慢慢翘起，上体以腰为轴右转 45°，如图 5 所示，重心前移，右脚慢慢踏实，左脚收至右脚处，脚尖点地，然后向正前方迈步，如图 6～图 7 所示，脚尖指向正前方，如图 8 所示，重

图 4

图 5

心过渡到两腿之间，然后动作相同，如图 9 所示，方向相反重复练习。

图 6

图 7

图 8

图 9

搂膝拗步（以右弓步为例）

高弓步站立，后腿蹬直，右掌按于右胯旁，掌心向下，左掌掌心向前，与鼻尖同高。重心后移，右脚脚尖随重心后移慢慢翘起，展右脚时翻右掌，重心前移，收左脚时，右手自腰间向斜后方引臂，掌心向上，左手同时落于右肩上，屈右肘，掌心向前，按左掌至右腹前，掌心向下，同时左脚迈步，脚尖向前，重心前移，左手在左膝前平搂至左胯旁，掌心向下，右手自耳旁向前正推，然后动作相同，方向相反重复练习，如图 10 和图 11 所示。

图 10

图 11

野马分鬃（以右弓步为例）

高弓步站立，后腿蹬直，左掌按于左胯旁，掌心向下，右臂屈肘，掌心面向自己，用力点在小臂上。重心后移时，右脚脚尖随重心后移慢慢翘起，展右脚时翻右掌，重心前移，收左脚，同时收左掌，掌心翻向上，与右手成抱球状，右手与肩同高，左手在腹前；左脚上步，上体以腰为轴将身体转正，同时左手向斜上方运行至身体正前方，高与鼻尖齐，右手向斜下方运行，掌心向下按至胯旁，两掌心斜相对分开，左小臂外旋用力。然后动作相同，方向相反重复练习，如图 12 和图 13 所示。

图 12

图 13

第二节　二十四式太极拳动作要领

第一式：起势

身体自然直立，两脚并拢，脚尖向前；两臂自然下垂，两手放在大腿外侧，目视前方。如图 14 所示；左脚向左迈一步，两脚间距离与肩同宽，重心放在两腿之间，如图 15 所示；两臂慢慢前平举，与肩同宽，手心向下，如图 16 所示；上体保持正直，两腿屈膝下蹲，同时两掌轻轻下按，两肘下垂与两膝相对，眼平看前方，如图 17 所示。

图 14

图 15

图 16

图 17

第二式：左右野马分鬃

（1）左野马分鬃

上体微向右转，身体重心移至右腿上；同时右臂收在胸前平屈，掌心向下，左手经体前向右下画弧至右手下，掌心向上，两掌相对成抱球状；左脚随即收到右脚内侧，脚尖点地，眼看右手，如图 18 所示；上体微向左转，左脚向左前方迈出，右脚跟后蹬，右腿自然伸直，成左弓步，上体继续向左转，左右手随转体慢慢左向上、右向下分开，左手高与眼平（手心斜向上），肘微屈；右手落在右胯旁，手心向下，指尖向前；眼看左手，如图 19 所示。

（2）右野马分鬃

身体重心移至右腿，左脚尖翘起，微向外撇（约 45°），如图 20 所示；重心前移，左手翻转向下，左臂收在胸前平屈，右手向左上画弧至左手下，两手心相对成抱球状，右脚随即收到左脚内侧，脚尖点地，眼看左手，如图 21 所示；右腿向右前方迈出，左腿自然伸直，成右弓步，同时上体右转，左右手随转体分别左向下、右向上分开，右手高与眼平（手心斜向上），眼看右手，如图 22 所示。

图 18

图 19

（3）重复左野马分鬃

动作如图 18 和图 19。

图 20

图 21

图 22

第三式：白鹤亮翅

右脚跟半步，两手左上右下，掌心相对成抱球状，重心后移，上体右转，右手自腹前画弧至右斜上方，左手搭在右臂上，然后上体左转，右手停于右上方，掌心向后，左手掌心向下落于左胯旁，同时左脚前移成左虚步，如图 23 和图 24 所示。

图 23

图 24

第四式：左右搂膝拗步

（1）左搂膝拗步

上体微向左转，右手自左斜前方落下，然后上体微向右转，左手自右手下落位置向上挑起，右手经腹前引臂至斜后方，掌心向上，高与肩齐，左手落于右肩上，同时收左脚至右脚内侧，然后屈右肘至耳侧，左掌按至右腹前，迈左脚，脚尖向前，左掌心向下随重心前移，在左膝前平搂一周至左胯旁，右手自耳旁向前正推，目视前方，如图 25 所示。

（2）右搂膝拗步

屈右膝，重心移至右腿，左脚脚尖随重心后移慢慢翘起，然后外展 45°，同时左掌慢慢往前探出，翻左掌（与展脚尖同时），重心前移，左掌经左胯旁引至斜后方，掌心向上，同时右手画弧下落至左肩上，右脚收至左脚内侧，脚尖点地（左手向后引臂、右手落、右脚收同步），然后屈左肘至耳旁，右手按至左胯旁，迈右脚，脚尖向前，右掌心向下随身体重心前移，在右膝前平搂一周至右胯旁，左手自耳旁向前正推（屈左肘、按右掌、迈右脚，搂膝、推掌同步），如图 26 所示。

图 25

（3）重复左搂膝拗步

重复左搂膝拗步如图 25 所示。

图 26

第五式：手挥琵琶

右脚跟进半步，身体微向左转，右手微向左移，收至左胸前，左手自下向上挑起指尖向上，身体重心移至后腿，左脚抬起脚后跟落地成左虚步，如图 27 所示。

第六式：左右倒卷肱

（1）左倒卷肱

上体右转，右手翻掌（掌心向上）经腹前由下向斜后方画弧平举，左手随即翻掌向上，左脚变作脚尖点地。眼的视线随转体向右看，然后转向前方看左手。屈右肘，右手收至耳旁，掌心向前，收左脚至右脚内侧，如图 28 所示；然后慢慢向左后方撤一步，如图 29 所示，同时右掌掌心向前自左手上方推出，左手经身体正前方收至左胯旁，掌心向上，然后轻挪右脚，脚尖点地，如图 30 所示，成右虚步，如图 31 所示。

重复图 25

图 27

图 28

图 29

图 30

图 31

（2）右倒卷肱

上体微向左转，同时左手随转体向后上方画弧平举，手心向上，右手随即翻掌，掌心向上；眼随转体先向左看，再转向前方看右手，如图 32 所示。屈左肘，左手至耳旁，收右脚至左脚内侧，如图 33 所示，然后慢慢向右后方撤一步，同时左掌掌心向前自右手上方推出，右手经身体正前方收至右胯旁，掌心向上，然后轻移左脚，脚尖点地，成左虚步，如图 34 所示。

图 32

图 33

图 34

左右倒卷肱各重复一次。

第七式：左揽雀尾

上体右转，收左脚至右脚内侧，两臂随转体成起势时抱球状，如图 35 所示。左脚向左前方迈一步，身体转正成左弓步，同时右手下按至右胯旁，左臂成弧形向正前方掤出。身体微向左转，如图 36 所示，右手经胯旁画弧移至左手下，两手同时翻掌，掌心斜相对，如图 37 所示。屈右膝，重心后坐，上体向右转，两手经腹前向右后上方画弧，直至右手手心向上，高与肩齐，左臂平屈于胸前，手心向后，眼看右手，如图 38 所示。屈右肘，右掌跟搭在左掌跟上，双手同时向前慢慢挤出，左手心向右，右手心向前，如图 39 所示，左前臂保持半圆，重心前移到左腿，成左弓步；眼看左手腕部，如图 40 所示。左手翻掌，手心向下，右手经左腕上方向前、向右伸出，高与左手齐，手心向下，两手左右分开，与肩同宽，如图 41 所示；然后右腿屈膝，上体慢慢后坐，身体重心移至右腿上，左脚尖翘起，如图 42 所示；同时两手屈肘回收与肩同高，落至腹前，手心均向前下方；身体重心慢慢前移，同时两手向前、向上按出，掌心向前，左腿前弓成左弓步，眼平看前方，如图 43 所示。

图 35

图 36

图 37

图 38

图 39

图 40

图 41

图 42

图 43

第八式：右揽雀尾

重心后移，身体右转，左脚尖内扣，两手随转体至右侧，身体重心继而后坐至左腿，两手成左上右下抱球状，右脚同时收回至左脚内侧，脚尖点地，如图 44 所示。然后右脚向前方迈一步成右弓步，左手下按至左胯旁，右臂画弧向正前方掤出，如图 45 所示。其余动作与左拦雀尾动作相同，方向相反，如图 46 ~ 图 52 所示。

图 44

图 45

图 46

图 47

图 48

图 49

图 50

图 51

图 52

第九式：单鞭

上体后坐，身体重心移至左腿，右脚尖内扣，如图 53 所示，同时上体左转，两手（左高右低）向左画弧运转，直至左臂平举，伸于身体左侧，手心向左，右手经腹前运至左肋前，手心向后上方，如图 54 所示，左右手上下交换位置，右手在内，左手在外，上体右转，身体重心移至右腿，左脚向右脚靠拢，脚尖点地，同时右手向右上方画弧，掌心由里转向外，至右侧方时变勾手，高与肩平，如图 55 所示，左手向下经腹前向下画弧，而后搭在右腕上，掌心向里；眼看左手，左脚向左前方迈一步，成左弓步，上体微向左转，同时，左掌随上体左转慢慢翻转，手心向前，手指与眼齐平，臂微屈，眼看左手，如图 56 所示。

图 53

图 54

图 55

图 56

第十式：云手

（1）重心后坐，左脚尖内扣指向前方，左手掌心向下，自腹前向右上画弧至右肩前，掌心向后，同时右手变掌，下按至腹前，然后身体重心左移，上体左转，两手以腰为轴慢慢向左转至左斜前方，两手同时翻掌，左掌心向前，右掌心向后，右脚跟进半步，两脚成平行状，如图 57 所示。

图 57

（2） 然后两手上下交换位置，身体重心右移，两手以腰为轴慢慢向右移至右斜前方，左脚向左撤一步，脚尖落地时两手掌翻掌。以右脚移动为单位，待右脚移动三次后，脚停住不动，双手停在身体左侧，左手在上，掌心向外，右手在下，掌心向后，如图 54 所示。

第十一式：单鞭

两手继续向右做云手，右手到达右肩斜上方时翻腕成勾手，左手自腹前上升，搭在右腕上，左脚脚尖点地，然后左脚向左前方迈一步成左弓步，左手随着身体重心左移，慢慢翻掌，成单鞭式，如图 58 所示。

图 58

第十二式：高探马

右脚跟半步，重心移至右腿，右手变掌，掌心向上，目视右手，然后屈右肘，眼看左

图 59

手，右手自耳旁向前推出，左手顺势自右手下收至腰间，掌心向上，同时左脚向前移动半步，成左虚步，如图 59 所示。

第十三式：右蹬脚

左手自腰间向右斜前方穿出，左手在上右手在下，手背贴手背，左脚向左斜前方挪一步，左手掌心翻向下，身体重心前移，如图 60 所示；两手自然分开向两侧画弧，如图 61 所示；待右手贴近右腿时，右腿蹬地屈膝，成左独立步，两臂屈肘，左手在内，右手在外，掌心向上，如图 62 所示；两臂左右画弧分开平举，肘部微屈，手心均向外；同时右脚勾脚尖向右斜前方蹬出，右臂跟右腿肘膝相对，左臂跟右臂自然成一线，眼看右手，如图 63 所示。

图 60

图 61

图 62

图 63

第十四式：双峰贯耳

图 64

图 65

右腿屈膝，左手右移至体前，两手掌心向上，如图 64 所示；右脚向右斜前方落地，两手掌心向上收于腰间变拳，左腿慢慢伸直，成右弓步，两拳自腰间画弧向上打出，高与耳齐，拳心斜向下，眼看前方，如图 65 所示。

第十五式：转身左蹬脚

左腿屈膝后坐，身体重心移至左腿，上体左转，右脚尖内扣，如图 66 所示；两拳变掌，向下画弧，然后身体重心再移至右腿，左脚收到右脚内侧，脚尖点地，同时两手由外圈向里圈画弧合抱于胸前，左手在外，手心均向后，如图 67 所示；两臂左右画弧分开平举，肘部微屈，手心均向外，同时左腿屈膝提起，左脚向左前方慢慢蹬出，眼看左手，如图 68 所示。

图 66

图 67

图 68

第十六式：左下势独立

左腿屈膝，右掌变成勾手，如图 69 所示；左掌落在右胸前，掌心向外，右腿屈膝下蹲，左腿向左后侧伸出，成左仆步，如图 70 所示；左掌下落掌心向外，沿左腿向前穿出，身体重心前移，左脚尖外展指向正前方，右腿蹬地成左弓步，右手在体后，钩尖向上，如图 71 所示；左脚再次外展，右腿蹬地起成左独立步，右膝弯曲，脚尖自然下垂，右手挑掌与右腿同时起，置于右膝上方，掌心向左，左掌自然下按于左胯旁，掌心向下，如图 72 所示。

图 69

图 70

图 71

图 72

第十七式：右下势独立

右脚下落于左脚前，上体左转，右手摆至左肩上，掌心向外，左手勾手向后平举，如图 73 所示，其余动作与左下势独立动作相同，方向相反，如图 74 ~ 图 77 所示。

图 73

图 74

图 75

图 76

图 77

第十八式：左右穿梭

（1）左穿梭。左脚向左斜前方迈步，右脚跟步，双手抱球，左手上右手下，如图 78

所示；然后右脚向右斜前方迈步，成右弓步，同时左臂向下画弧，右臂向上画弧，当左掌到达腰间时，向斜前方推出，右手翻掌，掌心向上，如图 79 所示。

（2）右穿梭。重心后移，右脚尖稍内扣，然后重心前移，左脚跟步于右脚内侧，脚尖点地，成右手上左手下抱球状，如图 80 所示，左脚向左斜前方迈步成左弓步，右手向下画弧，左手向上画弧，当右手到达右侧腰间时向左斜前方推出，左手翻掌，掌心向上，如图 81 所示。

图 78

图 79

图 80

图 81

图 82

第十九式：海底针

右脚跟半步，身体右转，右手先落至右腿一侧，然后上提至耳旁，指尖向下，同时左手自上方按至右腿前，身体左转，左脚向前挪一步成左虚步，右手自右耳旁斜向前下方插出，掌心向左，指尖斜向下，左手随身体左转，画弧落于左胯旁，眼看前下方，如图 82 所示。

第二十式：闪通臂

两手上提至头上方，掌心斜相对，然后左脚向前迈一步成 左弓步，左手向前推掌，掌心向前，右手翻掌，掌心向上。眼看左手，如图 83 所示。

图 83

第二十一式：转身搬拦捶

右腿屈膝后坐，左脚尖内扣，上体右转 180°，如图 84 所示；继而重心移至左腿，两手画弧至头上方，左手不停，掌心向下按至左胯旁，右手至身体正前方时变拳下落到胯旁，继而升至腹前、胸前，拳背砸于身体正前方，如图 85 所示；右腿同时轻抬，脚后跟落地，翘脚尖，然后脚尖外展，身体重心前移，右拳变掌向后画弧，左手向前画弧，两手同时到达身体前、后方，左脚上步与左手画弧同步，如图 86 所示；右拳收至腰间变拳，左掌成立掌，重心前移，成左弓步，右拳从腰间冲出，左掌立掌拉回至右胸前，如图 87 所示。

图 84

图 85

图 86

图 87

第二十二式　如封似闭

左手由右臂下向前伸出，右拳变掌，两手手心逐渐翻转向上并慢慢分开回收，如图 88 所示；重心后移，左脚尖翘起，身体重心移至右腿，眼看前方，两手在胸前翻掌，向下经腹前再向上、向前推出，腕部与肩平，掌心向前；同时左腿前弓成左弓步；目视前方，如图 89 和图 90 所示 。

图 88

图 89

图 90

第二十三式　十字手

屈膝后坐，身体重心移至右腿，左脚尖内扣，如图 91 所示；向右转体，右手随着转体动作向右平摆画弧，与左手成两臂侧平举，掌心向前，肘部微屈，同时右脚尖随着转体稍向外撇，成右侧弓步，如图 92 所示；然后身体重心慢慢移至左腿，右脚尖内扣，随即向左收回，两脚距离与肩同宽，两腿逐渐伸直，成开立步，同时两手向下经腹前向上画弧交叉，合抱于胸前，两臂撑圆，腕高与肩平，右手在外，成十字手，手心均向后，眼看前方，如图 93 所示。

图 91

图 92

图 93

第二十四式：收势

两手向外翻掌，手心向下，两臂慢慢下落，停于身体两侧，眼看前方，左脚慢慢收至右脚旁，如图94和图95所示。

图 94

图 95

第三节　三十二式太极剑动作要领

一、预备式

身体正直，两脚并拢，两臂自然垂于身体两侧，左手持剑，剑尖向上，剑身贴在胳膊上；左脚向左侧迈一步，两脚间距离与肩同宽，脚尖向前，目视前方，如图 96 和图 97 所示。

图 96

图 97

二、起势

两臂慢慢向前平举，与肩同高，手心向下，两腿屈膝下蹲，上体右转，收左脚，脚尖点地，置于右脚内侧，左臂屈肘指向右侧，右臂屈肘自腹前经胯旁指向右侧，左手掌心向下，右手掌心向上，眼看右手，如图98和图99所示。

图 98

图 99

左脚向左迈一步成左弓步，屈右肘，剑指至耳旁，左手持剑、右手剑指成搂膝拗步状运行，动作结束时剑指向正前方推，左手持剑止于左胯旁，左臂成弧形，如图 100 所示。

剑指翻，掌心向上，左手提剑至右肩，沿右肩向前抹出，右脚经左脚前上一步下蹲成右歇步，左手抹出时右手收至腰间后指向后方，手心向上，迈左脚成左弓步，左手不动，右臂屈肘沿左臂向前推出，掌心向前，左手掌心翻向外，如图 101 ~ 图 103 所示。

图 100

图 101

图 102

图 103

三、第一段

并步点剑

右手接剑，屈腕点剑，同时右脚跟步靠拢左脚，两腿屈蹲，目视剑尖，如图 104 所示。

独立反刺

右脚向右后方撤一步，成左弓步，剑尖指向上，身体重心移至右腿，上体右转 90°，左脚尖内扣，剑尖随身体右移指向下，画弧至右胯旁，右腕翻转，剑尖上挑，左手剑指停于右腕上，目视剑尖，收左脚于右脚内侧，如图 105 ~ 图 107 所示。提左膝，左手自胸前向左侧推剑指，右手持剑自右胯旁转向左侧，先向上后向左反刺，目视左侧，如图 108 所示。

图 104

图 105

图 106

图 107

图 108

仆步横扫

上体右转，剑向右后方立剑劈出，剑指搭于右腕上，同时左脚向左后方撤一步成右弓步，然后左手撤至背后，自腰间向后画弧穿出，同时右腿屈蹲成左仆步，右掌翻向上，右腿蹬地，重心前移成左弓步，右手持剑随重心前移，自右向前横扫至体前，剑与胸平，左手向后、向左上方穿出后画弧至头上方，掌心向上，如图 109 ~ 图 111 所示。

图 109

图 110

图 111

向右平带

左手下落至右腕上，两手将剑带至左胯旁，右脚向右斜前方迈一步，成右弓步，右手持剑，向前方送出，至最远处时翻掌，掌心向下带至右胯旁，目视剑尖，如图 112 和图 113 所示。

向左平带

右手持剑向前引伸，并慢慢翻掌将剑向左斜方回带，至左肋前方，力在左剑刃，左手剑指经体前左肋向左上方画弧举起至左额上方，手心斜向上，同时，左脚经右腿内侧向左前方迈出一步，成左弓步，目视剑尖，如图 114 所示。

图 112

图 113

图 114

独立抡劈

右脚收至左脚内侧，然后向斜前方迈一步，左手从头部左上方落至右腕部，身体左转，右手抽剑由前向下、向后画弧，经身体左下方旋臂翻腕上举，向前下方正手立剑劈出，力在剑下刃，左手剑指由身体左侧向下、向后转至左额上方，掌心斜向上；在抡劈剑的同时，左腿屈膝提起，成独立步，目视剑尖，如图 115、图 116 所示。

退步回抽

左脚向后落下，屈膝，右脚随之撤回半步，脚尖点地，成右虚步；右手持剑抽回，剑把靠近左肋，手心向里，剑面与身体平行，剑尖斜向上，左手剑指下落附于剑把上；目视剑尖，如图 117 和图 118 所示。

独立上刺

身体微向右转，面向前方，右脚向前一步，左腿屈膝提起，成独立步，同时，右手持剑向前上方刺出，力达剑尖，剑尖高与眼平，目视剑尖，如图 119 所示。

图 115

图 116

图 117

图 118

图 119

四、第二段

虚步下截

左脚向左后方落步，右脚随即微向后撤，脚尖点地，成右虚步，右手持剑先随身体左转，剑首先行，再随身体右转，经体前向右、向下截出，力达剑刃，剑尖略下垂，高与膝平，左手剑指由左后方绕行至左额上方，手心斜向上，目视右前方，如图 120 所示。

左弓步刺

右脚向右后方回撤一步，右手向左斜前方立剑提起，左手剑指搭右腕，身体右转，右腕内旋成平剑，重心后移至右腿，左脚收至右脚内侧后再向左前方迈出，成左弓步，面向左前方，右手向右前方画弧将剑带至腰间，右手掌心翻向上，平剑刺出，力达剑尖，左手剑指经体前再向左、向上绕行至左额上方，手心斜向上，目视剑尖，如图 121 和图 122 所示。

转身斜带

身体重心后移至右腿，左脚尖内扣，左手剑指下落至右腕，同时右手掌心向上将剑收回至右侧腰间，身体重心移至左腿，剑向左前方刺出，右脚向右后方撤一步，然后翻右掌，手心向下，上体转体 180°，重心移至右腿，剑随重心转移画弧带至右侧腰间，目视剑尖，如图 123 和图 125 所示。

图 120　　图 121　　图 122　　图 123　　图 124

缩身斜带

左脚靠拢右脚，然后向左斜后方撤一步，轻挪右脚成右虚步，同时左手反穿剑指向后、向左、向前画弧至体前，右手持剑向右前方撑出，翻掌带回至左侧，左手剑指搭于右腕，目视剑尖，如图 126 和图 127 所示。

提膝捧剑

右脚向后撤一步，两手轻向前送剑，重心移至右腿，挪左脚成左虚步，然后两手分开，两臂成弧形置于身体两侧，左手剑指指尖向前，右手持剑，剑尖略高，左脚微挪，重心前移，右腿提膝站立，两手翻掌捧起，左手在下，右手在上，掌心均向上，两臂微屈，目视前方，如图 128 和图 130 所示。

图 125

图 126

图 127

图 128

图 129

跳步平刺

右脚向前落地，重心前移，两手收至腹前，升至胸前向前刺出，左脚蹬离地面，置于身体后方，然后右脚蹬地，左脚向前跨一步，屈膝落地，脚尖外展，两臂分开，手心向下，置于身体两侧，左手画弧摆至头上方，掌心向上，右手收至腰间掌心向上，迈右脚成右弓步，右手持剑刺出，高与肩平，目视前方，如图 131 和图 133 所示。

图 130

图 131

图 132

图 133

左虚步撩

重心后移至左腿，上体左转，右脚回收至左脚内侧，右手持剑收回靠拢左手，掌心向后，身体继续左转，右手持剑，左手剑指搭右腕，剑向上、向后、向下画立圆，右脚向前上一步，脚尖外展，左脚上一步成左虚步，两手持剑向前立剑撩出，如图 134 ~ 图 136 所示。

右弓步撩

身体先向右转，右手持剑由上向后画圆，掌心向外，左手剑指随剑绕行附于右臂内侧，左脚轻挪，右脚上步，成右弓步；右手持剑随右脚上步向前立剑撩出，前臂外旋，手心向外，剑与肩平，剑尖略低，力在剑刃前部，左手剑指则由下向上绕行至左额上方，手心斜向上，目视前方，如图 137 所示。

图 134

图 135

图 136

图 137

五、第三段

转身回抽

身体左转，重心后移，右脚尖内扣，右手将剑柄收引到胸前，立剑，剑尖向右后方，左手剑指搭在右腕上，右手持剑向左前方劈下，力在剑刃（剑身要平），重心后移至右腿，左脚回撤，成左虚步，同时，右手持剑抽回至右胯旁，左手自右胯旁向斜前方推剑指，手心向前，如图 138 ~ 图 140 所示。

并步平刺

左脚略向左移，右脚靠拢左脚成并步，面向前方，身体直立，同时左手剑指向左转并向右下方画弧托在右手下，然后双手捧剑向前平刺，手心向上，力达剑尖，高与胸平，目视前方，如图 141 所示。

左弓步拦

身体右转，翻右腕，手心向外，右手持剑由前向上、向后画弧，左脚向斜前方上一步，成左弓步，待剑画弧至右腿侧时剑尖指向右下方，剑首指向左上方，向左前方拦剑，左手剑指向右、向下、向上绕行，停于左额上方，手心斜向上，目视前方，如图 142 和图 143 所示。

图 138

图 139

图 140

图 141

右弓步拦

身体重心微向后移，左脚尖外展，身体左转，右手收剑靠拢左手剑指，剑向上、向后、向下画弧，同时右脚收于左脚内侧，然后向右斜前方迈出，待剑画弧至左腿侧时，剑尖向左下，剑首向右上拦剑，力达剑刃，目视前方，如图 144 所示。

左弓步拦

身体重心微向后移，左脚尖外展，左手向下，向前向上画弧至头上方，右手持剑向后向下画弧，待剑画弧至右腿侧时，将剑拦出，动作与“左弓步拦”相同，如图 143 所示。

进步反刺

右脚经左脚前上步，下蹲成右歇步，剑尖向下反穿，左手在前右手在后成一直线，立剑，迈左脚成左弓步，剑尖上挑，然后剑尖先行向前刺出，左手剑指搭右腕，目视剑尖，如图 145 和图 146 所示。

反身回劈

身体重心先移至右腿，左脚尖内扣，然后移到左腿上，右腿提起收回，身体右后转180°，右脚随即向右斜前方迈出成右弓步，右手持剑随转体由上向右后方劈下，力在剑刃，左手剑指由体前经左下方划至左额上方，手心斜向上，目视剑尖，如图147所示。

虚步点剑

收左脚，上体左转，左脚向起势方向迈步，脚尖外展，随即右脚提起落在左脚前，成右虚步，右手持剑随转体画弧上举，向前下方点出，右臂平直，屈腕，力达剑尖，左手剑指下落经身体左侧向上画弧，在体前与右手相合，搭右腕，目视剑尖，如图148所示。

图142

图143

图144

重复图143

图145

图146

图147

图148

六、第四段

独立平托

右脚向左腿左后方插步成歇步，剑自上向下劈，力在剑刃，两脚以脚掌为轴向右转体90°，随即左膝提起成右独立步，随转体动作向右上方托起，剑身略平，稍高于头，力在剑刃上侧，左手剑指搭在右腕上，目视前方，如图149和图150所示。

弓步挂劈

左脚脚尖外展落地，身体左转，右脚跟离地，右手持剑向身体左后方挂剑，剑尖向后，剑向前劈下，力在剑刃，左手剑指则经左后方上绕至左额上方，手心斜向上，目视剑尖，如图151和图152所示。

虚步抡劈

重心略后移，身体右转，右脚尖外展，然后身体重心前移，左脚跟离地成交叉步，同时，右手持剑由右侧下方向后方反撩，左手剑指落于右肩前，目视剑尖，左脚向前垫一步，脚尖外展，身体左转，随即右脚前进一步，成右虚步，右手持剑由右后翻臂上举再向前劈下，剑尖与膝同高，力在剑刃，左手剑指自右肩前下落，经体前向左上画圆，再落于右前臂内侧，目视前下方，如图 153 和图 154 所示。

图 149

图 150

图 151

图 152

图 153

撤步反击

右脚提起向右后方撤一大步，上体右转，左腿蹬直，成右侧弓步，同时，两手划“∞”字，然后右手持剑向后上方斜削，力在剑刃前端，手心斜向上，剑尖斜向上，高与头平，左手剑指向左下方，剑指略低于肩，手心向下，目视剑尖，如图 155 所示。

进步平刺

身体左转，剑向左带，剑首先行，带至身体正前方时翻右掌，身体右转将剑带至右肩前，提左膝，右脚上步，成右弓步，同时，右手持剑随转体动作向前方刺出，力达剑尖，手心向上，左手剑指经体前向后再向左、向上、画弧至左额上方，手心斜向上，目视剑尖，如图 156 和图 157 所示。

图 154

图 155

图 156

图 157

丁步回抽

重心后移，右脚撤至左脚内侧，脚尖点地，成丁步，同时，右手持剑屈肘回抽（手心向里），剑首置于左肋部，剑身斜立，剑尖斜向上，左手剑指搭右腕，目视剑尖，如图 158 所示。

旋转平抹

迈右脚，展脚尖，同时右手掌心翻向下，左脚向右脚右侧迈步，扣脚尖，两腿交叉，右脚向起势方向撤步，两手分开，分别在身体两侧，左脚轻挪，剑尖略高，目视前方，如图 159 和图 160 所示。

弓步直刺

左脚向前进半步，成左弓步，同时，右手持剑向前刺出，高与胸平，力达剑尖，左手剑指附在右手腕部，目视前方，如图 161～图 163 所示。

图 158

图 159

图 160

图 161

图 162

图 163

七、收势

身体重心后移，身体向右转，同时，右手持剑向右后方回抽，左手与右手掌心相对接接剑，身体左转，重心移至左腿，右脚向前跟进半步，与左脚成开立步，两脚尖距离与肩同宽，脚尖向前，左手接剑向上、向前下落垂于身体左侧，右手成剑指向前、向下落于身体右侧，目视前方，左脚收回，如图 164～图 167 所示。

图 164

图 165

图 166

图 167

思考题

1. 练习太极拳的基本要求是什么？
2. 太极拳的主要技法有哪些？
3. 简述太极剑的特点及其健身效果。

第十六章 跆拳道运动

☑ 主要知识点

介绍现代跆拳道运动的起源、发展、礼仪及段位级别划分、基本技术、跆拳道品势基本动作规格、专项素质练习方法、击破及特技技术、跆拳（操）舞、基本战术以及比赛场地规格、竞赛级别、比赛种类和方法、竞赛规则。

◇**学习目标：** 了解现代跆拳道的发展历程、礼仪方式、修习宗旨；明确跆拳道的级别段位划分，掌握跆拳道的基本步法、腿法；熟练运用步法与腿法结合、腿法组合技术；了解规则，学会品势演练和专项素质练习方法。树立正确的体育健身观念和终身体育意识。

◇**重要概念：** 跆拳道　礼仪　段位　跆拳道品势　步法　拳法　腿法

◇**重要环节：** 重点了解跆拳道的基本知识、基本礼仪、基本技术及健身价值，学会自我锻炼、自我陶冶。

第一节　跆拳道运动概述

一、跆拳道运动的起源与发展

跆拳道（TAEKWONDO）是一项以手脚等部位进行搏击格斗的对抗性项目，它是以技击格斗为核心，以修身养性为基础，以磨炼人的意志、修炼人的道德和精神为目的的一项现代竞技体育运动。跆（TAE），意为以脚踢；拳（KWON），以拳头击打；道（DO），则是代表道行、礼仪修炼的艺术。它起源于朝鲜半岛（现朝鲜和韩国）的民间武艺。从高句丽时期的“跆跟”，百济时代的“武艺”，新罗时代的“花郎道”，高丽时代的“手搏戏”发展到李朝时代，形成较为成熟的跆拳道。1945 年，流落海外的朝鲜半岛人将各地的武艺带回本国，和朝鲜半岛的各种自卫术融为一体，从而形成了现代跆拳道体系。“跆拳道”一词，是 1955 年由韩国的崔泓熙将军创造，被韩国视为国技。

跆拳道在全世界的组织主要分为两个体系，分别为：国际跆拳道联盟（ITF，成立于 1966 年）和世界跆拳道联盟（WTF，成立于 1973 年）。1973 年举行第一届世界跆拳道锦标赛；

1986 年，在第十届亚运会上跆拳道被列为正式比赛项目；1986 年举办第一届跆拳道世界杯比赛；1988 年，汉城奥运会将其列为示范项目；1992 年，巴塞罗那奥运会开始将其作为试验比赛项目；2000 年，跆拳道成为奥运会正式比赛项目；奥运会采用的是 WTF 体系。

二、跆拳道运动的礼仪

跆拳道推崇“以礼始，以礼终”的尚武精神，它贯穿了“礼仪、廉耻、忍耐、克己、百折不屈”的根本宗旨。跆拳道的礼仪是指练习者从内心深处溢出的、自然地表现在人的行为上的、高尚的、有价值的举动。跆拳道练习者在学习技术训练之前，首先要学习的是跆拳道的礼仪知识，只有懂得了跆拳道的礼仪知识，才可以练好跆拳道，从而达到最高境界。跆拳道礼仪的学习对于一个跆拳道练习者非常重要：谦虚和正确的言语，忍让和友好的态度，虚心和好学的作风，是跆拳道练习者应当遵循的重要礼仪。

（一）立姿、坐姿

立姿：双脚脚尖并拢、脚跟相靠，身体立直，下颚内收，双眼平视，双臂自然下垂，双手握拳，拳心贴于大腿外侧，如图 1 所示。

稍息：两脚分开，与肩同宽，脚尖正对前方，双手手掌交叉置于腰后，挺胸收腹，目视前方，如图 2 所示。

坐姿：坐下或起立时不得以手扶地。盘腿坐下，脚尖往后绷，双手握拳，拳心向下，置于膝关节上。勿耸肩抬肘、上体歪斜、含胸驼背，应体现出修炼者沉稳平静的精神，放松自然，如图 3 所示。

图 1

图 2

图 3

（二）跆拳道鞠躬礼

敬礼：身体面向对方，并步直立，两臂自然置于身体两侧，上体前倾 15°，头部前倾 45°，目视地面稍停后，还原成直立姿势，行礼完毕，如图 4 所示。

进入道场时，首先要向国旗和教练行跆拳道的鞠躬礼，以此来表示对祖国的热爱，对国旗的尊重和对教练的尊敬；见到队友时也应该行礼问好，以表示友好。训练课中应时刻保持道服的干净与整洁，每次需要整理服装时要先向教练行鞠躬礼，然后背对国旗、教练及队友整理服装，整理完毕时转身面向教练行鞠躬礼，以表示抱歉，其目的是要求练习者养成干净整洁的习惯；训练中如果出现气势不够、注意力不集中、动作不到位、没有全力以赴等情况，在教练示意后应立即行礼以表示抱歉，为的是让练习者在训练过程中可以集中注意力，刻苦训练，减少不必要的伤害；队友之间应相互帮助，在脚靶训练和模拟实战等需要两个人配合的训练中，两个人应以相互敬礼为开始、相互敬礼为结束，必须认真负责地帮助队友做好每一个动作并及时地纠正错误，两个人在交换脚靶或任何训练用品时都需用双手接送，同时行鞠躬礼，这样可以培养队友间的团队精神和相互尊重的良好情感；训练过程中，练习者应该严格按照教练的要求进行练习，教练讲话时练习者需跨立站好或端正坐好，目视教练，认真听讲，不得随意打断教练讲话，如要提问需行礼鞠躬，得到许可后才可以提出问题，得到解答后行礼鞠躬并说声“谢谢”，如图 5 和图 6 所示。

图 4

图 5

图 6

三、跆拳道服与段位级别

跆拳道服是指进行跆拳道训练或比赛时穿的服装。通常是由跆拳道练习爱好者、跆拳道运动员、教练员穿着。跆拳道服按用途又可以分为普通训练服、表演师范服和教练师范服等。每一位跆拳道练习者在进入训练场馆之前都必须身穿白色的、整洁的跆拳道服，按照要求系好道带，光脚或穿着道鞋后进入训练场地。

跆拳道有着严格的技术水平等级制度和晋级升段考核要求。跆拳道修炼者水平的高低，以“级”“品”“段”来划分。级位分为 10 级至 1 级，品位分为一品至三品，段位分为一段至九段。10 级选手是最初级的初学者，通过相应的时间及课程的训练，逐步上升至 9 级、8 级、7 级……直至达到较高水平的 1 级。1 级以后进入段位，一段至三段为黑带新手的段位，四段至六段属高水平段位，七段至九段只授予具有很高学识造诣和对跆拳道的发展做出重大贡献的杰出人物。如果 15 周岁以下的未成年选手达到了一段至三段的水平，则授予一品、二品、三品而不是段位。

腰带的颜色代表着练习者的水平。从低到高依次为白带（10 级）、白黄带（9 级）、黄带（8 级）、黄绿带（7 级）、绿带（6 级）、绿蓝带（5 级）、蓝带（4 级）、蓝红带（3 级）、红带（2 级）、红黑带（1 级或一品、二品、三品）、黑带（一段至九段）。

腰带颜色的象征意义如下：

白带代表空白，练习者没有任何跆拳道知识和基础，一切从零开始。

黄带是大地的颜色，就像植物在泥土中生根发芽一样，在此阶段要打好基础，并学习大地厚德载物的精神。

绿带是植物的颜色，代表练习者的跆拳道技术开始枝繁叶茂，跆拳道技术在不断完善。

蓝带是天空的颜色，随着不断的训练，练习者的跆拳道技术逐渐成熟，就像大树一样向着天空生长，练习跆拳道已经完全入门。

红色是危险、警戒的颜色，练习者已经具备相当的攻击能力，对对手已构成威胁，要注意自我修养和控制。

黑带代表练习者经过长期艰苦的磨炼，其技术动作与思想修为均已相当成熟。也象征跆拳道黑带不受黑暗与恐惧的影响。

第二节　跆拳道基本技战术

一、竞技跆拳道基本技术

（一）实战姿势

跆拳道实战姿势是与对手比赛时的准备姿势。

动作方法：头部正对对手，眼睛注视对手头部或肩部，上体侧对或斜对对手，两臂肘部弯曲 90° 左右，两手半握拳，两脚前后开立，距离比肩稍宽，两脚尖斜向前方，脚跟离地用前脚掌承担体重，身体重心在两脚连线中间，两膝微屈，保持弹性状态，如图 7（图 7(a) 为正面、图 7(b) 为侧面）所示。

图 7(a)

图 7(b)

（二）步法（动作方法以左实战姿势开始为例）

前滑步

动作方法：实战姿势开始，后脚蹬地发力，前脚向前滑动一步；后脚此时快速蹬离地面，向前跟进同样的距离，仍成实战姿势，如图 8 所示。

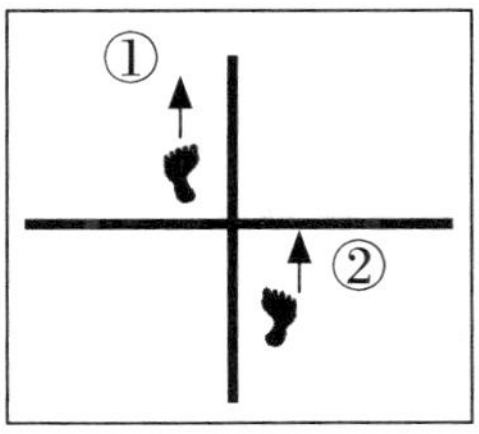

图 8

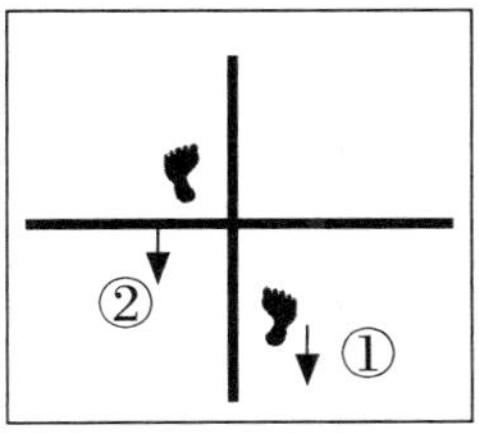

图 9

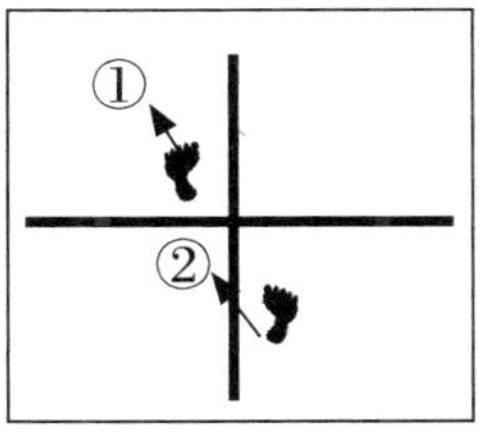

图 10

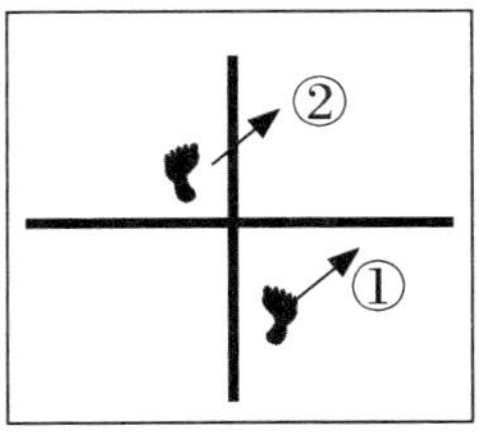

图 11

后滑步

动作方法：实战姿势开始，后脚向后滑退一步，后退一步的距离应略长于前进一步的距离，前脚掌随即蹬离地面，后撤距离与滑退一步的距离相等，仍成实战姿势，如图 9 所示。

左滑步

动作方法：实战姿势开始，前脚向左移动一半步距离；后脚蹬地向左平行滑步跟上，两脚向左移动的距离相等，还原成实战姿势，如图 10 所示。

右滑步

动作方法：实战姿势开始，后脚向右移动一半步距离，前脚蹬地向右平行滑步同样的距离，还原成实战姿势，如图 11 所示。

换步

动作方法：两脚蹬地微离地面，同时身体左转约 180° ，两脚在空中前后交换后落地，成右实战式。

前进步

动作方法：双脚同时蹬地，使身体获得向前移动的动力，然后双脚随身体一起迅速向前移动一小步，保持实战姿势。

后退步

动作方法：双脚同时蹬地，使身体获得向后移动的动力，然后双脚随身体一起迅速向后移动一小步，保持实战姿势。

上步

动作方法：以前脚掌为轴，后脚蹬地经前脚内侧向前迈出一步，身体左转，成右实战式。

撤步

动作方法：以后脚前脚掌为轴，左脚蹬地经右脚内侧向后撤一步，身体左转，成右实战式。

前垫步

动作方法：身体重心前移，双脚蹬地，右脚向左脚靠拢，在右脚落地的同时左脚向前迈出一步，成左实战式。

图 12(a)

图 12(b)

图 13(a)

图 13(b)

后垫步

动作方法：身体重心后移，双脚蹬地，左脚向右脚靠拢，在左脚落地的同时右脚向后迈出一步，成左实战式。

弧形步

动作方法：以左脚前脚掌为轴，右脚向右后方弧形移动，同时身体左转 90°，右脚落地成左实战势。

（三）拳法

前手拳

动作方法：后腿用力蹬地，重心前移，前脚向前迈出约一脚长距离，左手握拳由胸部高度迅速内旋向前冲击，力达拳面，如图 12(a) 和图 12(b) 所示。

后手拳

动作方法：右手握拳，随着右脚蹬地，左脚向前移动约一脚长距离，腰部左转，右臂内旋向前击打，用拳的正面接触目标，如图 13(a) 和 13(b) 所示。

（四）腿法

跆拳道以其变幻莫测、优美潇洒的腿法著称于世，被世人称为“踢的艺术”，这是跆拳道区别于其他格斗术的一个重要特点。跆拳道的腿法讲究变化多样和灵活多端，对人体的柔韧性、大脑反应的灵敏性和身体运动的稳定性都有很高的要求，它是对人体机能和体能的综合考验。

跆拳道实战中脚踢进攻时一般使用的部位包括脚前掌、脚趾、脚背、足刀、脚后跟和后脚掌（脚跟底部）。利用这些部位可以进行站立踢、跳动踢、助跑踢、转身踢和飞踢等不同形式的踢法进攻，而且每种踢法攻击的部位各有不同。实战过程中，运用脚踢时要根据具体情况，如对方所处位置，暴露的部位，防守的姿势以及双方的距离，选择不同的踢法。脚踢时要利用步法保持身体的平衡，并有效接近对方做出踢击动作。注意两臂的防守。踢击完成后马上回到准备姿势，准备下一次的进攻和防守。腿的回位动作要快，以免被对方抓住或抱住。脚踢的练习方法主要是平时用各种腿法踢击悬挂的沙袋，经过反复练习提高踢的力量、速度和高度。

前踢

前踢动作由实战姿势的基本姿势开始。右脚蹬地，髋关节向左旋转，双手握拳置于体侧；同时，右腿以髋关节为轴屈膝上提。当大腿抬至水平或稍高位置时，关节向前送，向前顶，小腿以膝关节为轴快速向前上方踢出，力达腿尖，整条腿踢直。踢击后迅速放松，右腿沿原路线弹回，落地成实战姿势。

动作要领：膝关节夹紧，小腿放松，要有弹性；髋关节往前送，高踢时往上送；小腿回收与前踢的速度一样快；主要攻击部位有面部、下颏和腹部；前踢亦可用于防守；将前踢发力部位由脚尖改换为脚跟时，前踢动作就变为前蹬动作，动作方法要点相同，只是脚的形状发生了变化，如图 14 ~ 图 17 所示。

图 14

图 15

图 16

图 17

侧踢

实战的基本姿势（以右实战姿势为例）开始，左脚蹬地，以髋关节为轴屈膝提起，两手握拳置于体侧；随即右脚以前脚掌为轴外旋 180°，髋关节向右旋转，左腿以膝关节为轴向前蹬伸，左脚快速向右前上方直线踢出，力点在脚跟。发力后沿起腿路线收腿，放松，重心落下（原处或向前均可），回到实战姿势。

动作要领：起腿时大腿、小腿和膝关节夹紧；踢出发力时头肩、腰、髋、膝、腿和踝成一直线；大小腿直线踢出，原路线收回。侧踢动作的主要攻击部位有膝部、腹部、肋部、胸部和头面部，如图 18 ~ 图 22 所示。

图 18

图 19

图 20

图 21

图 22

后踢

实战姿势（以右实战姿势为例）开始，转身背对对方。重心后移至右脚，左脚蹬地后屈膝提起，左脚贴近右大腿，两手握拳置于胸前；随即右脚蹬地伸直，左脚自右大腿内侧向后方直线踢出，力达脚跟。踢击后左脚沿原路线快速收回，成实战姿势。

动作要领：练习者起腿后上体和大小腿折叠收紧；后踢时动作延伸要长，用力延伸；

转身，提腿和出脚动作连续一次性完成，不能停顿；击打目标在正后偏右。后踢动作的主要攻击部位有腹部，胸部和头面部，如图 23 ~ 图 25 所示。

图 23

图 24

图 25

下劈

实战姿势开始（以右实战姿势为例）左脚蹬地，重心前移至右脚。同时，左腿以髋关节为轴屈膝上提，两手握拳置于胸前；随即充分送髋，上提膝关节至胸部，左小腿以膝关节为轴向上伸直，将左腿伸直举于体前，左脚过头。然后放松向下以左脚后跟（或脚掌）为力点劈击，一直到地面，成实战姿势。

动作要领：练习者腿尽量往高，往头后举，要向上送髋，重心往高起；脚放松往前落，落地要有控制；起腿要快速，果断；踝关节要放松。劈腿的主要攻击部位有头顶，脸部和锁骨，如图 26 ~ 图 29 所示。

图 26

图 27

图 28

图 29

勾踢

实战姿势开始，右脚蹬地重心前移，右腿以髋关节为轴屈膝上提，两手握拳置于体侧；左脚以前脚掌为轴外旋 180°，右腿以膝关节为轴继续向前上方伸成直线，右脚的脚掌顺势用力向右侧屈膝鞭打，顺鞭打之势上体右转，右腿屈膝回收，右脚落回原处，成实战姿势。

动作要领：练习者右侧屈膝鞭打动作要连贯快速，没有停顿；击打点在体前偏右侧，以脚掌为击打点；左脚旋转支撑，保持平衡，踢击后迅速将腿收回。摆踢攻击的主要部位是头面部和腹胸部，如图 30、图 31、图 32、图 33 (a)、图 33(b)、图 34 所示。

图 30

图 31

图 32

图 33(a)

图 33(b)

图 34

后旋踢

实战姿势开始（以右实战姿势为例）两脚以两脚掌为轴均内旋约 180°，身体随之左转约 90°，两拳置于胸前。上体左转，与双腿拧成一定角度。左脚蹬地，将蹬地的力量与上体拧转的力量合在一起，左腿继续向左后旋摆鞭打，同时上体向左转，带动左腿以弧形摆至身体右侧，左腿屈膝回收；左脚落到左后方，成实战姿势。

动作要领：转身、旋转和踢腿连贯进行，一气呵成，中间没有停顿；击打点应在正前方，成水平弧线；屈膝起腿的旋转速度要快；重心在原地旋转 360°。后旋踢攻击的主要部位有面额和胸部，如图 35～图 38 所示。

图 35

图 36

图 37

图 38

推踢

实战姿势开始，右脚蹬地，重心前移，右脚以髋关节为轴提膝前蹬，用右脚脚掌向前蹬推，力点在脚掌，推力向正前方，落地成实战姿势。

动作要领：提膝后尽量收紧膝关节；重心往前移，利用身体的重量和力量；推的时候腿往前伸展，送髋；推的路线水平往前。推踢的主要攻击目标是腹部，如图 39 ~ 图 42 所示。

图 39

图 40

图 41

图 42

横踢

实战姿势开始（以右实战姿势为例）左脚蹬地，重心前移至右脚，左脚屈膝上提，两拳置于胸前；右脚前脚掌碾地内旋，髋关节左转，右膝内扣；随即右脚掌继续内旋至 180°，左腿膝关节向前抬至水平状态，小腿快速向右前横向踢出；击打目标后迅速放松收回小腿。左腿落回原地，成实战姿势。

动作要领：膝关节夹紧，向前提膝，尽量走直线；支撑脚外旋 180°；髋关节往前顺，身体与大腿、小腿成直线；严格注意击打的力点在正脚背；踝关节放松，击打的感觉是“面团”、“鞭梢”。横踢攻击的主要部位有头部、胸部、腹部和肋部，如图 43 ~ 图 45 所示。

图 43

图 44 (a)

图 44(b)

图 45

跳踢

跳踢是先跳起使身体腾空，然后在空中完成各种踢法的攻击技术。跳踢包括旋风踢、双飞踢、腾空后踢、腾空劈腿、腾空后旋踢和跳步横踢等多种方法，是跆拳道高难技术动作。例如：双飞踢，保持基本姿势，左脚蹬地起跳腾空，左横踢对手肋部，右腿大腿、小腿稍屈。迅速转腰，右横踢对手的肋部，落地成基本姿势，如图 46 ~ 图 49 所示。

图 46

图 47

图 48

图 49

二、跆拳道品势基本技术动作

跆拳道品势是攻击和防守技术按规定的形式修炼的技术体系。每章品势都有固定形式的起势和收势，每章品势都有各自的动作运行路线和文化含义。跆拳道晋升级位包括太极一章至太极八章，共 8 个品势，晋升段位包括高丽、金刚、太白、平原、十进、地跆、天拳、汉水和一如。跆拳道品势还包括自编的品势。

（一）跆拳道品势基本姿势

准备姿势

规定动作：手掌伸直，从丹田开始慢慢向上握拳到胸口，然后向下旋转到丹田；动作完成后，拳和拳的距离是一立拳距离，拳和道带的距离是一拳距离；腕关节伸直；双脚自一开始动作起成平行步，两脚掌全着地。

还原姿势

规定动作：手掌伸直，从丹田开始慢慢向上握拳到胸口，然后向下旋转到丹田。动作完成后，拳和拳的距离是一立拳距离，拳和道带的距离是一拳距离。腕关节伸直；双脚自一开始动作起成平行步，两脚掌全着地；还原旋转时，利用前脚掌旋转。

（二）站势

并步（立正姿势）

规定动作：脚尖向前方，双脚并拢；双腿膝关节伸直。

并排步（平行步）

规定动作：脚内侧平行，脚尖向正前方；双脚内侧间隔为一脚长宽度；双腿膝关节伸直。

左、右站势（丁字步）

规定动作：左脚或右脚向外侧旋转 90°；双脚脚跟距离为一脚长；双腿膝关节伸直。

走步（前行步）

规定动作：自然走步停顿时的动作；双脚内侧间隔为一脚长宽度；前脚尖向正前方，后脚尖向正前方形成 30° 角。

马步

规定动作：脚内侧平行，前脚尖指向正前方；双脚内侧间隔为两脚长距离；双腿膝关节弯曲，低头向下看时形成一条直线，如图 50～图 52 所示。

图 50

图 51

图 52

弓步

规定动作：双脚间隔为两脚至两脚半长的距离，两脚掌内侧间的平行间隔为一拳距离；前脚尖向正前方，后脚尖向自然形成 30° 角；低头向下看时，前腿膝关节与前脚尖形成一条直线；身体重心的 2/3 放在前腿，后腿膝关节伸直，如图 53 所示。

图 53

三七步

规定动作：双脚内侧和膝关节形成 90° 角，两脚间间隔为两脚长距离；身体重心的 70% 在后腿，30% 在前腿；动作完成后前腿的小腿与大腿的夹角为 100°～110°，如图 54～图 56 所示。

图 54

图 55

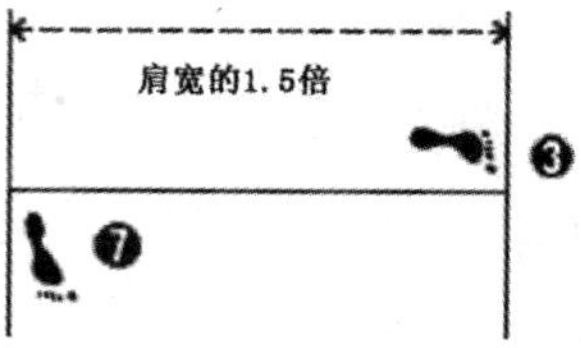

图 56

（三）格挡

下格挡

起始动作：辅助手自然伸直至胸腹间位置，拳心向下；格挡手放在辅助手一侧的肩部，拳心向脸部；手臂放松弯曲轻贴于胸部；双臂的腕关节伸直。

规定动作：动作完成后，格挡的手臂与大腿相距两个立拳或一立掌距离。

格挡手臂在大腿的正前方，拳心向大腿，腕关节伸直；辅助手臂随动作过程放松收回，再抱拳于腰；肩与正前方自然形成 30° 角；格挡动作与步法同时结束，如图 57(a) 和图 57(b) 所示。

图 57(a)

图 57(b)

中内格挡

起始动作：拳握紧于体侧，拳心向外，肘关节放松下垂；辅助手臂自然伸直到胸部高度；高度不超过耳根。

规定动作：格挡的拳伸到人体的中心线；格挡动作完成后，拳与肩部同高；格挡动作完成后，手臂的角度为 90° ~ 120°；辅助手臂自然回收抱拳于腰，如图 58(a) 和图 58(b) 所示。

图 58(a)

图 58(b)

中外格挡（掌刀）

起始动作：辅助手臂自然弯曲，拳心向下放于胸前；格挡手拳心向上，放于髋关节处。

规定动作：格挡手臂从髋关节开始，然后经过肩部时拳心向内；动作完成后，格挡手臂的掌心向外；格挡手臂的外侧线不能超出肩部的外侧；格挡手臂的角度是 90° ~ 120°；辅助手臂自然收回抱拳于腰，如图 59(a) 和图 59(b) 所示。

图 59(a)

图 59(b)

上格挡

起始动作：左上格挡时，左臂在左髋关节外，拳心向上；辅助手臂弯曲，放在左肩部，拳心向外。

规定动作：格挡手臂的腕部伸到人体中心线；

图 60(a)

图 60(b)

格挡手臂与前额相隔一拳距离；格挡手臂与前额高度相隔一拳距离；肘关节轻微弯曲，腕关节伸直，如图 60(a) 和图 60(b) 所示。

三、击破和特技技术

跆拳道特技是在身体腾空的状态下应用腿、脚等技术进行攻击和击破的表演方法。腾空动作主要有：直线腾空、斜线腾空、腾空旋转和腾空翻转。竞赛时，要求表演者在规定时间内完成所编排的表演。

跆拳道击破是以原地的拳、肘、手刀及伴以旋转发力的腿法动作以脚击打的跆拳道进攻动作，手部动作击打时双脚不得脱离地面，主要动作有：向下的正拳、背拳、立拳、手刀和侧面肘击等。脚部动作有：后踢、横踢、后旋踢和侧踢等。为体现功力和威力，击破物通常为 3 块以上的木板、大理石、方砖或瓦片。在竞赛中均以动作规范、击破数量多者为胜方。

四、战术介绍

技术战术：变化各种技术，发挥优势技术，包括直接进攻、连击、防守反击、反反击等技术。

心理战术：利用各种方法手段扰乱对手正常的比赛心理，使对手不能顺利完成预定的战术计划。

体力战术：根据比赛实际情况，合理分配和使用自己的体力，保证比赛获得胜利。

规则战术：在比赛中充分利用规则允许的手段，获得比赛优势的策略。

第三节　竞技跆拳道竞赛规则简介

一、比赛区

比赛区应为 8 米 ×8 米、水平、无障碍物、正方形的场地，或由中国跆协批准使用的其他规格的比赛场地。环绕比赛区域应有至少 2 米宽的安全区域。因此，1 片比赛场地的面积至少为 12 米 ×12 米。比赛区应铺设有弹性、平整的由中国跆协监制或指定的专用比赛垫。颜色搭配必须避免刺眼或引起运动员、观众视觉的疲劳，应与运动员的护具、服装、垫子表面颜色协调一致，如图 61 所示。

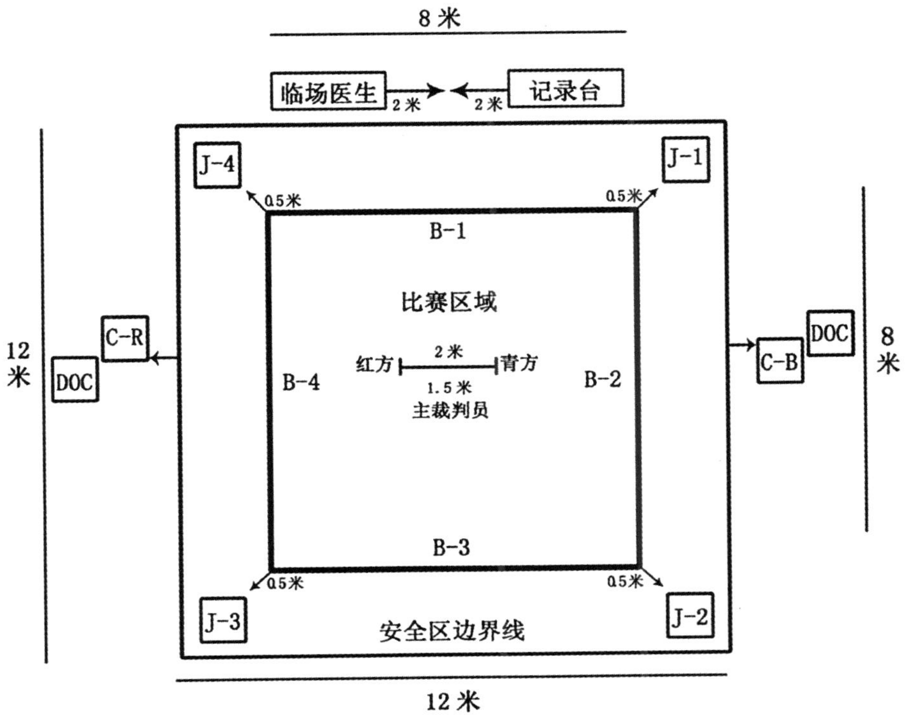

人员代号	人员岗位名称
B1~4	边线观察员 1~4 人
J1~4	边裁判员 1~4 人
C-R	红方教练员
C-B	青方教练员
DOC	随队医生

图 61

比赛区的划分

（1）比赛区为 8 米 ×8 米的区域；

（2）比赛区的外缘线称为边界线；

（3）比赛记录台和临场医务台面对比赛区的边缘线为第 1 边界线，顺时针旋转依次为第 2、第 3、第 4 边界线；

（4）边界线以外需铺设比赛垫，以保护运动员的安全；尺寸大小可根据比赛的实际情况确定，宽度为 1~2 米。

比赛中的人员和设施位置

（1）主裁判员位置：距离比赛区中心点向第三边界线方向 1.5 米处；

（2）边裁判员位置：第一边裁判员在第一、第二边界线夹角，面向比赛区中心点向后 0.5 米处；第二边裁判员在第二、第三边界线夹角，面向比赛场地中心点向外 0.5 米处；第三边裁判员在第三、第四边界线夹角，面向比赛场地中心点向外 0.5 米处；第四边裁判员在第四、第一边界线夹角，面向比赛场地中心点向外 0.5 米处；

（3）记录台位置：置于第一边界线向后至少 2 米处，面向比赛场地，并距离第一、第二边界线夹角 2 米；

（4）临场医务台位置：置于第一边界线右侧向外至少 3 米处；

（5）运动员位置：运动员的位置是相对的 2 点，距离比赛区域中心点各 1 米，距离第一边界线 4 米处（青方距离第二边界线 3 米，红方距离第四边界线 3 米）；

（6）教练员位置：位于本方运动员一侧的边界线中心点向后 1 米处；

（7）检查（检录）台位置：检查（检录）台位于比赛场地入口处附近。

二、体重分级

竞技跆拳道加赛的参赛队员体重分为男、女两个级别，成年组加赛体重分级如表 16-1 所示。

表 16－1　成年组比赛体重分级

男　子	女　子
54 公斤以下	46 公斤以下
54 ~ 58 公斤	46 ~ 49 公斤
58 ~ 63 公斤	49 ~ 53 公斤
63 ~ 68 公斤	53 ~ 57 公斤
68 ~ 74 公斤	57 ~ 62 公斤
74 ~ 80 公斤	62 ~ 67 公斤
80 ~ 87 公斤	67 ~ 73 公斤
87 公斤以上	73 公斤以上

注：称量体重的精确程度以小数点之后的百分位为测量标准。例如：50 公斤以下级的称量标准，49.99 公斤、50.00 公斤、50.009 公斤均为合格，50.01 公斤为不合格。50 公斤以上级的称量标准，49.99 公斤为不合格，体重从 50.01 公斤起为合格，以此类推。

三、比赛的种类和方法

（一）比赛种类

个人赛

个人赛一般在相同体重级别的运动员之间进行，运动员在 1 次赛事中只允许参加 1 个级别的比赛。

团体赛

（1）按体重级别进行 5 人制团体赛，级别如表 16-2 所示；

（2）按体重级别进行 8 人制团体赛；

（3）按体重级别进行 4 人制团体赛（将 8 个体重级别中相邻 2 个级别合并成为 4 个级别）。

表 16-2

男　子	女　子
54 公斤以下	47 公斤以下
54 公斤 ~ 63 公斤	47 公斤 ~ 54 公斤
63 公斤 ~ 72 公斤	54 公斤 ~ 61 公斤
72 公斤 ~ 82 公斤	61 公斤 ~ 68 公斤
82 公斤以上	68 公斤以上

（二）比赛方式

比赛方式分为单败淘汰赛、复活赛以及循环赛或其他赛制。包括全运会在内的综合性运动会的跆拳道比赛一般采用个人赛制。

（三）比赛时间

比赛时间是指每场比赛为 3 局，每局比赛 2 分钟，局间休息 1 分钟；青少年比赛时间可根据情况适当调整。

四、允许使用的技术

比赛中允许使用的技术包括以下两种。拳的技术：紧握拳头并使用正拳进行正面攻击的技术。脚的技术：使用踝关节以下脚的部位进行攻击的技术。

五、允许攻击的部位

比赛中允许攻击的部位如图 62 所示。

· 躯干：允许使用拳和脚的技术攻击躯干部位被护胸包裹的部分，但禁止攻击后背脊柱。

· 头部：锁骨以上的部位，只允许使用脚的技术攻击。

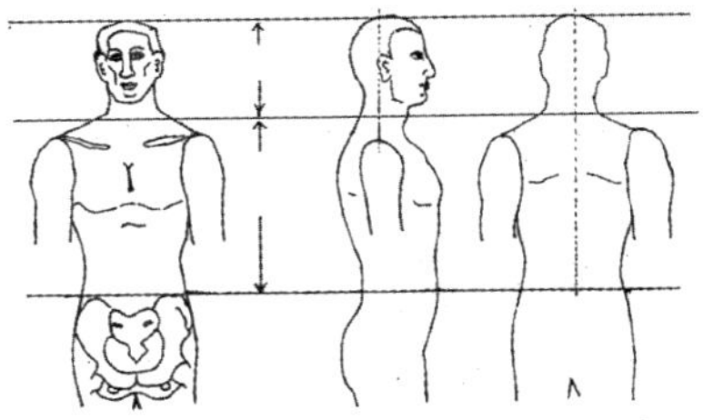

图 62　比赛中允许攻击的部位

六、分值

加赛中的分值计分方法如下所示。有效拳的技术击中躯干护具得 1 分，有效腿的技术击中躯干护具得 2 分，有效旋转技术击中躯干护具得 4 分，有效腿的技术击中头部护具得 3 分，有效旋转技术击中头部护具得 5 分，给出一个“Gam-jeom”判罚，对方运动员得 1 分。

七、比分为比赛得分的总和

详情略。

八、犯规行为

下列行为属于犯规行为，应给与“Gam-jeom”判罚

· 越出边界线；

· 倒地；

· 回避比赛；

· 抓或推对方运动员；

· 攻击腰以下部位；

· 攻击倒地运动员；

· 用膝部顶撞或攻击对方运动员；

· 用拳攻击对方运动员头部；

· “Kal-yeo”口令后攻击；

· 提膝阻挡或踢对方运动员腿部以阻碍进攻，或者在空中踢击动作超过3秒以阻碍进攻。

九、加时赛和优势判定

3局比赛结束后比分相等，加赛1局，时间为2分钟，由“突然死亡”或“优势判定”确定胜负。

思考题

1. 跆拳道比赛前为什么要敬礼？如何敬礼？
2. 品势为何也叫“太极”？品势演练有哪些基本技术？
3. 为何跆拳道练习者会有不同颜色的腰带？
4. 简述格斗时怎样才能移动得更迅捷？
5. 跆拳道为何也被称为“踢”的艺术？
6. 您知道跆拳道比赛场地的长度吗？
7. 不同体重的跆拳道男、女运动员如何分组？跆拳道比赛过程中有哪些扣分情况？

第十七章　瑜伽运动

☑ 主要知识点

本章介绍瑜伽的起源、历史与作用等，并根据体育课的特点，着重介绍瑜伽姿势、瑜伽呼吸术、瑜伽语音冥想与瑜伽休息术等与日常生活方式密切相关的内容。

◇**学习目标：** 通过学习和练习，能够基本掌握瑜伽呼吸法、瑜伽语音冥想以及瑜伽休息术等的方法与适用情况；熟练掌握基本瑜伽姿势及安全练习指南；学习并实践相应的生活方式，树立正确的体育健身观念和终身体育意识。

◇**重要概念：** 瑜伽　瑜伽姿势　瑜伽语音冥想　瑜伽呼吸术　瑜伽休息术

◇**重要环节：** 重点了解瑜伽的基本知识、基本技术及健身价值，将呼吸法、语音冥想及休息术等融入到瑜伽姿势中，学会自我锻炼、自我陶冶。

第一节　瑜伽概述

瑜伽是梵文词，意思是自我与原始动因的结合或和谐的关系。在没有文字记载的远古时代以前，瑜伽就用言传身教的师徒传授形式传承了下来。瑜伽易学有效，终身受益，任何人练习瑜伽，都能从中获益。

一、瑜伽的历史与八分支法

瑜伽起源于印度，是东方最古老的强身术之一。早在7000年前，就出现了瑜伽姿势。那时的瑜伽行者，观察动物的活动、松弛、睡眠等本能习性及它们如何利用自然方法来治病等，并模仿一些对人有益的动作进而发展出瑜伽姿势。作为一套从肉体到精神的完备修习方法，瑜伽修习讲究身心合一，意味着身心处于稳定、平衡的状态，正如帕坦伽利大师在《瑜伽经》中提出的瑜伽的八分支法，这也可以看成是瑜伽修习的8个步骤。

制戒（Yama）

制戒是指为改进外在行为所需遵守的行为规范，其含义主要包括：非暴力、诚实、不偷盗、节欲和不贪婪。

内制（Niyama）

内制是指为改善内心环境，每天实际应做到的行为规范，其含义主要包括纯净、自足、自律和内省。

姿势（Asana）

姿势是指让人感觉舒适并能长久保持的身体姿势，可以给身体带来健康和轻盈，稳定的姿势也可以带来内心的平和和精神的宁静。

呼吸控制（Pranayama）

呼吸控制是指对呼吸的延长和控制，主要包括对吸气、呼气、吸气与呼气之间的停顿（内悬息）、呼气与吸气之间的停顿的控制（外悬息）。

制感（Pratyahara）

制感是指通过控制感官的感知能力，使练习者从对外界的关注转移到向自身内在专注的状态。

专注（Dharana）

专注是指意识集中在一点上，大脑思维不再波动，是进入冥想状态的初始步骤。

冥想（Dhyana）

冥想是指意识能长久集中而不被外在事物干扰，此时人们对事物的理解和认知会从表面逐渐深入到本质。

入定（Samadhi）

入定是指意识进入到空灵的状态。身体和感官都处于一种休息的状态，让心灵隐藏的力量逐渐被开启，从而体悟到生命的最高智慧的一种方法。

二、瑜伽的作用

现代社会中，瑜伽传统八分支法中的技法并不全部适合现代人练习。根据现代人的生活方式与习惯，本书认为，以下 4 种技法最为简单有效。

姿势

瑜伽中完整均衡的身体姿势，可以增强全身肌肉和关节的弹性，舒展紧张的肌肉和僵硬的关节，增强柔韧性和力量，促进血液循环，刺激排毒；还能按摩内脏器官，活化腺体；调节荷尔蒙的释放进而调节情绪，提高免疫功能；舒经活络，恢复精细的神经功能。

呼吸

深呼吸能够滋养饥饿的细胞，使人体放松并恢复活力，从而保持心理上的平衡；同时，利用气息打通精细神经系统，并调节气息的运行，这有助于对注意力的培养；在姿势练习中，呼吸可以帮助身体放松，让身体做到进一步的伸展，并强化内脏的按摩；当呼吸技巧与放松术结合时，更有助于安抚和平静身心；当呼吸技巧与语音冥想结合时，还能帮助集中心智。

放松

瑜伽最大的健康效益之一就来自于放松，它可以减缓心跳与呼吸，稳定血压；瑜伽放松术是主动的、特意的放松，反过来又能让呼吸更加顺畅、充足。

冥想

瑜伽语音冥想在各种不同的冥想形式中是最简单、最有效的，可以缓解压力、消除根深蒂固的恐惧和焦虑、净化心灵、有助于达到自我认知的最高层面，是简单而有深度的练习选择。

第二节　瑜伽姿势

瑜伽姿势法（Asana）是瑜伽练习中最初能体会到的肉体和精神相结合的重要部分，其含义为长时间地保持在舒适的姿势中，即通过与呼吸的配合，借由一些扭转、弯曲、伸展的静态动作及动作间的止息时间，来活化腺体、按摩内脏、松弛神经、伸展肌肉、强化身体和镇静心灵。

一、基础动作

拜日式

拜日式据说是古代印度人清晨起床后，面对地平线上那冉冉升起的太阳，为表达心中对其的膜拜之情，感激太阳赐予人类光明和能量而创造的一系列姿势。瑜伽拜日式是瑜伽的基础动作之一。具体的动作要点如下：

（1）挺身站立，两脚靠拢，双手在胸前合十，正常呼吸，如图 1 所示；

（2）吸气时，双臂高举，食指相触，掌心向前，上身自髋部向后方弯，如图 2 所示；

（3）呼气时，上身前弯，双掌尽量触地，如图 3 所示；

（4）吸气时，左脚向后伸展，头则向后弯，胸部向前方挺出，背部成凹形，如图 4 所示；

（5）呼气时，右脚也向后移，成顶峰式，如图 5 所示；

（6）吸气时，臀部微微向前方移动，直到两臂垂直于地面为止，身体成一条直线，如图 6 所示；

（7）蓄气不呼，弯曲两肘，膝盖着地，胸膛朝地板方向放低，如图 7 所示；

（8）保持胸部略高于地面，边呼气边把胸部向前移，直到腹部和大腿依次接触地面，吸气时，慢慢伸直两臂，背部成凹形，头部向后仰起，如图 8 所示；

（9）呼气时，同时把臀部升高到空中，回到顶峰式，如图 5 所示；

（10） 吸气时，弯曲左腿并向前迈一大步，向上看，胸部向前方挺出，脊柱成凹形，如图 9 所示；

（11）保持两掌着地，呼气，把右脚收回与左脚并拢，伸直双腿，如图 3 所示；

（12）吸气时，两臂伸直慢慢抬高，同时慢慢抬起身体，两臂和背部向后弯，如图 2 所示；

（13）一边呼气，一边将手臂收回，两手胸前合十，恢复到开始的姿势，如图 1 所示；

（14）调整呼吸，换另一边重复全部动作。

图 1

图 2

图 3

图 4

图 5

图 6

图 7

图 8

图 9

二、关节动作

猫伸展式动作要领

（1）四肢着地，双手放在肩膀正下方，与肩同宽，膝盖与髋部垂直，脚趾朝后，如

图 10 所示；

（2）吸气时，双手下压，双肩和上胸部上提；臀部高高抬起，脊柱下凹，腹部朝地面推移，抬头，正视偏上的前方，如图 11 所示；

（3）呼气时，将背拱起，低头同时下落臀部，收尾骨；背部尽量高抬，使肩胛骨之间有明显的伸展感，如图 12 所示；

图 10

图 11

图 12

（4）重复 5～10 次，然后还原；

（5）双手后移，坐在脚跟上，休息。

踩踏车式动作要领

图 13

（1）仰卧，弯膝，脚掌平放地面；双臂置于体侧，掌心向下；腰背下压，弯膝带到胸前；

（2）绷脚面，双腿慢慢向前踩小圆圈，仿佛在骑自行车，如图 13 所示；

（3）圈子逐渐踩大，每一位置腿都尽量伸直并抬高或放低，动作均匀顺畅；重复 20～40 次；

（4）用相同的方法，换个方向朝后踩；

（5）双脚放于地面，伸直双腿，放松。

韦史努式动作要领

图 14

（1）左侧卧，手托头，左肘尖至脚趾尽量成一直线，右手在腹前接触地面；

（2）弯右膝，右手握住右脚大脚趾，伸直右腿，向上延伸，保持 10～30 秒，均匀呼吸，如图 14 所示；

（3）换一边重复所有动作；

（4）伸直右臂，头枕手臂，弯膝，放松。

炮弹式动作要领

（1）脊柱正直地仰卧着，让头、双肩和髋部都摆放端正，在吸气时屈右腿，如图 15 所示；

（2）十指相交抱右膝，同时呼气，并轻轻把右大腿拉到胸部，做到动作末尾时，肺部空气应该完全排出，如图 16 所示；

图 15

图 16

（3）屏住呼吸并将头和肩膀抬起，下巴碰到膝盖或是尽量靠近，如图 17 所示；
（4）吸气时，头还原至地面；呼气时，松开双手，腿和双臂回到起始位置；
（5）重复左腿和双腿，这是一个回合，如图 18 所示；
（6）至少重复 3 个回合后，以三摩地放松式休息。

图 17

图 18

摇摆式动作要领

（1）仰卧，双膝带到胸部，十指在膝后相交；

（2）吸气时，拱背向后滚动，提起髋部和小腿，为下一步向前摆动提供动力，如图 19 所示；

（3）呼气时，借腿部的摆动带起身体，并以坐骨梢为平衡点，如图 20 所示，接着向后摆，头部稍抬起；

（4）来回摆动 5 次（或者随意多做几次）后坐起来，双脚放在地上，挺直脊柱，将双腿拉至胸部，休息片刻，这是一个回合；

（5）做 3～5 个回合后，伸直双腿，放松。

图 19

图 20

三、前弯姿势

单腿交换伸展式动作要领

（1）端坐，双腿伸直；

（2）弯左膝使脚掌紧贴左大腿内侧，双臂前平举，如图 21 所示；

（3）吸气时，双臂高举过头，上体稍后倾，拉伸脊柱，如图 22 所示；

（4）呼气时，躯干由髋部前弯，在舒适的范围内腹部压向小腿，手肘接近地面，手握住小腿或脚踝，保持 20～40 秒，如图 23 所示；

（5）彻底地呼气，然后吸气，慢慢坐起，双手沿左腿向上滑的同时，抬起头、肩和后背；

（6）伸直左腿，换边重复相同的动作。

图 21

图 22

图 23

回飞棒式动作要领

（1）挺直脊背坐着，双腿舒适地分开，双手放于体前；

（2）深吸气挺胸，背部轻轻后仰；双手侧平举，如图 24 所示；

（3）呼气时，躯干从髋部前弯，保持背部平直，腹部尽量贴向地面；左手握右脚脚踝，右手向斜后方伸展，眼睛尽量看右手，保持自然的呼吸，如图 25 所示；

（4）吸气时，回正中；呼气时，做另一侧；做完后，吸气回正中，呼气时，手臂放于身体两侧。

图 24

图 25

哈喇狗式动作要领

（1）站立于垫子上，两脚脚尖向外打开；

（2）呼气时，将上半身向前屈，两手掌放在两腿之间的垫子上；之后双肘慢慢弯曲，上半身继续向下倾斜，直到头顶落在两手之间的垫子上，保持姿势 30 秒，如图 26 所示；

（3）伸直双肘，将头部抬高，身体恢复站姿；

（4）增加难度：有经验者，在头顶落地时，双手可在背后合十，并弯曲手肘，让指尖指向头顶方向，如图 27 所示。

图 26

图 27

四、侧弯姿势

单臂风吹树式动作要领

（1）双脚稍分开站立，吸气时，左臂经体侧高举过头，贴耳伸出，掌心朝右，如图 28 所示；

（2）呼气时，向右弯腰，左臂和手指向外伸出，掌心向下，如图 29 所示；

（3）屈右膝，进一步侧弯，右臂向下延伸，保持 10 ~ 20 秒，缓慢均匀地呼吸，如图 30 所示；

（4）吸气时，伸直膝盖；呼气时，放下左臂；

（5）重复另一侧。

图 28

图 29

图 30

三角伸展式动作要领

（1）双脚大大分开，两臂侧平举，挺胸，深吸气，如图 31 所示；

（2）呼气时，左脚尖稍朝内，右脚向外 90°，髋部左移；

（3）躯干右屈，右手指轻轻放在地上，眼睛看上方手指，保持 30 ~ 60 秒，如图 32 所示；

（4）彻底地呼气，吸气时，收臀并抬起躯干；重复另一侧；

（5）双脚并拢，放下双臂，休息。

图 31

图 32

侧角伸展式动作要领

（1）双腿尽量分开，双手侧平举；右脚向外打开 90°，左脚收回 30°；呼气时，右膝弯曲，小腿与地面垂直，左膝膝盖伸直；

（2）沿右腿放低右手手臂，手放在地上；左手臂向头侧前方伸展，上臂贴太阳穴部位，如图 33 所示；

（3）保持 30 ~ 60 秒，平稳地呼吸，吸气时起身，重复另一侧。

图 33

五、后弯姿势

倾斜桥式动作要领

（1）仰卧，屈膝；脚跟距臀部几寸；脚尖朝前，与胯同宽；双臂置于体侧，掌心向下，如图 34 所示；

（2）臀部向里收，吸气时，提升背部和髋部，直到身体从肩至膝盖形成一条直线；收紧臀部，稳固姿势；感觉大腿肌肉同时伸展并加强着；正常呼吸，保持 10 ~ 30 秒，如图 35 所示；

（3）呼气时，脊椎一节一节慢慢放下；放松片刻后再重复一两次；可以借着臀部的收缩来增强效果；最后伸直双腿，休息；

（4）增加难度：保持姿势时，可双手抓同侧脚踝增加伸展，如图 36 所示。

图 34

图 35

图 36

新月式动作要领

（1）跪立，脚趾向后；右脚前胯，小腿与地面垂直；左腿稍向后滑，如图 37 所示；

（2）吸气时，两臂上举，掌心向前，脊柱后弯，颈部后仰，看上方，轻柔地呼吸，保持 5～15 秒，如图 38 所示；

（3）呼气时，挺直脊柱，手臂放下，髋部后移，还原成跪姿，坐在脚跟上；

（4）起身，恢复跪立姿式，换边做。

图 37

图 38

简易轮式动作要领

（1）弯膝，膝盖并拢，双脚平放地面，如图 39 所示；

（2）吸气时，收臀，手脚下压，慢慢抬高髋部，大腿、胳膊与地面垂直，躯干与地面平行，头部轻柔后仰，自然地呼吸，保持 1～30 秒，如图 40 所示；

（3）呼气时，慢慢放回地面；重复 1～4 次后，伸直腿休息。

图 39

图 40

斜伸展式动作要领

（1）弯膝，膝盖并拢，双脚平放地面，如图 39 所示；

（2）呼气时，手脚下压，保持手臂挺直；吸气时收腹，慢慢抬起髋部，脚前移至腿伸直，脚底贴地，如图 41 所示；

（3）双手用力下压，同时收臀抬髋并提升胸部，头轻柔后仰，自然呼吸，保持 10～30 秒，如图 42 所示；

（4）慢慢放下髋部的同时呼气，身体还原，休息。

图 41

图 42

翔鹰式动作要领

（1）俯卧，前额贴地，两脚分开与胯同宽，手臂侧平举，掌心向下；

（2）彻底地呼气，吸气时收缩大腿和臀部肌肉，同时抬起双腿、头部、躯干和手臂，轻柔地呼吸，保持 3～25 秒，如图 43 所示；

（3）呼气并慢慢放下身体，重复 2～4 次；

（4）两臂放于体侧，掌心向上，头转向一侧，彻底地放松。

图 43

六、力量与平衡动作

竖腿式动作要领

（1）直腿仰卧，双臂在体侧，掌心向下；

（2）后腰向地面推压，吸气时，右腿在不屈膝的范围内尽量抬高；收下巴，放松面部、脖子和肩膀，如图 44 所示；

（3）呼气时，放下腿，同时下背部继续向地面推送；左腿重复；

（4）配合着呼吸，继续交替双腿的动作；各练 5～15 次，然后彻底放松。

图 44

树式动作要领

（1）身体站立，吸气时抬右膝，右脚沿左腿内侧向上推送，直至放在左大腿根部；尽量打开髋部，让身体在一个平面上；双手在胸前合十，如图 45 所示；

（2）双手沿着身体中线吸气向上，上臂贴于耳侧，伸直手臂，打开肩和胸，伸展颈椎，如图 46 所示；

（3）呼气时将肚脐内收上提，双手掌心不要分开；保持姿势停留 5～8 个呼吸之后，恢复到起始姿势；

（4）换方向做同样的练习。

图 45

图 46

幻椅式动作要领

（1）身体成山式站立，吸气时，两臂高举过头，双手合十；

（2）呼气时，屈膝，放低躯干，好像准备要坐在一张椅子上，胸部尽量后收，如图 47 和图 48 所示 ；

（3）正常呼吸，保持 30 秒；吸气时，放下双臂的同时伸直膝盖，回到山式站立。

图 47

图 48

战士第一式动作要领

（1）身体成基本站立式，双掌合十，高举过头并尽量伸展；吸气时，两腿分开，如图 49 所示；

（2）呼气，右脚和上身右转 90°，左脚稍内转；屈膝，直到大腿平行且小腿垂直地面；左腿后伸，膝挺直；

（3）头上仰，两眼注视双掌，尽量伸展脊柱；规律呼吸，保持 10～20 秒；

（4）回复到动作（1），反方向做同样练习，如图 50 和图 51 所示。

图 49

图 50

图 51

战士第二式动作要领

（1）身体成基本站立式，吸气时，两脚大大分开；两臂侧平举形成三角式；

（2）呼气时，右脚转 90°，左脚稍内转；屈膝，直到小腿垂直地面；左腿后伸，膝挺直；

（3）两手尽量向两旁伸展出去；头转向右方，眼睛注视右手手指指尖；

（4）尽量伸展左小腿背面腘旁腱和其他肌肉，深深地呼吸，保持约 30 秒，吸气时，回到三角式；

（5）反方向做同样练习，如图 52 所示。

图 52

战士第三式动作要领

（1）从战士第一式开始，呼气时，上身前倾，如图 53 所示，直到腹部靠于右大腿；

（2）双臂保持伸直，双掌合十；深长而均匀地呼吸 2～3 次；

（3）呼气时，上身继续前倾，边伸直右腿，边把左腿离地，将右腿伸直后，左腿恰好举高到与地面平行的位置；保持 20 秒，如图 54 所示；

（4）呼气时，恢复到战士第一式；之后继续左边的练习。

图 53

图 54

半箭式动作要领

（1）坐于地面，腰背直立，弯曲两腿，如图 55 所示；

（2）左手抓住左脚脚踝，如图 56 所示；

（3）吸气时，右手抓住右脚脚掌，将右脚尽力向上伸，眼睛看向脚尖的方向，将身体重心置于臀部，慢慢将左脚轻轻离地，并保持平衡；

（4）呼气时，收回右脚，坐回地面，双手抱膝，低头放松，再做另一侧，如图 57 所示。

图 55

图 56

图 57

船式动作要领

图 58

（1）仰卧，双腿并拢；双臂高举过头，掌心向上；

（2）吸气时，双臂前甩；抬上身和腿；以臀部平衡住，头顶尽量与绷起的脚尖成一水平线；在不勉强的范围内尽量延长保持的时间，做腹式呼吸，如图 58 所示；

（3）呼气时，手臂向头部方向伸出；彻底地放松；以 10～20 秒的深呼吸来恢复精力；重复 2 次。

蜥蜴式动作要领

（1）俯卧，双脚并拢，脚趾向后；抬起头部和肩部，同时在胸下交叉双臂，抱住肘部，如图 59 所示；

（2）吸气时，髋部抬起，如图 60 所示；

（3）呼气时，臀部向后移并向上提起，下巴和胸部触地，放松肩膀和胸部，让重力将其拉向地面；感受腹部、横隔肌、胸部和腋窝的伸展；整个背部也都在伸展，尤其是上背部；随着呼气让身体向下沉保持 10～15 秒，轻柔均匀地呼吸，如图 61 所示；

（4）吸气时，臀部前移，抬起胸部，如图 60 所示；

（5）呼气，继续前移，把腹部带到地上，如图 59 所示；

（6）以上动作至少重复 3 次；手臂放在身体两侧，头歪向一侧，休息。

图 59

图 60

图 61

犁式动作要领

（1）身体仰卧，腿伸直并拢，双手放于体侧，掌心向下，如图 62 所示；

（2）吸气，腿并拢着离开地面举起，举到躯干上方，至与躯干垂直；

（3）呼气，并继续将两腿后摆至两脚伸过头，至脚趾着地，如图 63 所示；

（4）保持姿势 10～15 秒，缓慢而规律地呼吸。

图 62

图 63

蹲式动作要领

（1）挺身直立，在感到舒适的情况下两脚宽阔地分开，两脚指向外侧，两手十指相交，掌心向上两臂自然垂下，置于体前；

（2）呼气时，弯曲双膝，慢慢将身躯降低约一米，吸气时恢复到动作（1）；

（3）呼气时，再次弯曲双膝，身躯下降比第一次更低，如图 64 所示，吸气时恢复到动作（1）；

（4）呼气时，再次弯曲双膝，降低身躯到大腿与地面平行，如图 65 所示，吸气时恢复到动作（1）；

（5）呼气时，再次弯曲双膝，降低身躯到两手略微高于地的位置，如图 66 所示，吸气时恢复到动作（1）。

图 64

图 65

图 66

七、扭转动作

风车式动作要领

（1）双脚分开站立，距离比肩宽，脚趾稍朝外；吸气时，双臂高举过头，十指相交，转动手腕，掌心向上；脖子向后伸展，仰头，目视双手；

（2）呼气时，从髋部弯腰，直到背部与地面平行；

（3）吸气时，松开手指，双臂向两侧伸出，掌心向下，如图 67 所示；

（4）呼气时，从腰部向左旋转，右手触左脚踝；同时整个躯干转向左侧；在延伸并旋转脊柱的同时要提升胸部，有助于下面的手免于承受体重；左臂笔直上举，转头，目视左手，掌心向左；保持 20～30 秒，缓慢均匀地呼吸；呼气时，向右旋转，重复上面的步骤，如图 68 所示；

（5）吸气时，身体回正，然后慢慢抬起躯干，放下双臂；呼气时，双脚并拢，放松。

图 67

图 68

幻椅扭转动作要领

（1）从幻椅式，双手胸前合十，手肘垂直，如图 69 所示；

（2）呼气时，扭转上背，左肘放于并轻推右膝外侧，将上肢扭转，眼睛凝视扭转方向，如图 70 和图 71 所示；

（3）吸气时，回到幻椅式。

图 69

图 70

图 71

半鱼王式动作要领

（1）左膝弯曲，上身正对前方，左脚底贴于右大腿内侧，如图 72 所示；

（2）右腿跨过左膝，全脚掌着地，如图 73 所示；

（3）左臂顶到右膝盖外侧；躯干右转 45°；吸气时坐直，呼气时右肩外旋，右臂趋向伸直，加深扭转；眼睛凝视扭转方向，如图 74 所示；

（4）呼气时，还原；做另一侧。

图 72

图 73

图 74

八、倒立姿势

叩首式动作要领

（1）跪坐在脚跟上，脚趾向后；挺直脊背，双手放于大腿上，掌心向下；

（2）手指插在小腿与地面之间，握住小腿肚，如图 75 所示；

（3）吸气时，保持脊柱拉伸状态；呼气时，躯干慢慢从髋部前弯，额头贴地，如图 76 所示；

（4）抬高臀部，头顶着地，伸直手臂，自然地呼吸，保持 5 ~ 45 秒，如图 77 所示；

（5）臀部慢慢回到脚跟，逐步还原；重复 1 ~ 10 次；休息。

图 75

图 76

图 77

顶峰式动作要领

（1）身体跪下，臀部放在两脚脚跟上，脊柱挺直；双手放在地上，两手两膝着地，躯干与地面水平，如图 78 所示；

（2）脚趾着地，吸气时，伸直两腿，将臀部抬高；双臂与背部应形成一条直线，头部位处于两臂间，身体成三角形；将脚跟放在地面上，如图 79 所示；

（3）正常地呼吸，保持这个姿势约 1 分钟；呼气时，恢复到两手两膝着地；重复 6 次；

（4）增加难度：保持单腿支撑，如图 80 所示。

图 78

图 79

图 80

第三节　瑜伽与生活方式

一、瑜伽呼吸法

呼吸就是生命，是人最重要的身体机能。人的身体状况，在很大程度上依赖于呼吸的规律性，甚至呼吸方式可以反映出一个人的情绪情感；反过来，身心状况也会影响我们的呼吸。

练习瑜伽基本呼吸技法，通常先学习腹式呼吸法，再学习完全瑜伽呼吸法，以上都练习熟悉之后，再学习其他呼吸练习，并要始终缓慢谨慎地实践，确保练习者在任何时候都觉得呼吸舒服。同时，随时感受身心的反应，疲倦时尽量不要练习，也别让肺部过度用力；若练习者呼吸急促，应及时调整练习方法。此外还要注意的是，当空气不洁时，请勿练习瑜伽呼吸技法。瑜伽呼吸技法有众多的益处，如帮助我们平复心情、舒缓神经。把瑜伽呼吸练习与语音冥想一起练习，能增强彼此的练习效果，使我们在生理与精神上都有所收获。

腹式呼吸：仰卧，一只手轻轻放在肚脐上，彻底地呼气；吸气时，腹部扩张，手会自然被腹部拱起；慢慢呼气，呼尽时腹部微微收缩，手也随之下降；继续以自己的频率呼吸，练习时间不限。

完全瑜伽呼吸术：仰卧，双手轻轻放在肚脐上，彻底地呼气，腹部内收；开始吸气，让腹部稍微扩张；继续吸气，让肋骨的下端扩张；充分吸气，让上胸部扩张，体会气息到达了锁骨；按相反的顺序呼气，即首先放松胸部上段，接着是胸部中段，在气呼尽时，轻收小腹。重复这样的呼吸，练习时间不限。

以下介绍瑜伽的增强精力呼吸法。

双脚并拢站立，鼻子慢慢地吸气，掌心向上，抬双臂；吸气结束时，双手正好在头顶合十；掌心向下，用喉咙出声地吐气，双手下落；呼气结束时，双手恰好放回体侧；重复5～10次，接着放松；瑜伽增强精力呼吸法的功效包括深呼吸将鲜氧带入血液和人体各个细胞，滋养身体，增强体能，可排除细胞和组织内的杂质；还可使意识更为敏锐，活跃心智，并消除负面情绪。

二、瑜伽语音冥想

冥想就是在排除了一切杂念后，沉思、静虑的过程。作为瑜伽对人类最为伟大的贡献，瑜伽语音冥想能消融压力和焦虑，使人们体会到内在的安宁与深层的快乐。然而，瑜伽冥想并非严肃枯燥，也不一定需要盘腿打坐、闭眼或纹丝不动。

瑜伽语音冥想可以作为背景音乐随时听，比如可以在课间、打扫卫生、走路或者睡前听。练习者以舒服的姿势坐或卧，静心倾听语音，将其迎入心中，将心意、思想倾注在瑜伽语音冥想之中。可以随时轻柔或大声地复诵，且不必担心是否走调或发音不准，瑜伽语音本身效力强大，并非发音精准才能获得效益；只需把意念集中在语音上，不必全神贯注，保持轻松、自在、专注即可。轻松自在、无忧无虑地哼唱瑜伽语音，并随之拍手或舞动身体，可以让人体验到内在的喜悦与幸福，有效地缓解焦虑。

三、瑜伽休息术

瑜伽休息术包括以下几种基本方法。

仰卧放松功：仰卧，手臂放在身体两侧，掌心向上；双脚自然向两侧垂下；轻闭双眼，放松全身；平静而自然地呼吸。俯卧放松功：俯卧，手臂放在身体两侧，掌心向上；轻闭双眼，放松全身；平静而自然地呼吸。婴儿式：双膝并拢跪地，两臂伸直至头顶之前，肘放松至地面，掌心向下；轻闭双眼，放松全身；平静而自然地呼吸。

四、商卡洁肠法

瑜伽商卡洁肠法步骤如下。

准备一大瓶温水，放入少许盐，让它略带咸味；喝两杯这样的水后，立即做下面 5 个瑜伽姿势，每个姿势做 6 次。

· 摩天式：身体成站姿，两脚稍分开；手扶异侧肘部，高举过头；呼气时，上身前倾与地面平行，如图 81 所示；吸气时，用脚尖挺立，向上方伸展整个身体，保持几秒，如图 82 所示；呼气时，还原。

· 风吹树式：山式站立，两臂高举过头，十指相交，掌心朝上，如图 83 所示；踮脚，上身从腰部弯向右侧，如图 84 所示，保持几秒，然后倾向左侧。

· 腰旋转式：直立，宽阔地分开两腿，两手十指相交，如图 85 所示；呼气时，上身弯曲至平行地面，如图 86 所示；吸气时右转，如图 87 所示，呼气时左转。

· 眼镜蛇扭动式：俯卧，两手手掌平放在胸膛两侧；吸气时，伸臂抬起身体，直到两臂完全伸直；把头转向右方，双眼注视左脚跟，保持几秒，如图 88 所示；转向左侧，做同样动作。

· 腹部按摩功：蹲下，两脚微分，双手扶两膝；弯曲右膝，放于地上，如图 89 所示；在保持两膝不动的同时将躯干转向左边，两眼注视身后，如图 90 所示；慢慢还原至起始姿势；弯曲左膝，做同样练习。

图 81

图 82

图 83

图 84

图 85

图 86

图 87

图 88

图 89

图 90

做完上述姿势后，迅速再喝两杯水，再以同样顺序继续做上面 5 个姿势，每个动作做 6 次。反复几次，直到解便为止；解便后做仰卧放松功 15 ~ 20 分钟。起码在 45 分钟内不要进食，如果真的需要吃，一定要吃素食。

注意：不要强迫自己解便；要知道此后可能还会解便几次；放松时，尽量不要让自己睡去；患高血压的人不要放盐。

这个功法一周内要做多少次，视练习者的意愿而定，但通常每月一次或每周一次就够了。对于患便秘、胃酸过多、胃气胀、消化不良等病的人来说，这是一个有益的练习，而且对肾脏和泌尿系统也很好。在断食的开始阶段，这也是一个很有用处的练习。患胃溃疡或十二指肠溃疡的人除非得到医生同意，否则应避免练这个功法。患高血压的人只要不用盐水而只用温水，就可以做这个练习。有些人做这个练习后感到疲劳，虽然这不是严重问题，但在决定是否要做或什么时候做这个练习时，应将这个问题一并加以考虑。

第四节　瑜伽专项素质练习及比赛简介

一、专项素质练习

（一）柔韧性练习

主要包括上肢拉伸、下肢拉伸、塌腰练习、背人练习、开肩练习和开髋练习等。

手臂旋转式

身体站立，双臂侧平举，松握拳，掌心向上；以流畅的姿势屈肘，直至把拳头落至肩膀；上臂不动，前臂下垂，掌心向后；前臂内旋并向外伸展，双臂侧平举，手背向前；接着前臂以相反的顺序，下、里、上、外地旋转，拳头再朝上，这是一个回合；以上动作至少重复 5 个回合。

肩部练习

身体直立，两脚并拢；两臂侧平举，掌心转向上；弯肘，手指放肩头。

（1）肩旋转：以肩为圆心，双臂向前做画圆圈的动作，从小到大，直到两肘在胸前相互碰到，之后向后做相同的动作。

（2）肩前后触碰：保持大臂与地面平行，两肘在胸前触碰，尽量往后伸展，交替。

（3）肩上下触碰：保持大臂与地面平行，脑后触碰。

竖腿式

身体仰卧，两腿稍分开，双臂在体侧，掌心向下；后腰向地面推压，吸气时，左腿在不屈膝的范围内尽量抬高；收下巴，放松面部、脖子和肩膀；呼气时，放下腿，同时下背部继续向地面推送；右腿重复。

侧抬腿式

身体左侧卧，身体要成一直线；屈左臂，头枕在左手上；右手放在地上帮助维持平衡；吸气时，右腿尽量抬高，伸直；呼气时，放下右腿；重复 10～20 次；右侧做同样的练习。

膝部练习

身体成坐姿，两腿向前伸直。

（1）膝弯曲：十指在右大腿后相交，右膝弯曲；保持两手在右腿后，伸直两臂，将右腿伸出去；弯曲右膝，把右脚向臀部还原；重复 12 次，换腿做。

（2）膝旋转：十指在右大腿后相交，抱近到身躯；以右膝做支点，右小腿做顺时针方向的圆圈运动，起码 12 圈，反方向也至少 12 圈；换左腿做同样的动作。

（二）力量练习与平衡练习

· 迷你坐：仰卧，双脚稍分开，屈膝至双脚能平放在地上；吸气时，头部、肩膀和上背部抬离地面，后腰的下压可以使腹肌完全参与，下落时呼气，重复 10 ~ 20 次。

· 提踵练习、单脚平衡练习、原地高跳等。

二、瑜伽修习注意事项

选择干净、舒适、空气新鲜的场所，最好有绿色植物；在垫子上进行练习；衣着舒适宽松，保持赤脚练习，去掉首饰；练习的时间以早晨、中午、黄昏、睡前为最好，但也要适合自己的日常生活；持续时间以 20 分钟至 2 小时为宜，45 分钟至 1 小时最好；保持空腹练习，练习前排便，练习后最好休息 30 分钟再进食；听从身体感受，对自己负责，不要勉强，不可攀比，要有耐心；精力集中。

为了在练习中获得最大的益处并降低受伤的概率，要非常小心地听从自己内心的感受，这是瑜伽姿势练习中最重要的原则。在练习时不能勉强和过度，永远不要因为做不到某个程度而自责，首先要做到的是爱上你的身体，也不要模仿别人，而是用适合自身的体能状态、平衡性及柔韧性的方法做练习。同时注意，如果身体不适，请尽快咨询医生。练习中的注意事项不能代替医生的建议，并非每个人都适合所有的瑜伽姿势。

手指甲与脚趾甲须剪短；避免感冒，如果练完姿势法后必须到户外，同时体温又尚未降到正常温度，或是室温与室外温度有差异，那么最好加件衣服再出去，可先在室内深吸一口气，出去后再将它吐出，这样能有效避免感冒。

三、瑜伽比赛与裁判法

（一）比赛规则

· 选手每 10 人一组，共六组为例。一组选手同时展示规定动作，规定动作完成后，每组前 5 位展示自选动作，同组其他选手原地等候，自选动作依次全部结束后共同退场。每组比赛规定动作为拜日式一遍，限 5 分钟内完成；自选动作 6 个，限 8 分钟内完成。

· 六组选手全部结束后，记分员统计总得分，前 12 名的选手进入到最后一轮的决赛。

· 进入决赛的选手分为 6 人一组，每人展示 3 个自选动作，动作可重复，限时 5 分钟内完成，第一组动作结束后下一组进行展示。两组完成后，由选手抽取理论问答题并在一分钟内作答。

（二）评分标准

规定动作（3 分）要求：选手姿势完成得准确到位，呼吸正确，整体连接流畅自然；姿势完成分与整体连接分各占 1.5 分。

自选动作（6 分）要求：选手自行选择 6 个参赛姿势，所选姿势应能充分展示选手个人实力，要求姿势完成得准确到位，呼吸正确；其中，姿势规范分、姿势难度分、姿势力度分（肢体控制与力度）、姿势节奏分（姿势停留时间是否具有整体统一节奏）与选手表现分（表演顺畅，充分表现出瑜伽之美以及选手的个人风采）各占 1.2 分。

理论部分（1 分）要求：考核选手个人的瑜伽理论素养、对瑜伽历史的了解程度以及对瑜伽的认识与理解，要点阐述清晰与论述说明充分各占 0.5 分。

思考题

1. 请根据自己的日常生活，谈一谈如何践行瑜伽生活方式。
2. 请根据自己的体验，简述瑜伽语音冥想的作用。
3. 请结合自己的瑜伽姿势实践，谈一谈如何在姿势练习中遵守安全练习指南。

参 考 文 献

[1] 邢登江，刘国庆等. 大学体育 [M]. 北京：北京航空航天大学出版社，2008.
[2] 张瑞林，张伟. 体育与健康 [M]. 济南：山东大学出版社，2008.
[3] 李健康. 新思维高校体育教程 [M]. 北京：北京体育大学出版社，2010.
[4] 钱北军，顾久贤等. 体育与健康 [M]. 天津：南开大学出版社，2012.
[5] 蒋宁，关正春等. 大学体育与健康教程 [M]. 天津：南开大学出版社，2012.
[6] 杨文轩，杨霆. 体育概论 [M]. 北京：高等教育出版社，2006.
[7] 蔡晓波. 大学体育理论教程 [M]. 南京：东南大学出版社，2001.
[8] 季浏. 体育与健康 [M]. 上海：华东师范大学出版社，2006.
[9] 邓树勋等. 现代大学体育理论教程 [M]. 广州：广东高等教育出版社，2006.
[10] 季成叶. 体质自我评价和健康运动处方 [M]. 北京：北京体育大学出版社，2002.
[11] 教育部. 全国普通高等学校体育课程指导纲要 [Z]. 北京：2002.
[12] 孙民治. 球类运动——篮球（第三版）[M]. 北京：高等教育出版社，2001.
[13] 孙民治. 现代篮球高级教程 [M]. 北京：人民体育出版社，2004.
[14] 王家宏. 球类运动——篮球（第二版）[M]. 北京：高等教育出版社，2009.
[15] 体育学院普修通用教材. 篮球运动教程 [M]. 北京：人民体育出版社，2001.
[16] 黄宽柔、姜桂萍. 健美操、体育舞蹈 [M]. 北京：高等教育出版社，2006.
[17] 张瑞林. 体育与健康 [M]. 济南：山东体育大学出版社，2009.
[18] 国家体育总局体操运动管理中心. 健美操大众锻炼标准第三套测试动作图解 [M]. 2009.
[19] 马鸿. 啦啦操运动 [M]. 北京：高等教育出版社，2009.
[20] 钱宏颖等. 体育舞蹈与排舞 [M]. 浙江：浙江大学出版社，2011.
[21] 包常春. 中国职工排舞 [M]. 北京：中国工人出版社，2013.
[22] 全健排舞协会. 全健排舞比赛评分规则. 2012.
[23] 杨慧. 形体训练 [M]. 山东：黄河出版社，2002.
[24] 钱云，苏长来. 中华养生体育 [M]. 北京：人民体育出版社，1997.
[25] 张瑞林. 体育与健康 [M]. 济南：山东大学出版社，2002.
[26] 中国跆拳道协会. 首届全国跆拳道教练员培训班教材 [M]. 1996.
[27] 张蕙兰著. 瑜伽的赠予 [M]. 北京：人民体育出版社，2007.
[28] 全国体育院校教材委员会. 游泳运动 [M]. 北京：人民体育出版社，2001.
[29] 全国体育院校教材委员会. 学校体育学 [M]. 北京：人民体育出版社，1991.
[30] 张惠江. 定向运动与野外生存. 北京：高等教育出版社，2011.